Sur le Chemin de la Liberté

Un Pèlerinage en Inde – Tome 1

Swami Paramatmananda Puri

Mata Amritanandamayi Center, San Ramon
Californie, États-Unis

Sur le Chemin de la Liberté – Un Pèlerinage en Inde – Tome 1
de Swami Paramatmananda Puri

Publié par
Mata Amritanandamayi Center
P.O. Box 613
San Ramon, CA 94583
États-Unis

———————— *On the Road to Freedom Volume 1 (French)* ————————

Copyright © 1996 par Mata Amritanandamayi Mission Trust, Amritapuri, Kérala 690546, Inde

Tous droits réservés. Aucune partie de cette publication ne peut être enregistrée dans un système de stockage de données, transmise ou reproduite de quelque manière que ce soit sans l'accord préalable et la permission expressément écrite de l'éditeur.

Première édition par le Centre MA : septembre 2016
Deuxième édition : avril 2020

En France :
Ferme du Plessis
28190 Pontgouin
www.ammafrance.org

Au Canada:
ammacanada.ca

En Inde :
www.amritapuri.org
inform@amritapuri.org

Dédicace

Ce livre est humblement dédié à
Sri Mata Amritanandamayi
la Mère divine incarnée,
avec une dévotion et un respect profonds.

---

gurucaraṇāmbuja nirbhara bhaktaḥ
saṁsārād acirād bhava muktaḥ |
sendriya mānasa niyamād evaṁ
drakṣyasi nijahṛdayasthaṁ devam ||

Totalement dévoué aux pieds de lotus du guru,
sois vite libéré du cycle de la transmigration.
Ainsi, grâce à la discipline des sens et au contrôle du mental,
contemple le Divin qui demeure en ton cœur.
Bhaja Govindam v. 31

Table des Matières

Introduction — 5

Chapitre 1
Les débuts : de Chicago à l'Inde — 7

Chapitre 2
Faire le vide – Tiruvannamalai (1968) — 36

Chapitre 3
Progression — 89

Chapitre 4
Pèlerinage — 129

Chapitre 5
Seul, en apparence — 172

Chapitre 6
Vers la plénitude — 193

Chapitre 7
Avec la Mère divine — 233

Introduction

Ce livre a été écrit à la demande insistante de quelques frères, chercheurs spirituels qui pensaient que ma vie et mes expériences de ces vingt dernières années auprès de quelques-uns des authentiques sages de l'Inde pourraient s'avérer intéressantes et utiles à d'autres aspirants spirituels. En entendant leur requête, les paroles de l'un de ces grands sages me revinrent aussitôt à l'esprit. Il m'avait dit un jour que seule une Âme réalisée pouvait se permettre d'écrire un livre sur la spiritualité. Si une personne ignorante (« ignorance » au sens d'absence de Connaissance Suprême ou Illumination) s'avisait de le faire, elle tomberait aussitôt dans le piège de l'égotisme et essuierait une certaine déchéance spirituelle. C'est ce que je répondis à ces amis bien intentionnés, lesquels persistèrent néanmoins dans leur requête. À la fin, je leur dis que je n'écrirais de livre que si mon Maître spirituel, Mata Amritanandamayi, me le demandait, sachant qu'alors sa Grâce me protégerait et me guiderait. Après que ces amis aient abordé la question avec elle, Mère me pria d'écrire ce livre, comme un service envers les autres aspirants spirituels.

Bien que cet ouvrage revête une forme autobiographique, son unique but est de faire ressortir la grandeur et les méthodes d'enseignement de quelques sages indiens actuels. Si, à sa lecture, quelqu'un devait se sentir poussé à rechercher la compagnie de ces saints, et les fruits merveilleux qui en découlent, alors ce livre aurait plus que rempli son objectif.. Comme l'a exprimé l'antique sage Narada dans ses Aphorismes sur la Dévotion (Bhakti Sutras de Narada) :

« Rare est la compagnie des grands sages. Inaccessible mais

indéfectible est-elle, qui ne peut être atteinte que par la Grâce de Dieu. »

Il est vrai qu'il y a toujours eu et qu'il y aura toujours des charlatans sous couvert de saints, peut-être davantage encore de nos jours que par le passé. Je suis néanmoins convaincu qu'une personne sincère et ardente dans sa quête de la Réalité finira assurément par trouver un véritable sage ou saint pour la guider sur la voie spirituelle. Une voie que l'on a pu comparer au fil du rasoir, tant est grande la difficulté de la parcourir sans tomber. Aussi longtemps qu'il y aura des hommes sur cette Terre, il y aura de ces Âmes réalisées pour les guider et étancher leur soif de sérénité et de réelle expérience spirituelle. Il ne faut pas croire que seuls sont grands les plus connus. De fait, la plupart des véritables saints sont relativement méconnus du grand public.

En vérité, bénis soient ces sages qui vivent dans la félicité, et la font également partager aux autres.

— Swami Paramatmananda

Chapitre 1

Les débuts : de Chicago à l'Inde

J'ai lu quelque part que de nombreux chercheurs spirituels font l'expérience de ce que l'on pourrait appeler « un aperçu de la Conscience Cosmique ». Pourriez-vous s'il vous plaît expliquer à quoi ressemble exactement cette expérience ? »

Ratnamji, mystique indien peu connu mais d'une grandeur indéniable, me répondit sans hésiter, un petit sourire malicieux sur son visage rayonnant :

« Quand tout à coup, par une nuit sombre, un éclair éclate, si vous êtes sur une colline, comme ici, tous les environs jusque-là invisibles s'illuminent et apparaissent clairement pendant quelques fractions de secondes. Mais, dès l'instant suivant, tout redevient sombre. »

À peine avait-il achevé sa phrase qu'un éclair zébra le ciel. Pendant un instant le paysage à des kilomètres à la ronde s'illumina, puis tout redevint noir. Certes le ciel auparavant était couvert, mais il n'y avait eu jusque-là aucun éclair. J'étais vraiment stupéfait de voir son exemple si rapidement et si magistralement illustré par Mère Nature Elle-même. Je me demandais quel était cet homme que la Nature servait ainsi. Je ne posai plus aucune question. Dans un état proche de l'hébétude, je regagnai ma chambre et me couchai, me demandant si je reverrais un jour cet homme merveilleux.

Cependant, je ne parvins pas à trouver le sommeil. Je pouvais à peine croire à la bonne étoile qui m'avait mis en présence d'un véritable sage, sans même avoir eu à le chercher. Était-ce un rêve ? Comment étais-je arrivé jusqu'ici, en ces lieux saints du bout du monde ? Je repassai en esprit les événements qui m'avaient conduit à quitter les États-Unis pour venir en Inde. Tout avait commencé avec la mort de mon père, quelques sept ans plus tôt :

« Oh mon Dieu ! Neal, viens vite ! Papa n'est pas bien ! »

Je me précipitai dans la chambre de mes parents pour découvrir mon père inconscient. Un gargouillis s'échappait de sa gorge. Calmement mais rapidement, je l'étendis sur le lit et commençai un massage cardiaque. À intervalles, je comprimais vigoureusement le cœur comme je l'avais vu faire à la télé, dans une émission consacrée aux arrêts cardiaques. Mon père ne semblait pas du tout réagir. J'appelai aussitôt le médecin de famille et la police. Ma mère et ma sœur étaient hystériques. Je les fis sortir de la chambre et attendis l'arrivée de la police. Les secours arrivèrent vite, mais pour mon père, il était trop tard. Crise cardiaque à l'âge de quarante-quatre ans. C'était un homme d'affaires prospère, en passe de devenir millionnaire. De sa vie il n'avait été sérieusement malade, mais la mort le faucha inopinément.

Parents et amis commencèrent à arriver et s'efforcèrent de réconforter ma mère et ma sœur, mais sans grand succès. Ils se tournèrent alors vers moi, le plus jeune. J'avais à l'époque douze ans. Je me sentais calme et détaché, sans la moindre envie de pleurer. Peut-être ceci choqua-t-il mes proches. Je sortis me promener, réfléchissant à la signification de ce qui venait de se produire. Où était parti mon père ? Son corps reposait dans la chambre, et bientôt il serait porté en terre. Je ne le reverrais plus jamais. Je ne ressentais qu'un vague sentiment de vide, sans plus. Plus que tout, je me sentais déplacé. Tout le monde pleurait, et moi, j'étais dans mon état normal. Pendant le service funèbre, je m'efforçai par tous les moyens de pleurer, me sentant quelque peu coupable d'être le seul dans l'assistance à garder les yeux secs. Mais rien n'y fit. Les larmes refusaient purement et simplement de venir. Ce n'est pas que je n'aimais pas mon père. Mais, pour une raison ou une autre, il manquait l'élément d'attachement.

Peu après la mort de mon père, les inévitables désirs de la jeunesse commencèrent à germer dans mon esprit. Voilà que je m'éveillais au monde alentour. J'allais au lycée, mais mon unique préoccupation était de sortir et de m'amuser. Ma mère n'y faisait pas objection. Elle hésitait à faire preuve d'autorité, estimant que j'avais subi une grande perte avec la mort de mon père. Peut-être pensait-elle qu'une discipline stricte ne ferait qu'ajouter à ma souffrance. Ou peut-être tout simplement n'avait-elle pas l'autorité d'un père. Quoi qu'il en soit, si elle avait été capable de me « tenir » à cet âge impressionnable, ma vie spirituelle ultérieure aurait probablement connu moins de heurts. De par mon égoïsme et mon orgueil, de par son caractère permissif et indulgent, j'ai poussé comme une herbe folle.

La Liberté était mon credo. J'ignorais à l'époque que liberté et anarchie, bien que semblables en apparence, sont en fait aux antipodes. La véritable liberté naît d'une intense discipline intérieure. Elle se caractérise par un calme intérieur que n'affectent pas les inévitables hauts et bas de l'existence. À l'opposé, l'anarchie consiste à osciller au gré des caprices de l'esprit et de ses humeurs, sans songer aux conséquences. Loin de connaître la félicité et la paix de la liberté, l'anarchiste est toujours agité. Esclave de ses pulsions, il est sans cesse ballotté par l'alternance des vagues de plaisir et de peine dont la vie est faite. Sans une discipline systématique de l'esprit, il n'y a pas de véritable liberté.

Mais à l'époque, bien sûr, j'ignorais la différence entre les deux, et d'ailleurs, je m'en fichais.

Lorsque j'obtins mon baccalauréat, ma mère me demanda ce qui me ferait plaisir comme cadeau de fin d'études. Je lui répondis que j'aimerais aller passer l'été en Europe avant de décider d'études supérieures. Elle accepta, et peu après, je me retrouvai en train de sillonner l'Europe en solitaire. Plein d'espérance, j'allais d'un endroit à l'autre. Je vis nombre d'œuvres d'art et de monuments historiques célèbres, tels la Tour Eiffel, l'Abbaye de Westminster et les sculptures de Léonard de Vinci. Étrangement, tout me semblait identique : rien que de la brique, du ciment, du bois ou du fer, simplement combinés de façons différentes. Rien n'éveillait en moi la moindre réaction. Le périple qui promettait d'être passionnant s'avérait d'un ennui mortel.

Je me dis que, peut-être, quelque chose ne tournait pas rond chez moi. Comment se pouvait-il que je reste de marbre là où des millions de touristes étaient transportés d'enthousiasme ? Bien qu'âgé de dix-sept ans à peine, je commençais à me poser de sérieuses questions sur le sens de la vie, sans pouvoir y apporter réponse satisfaisante. Plaisirs et jouissances semblaient être les objectifs immédiats de ma vie. Pourtant, avec ce voyage, j'avais déjà connu ma première déception. Peut-être par la suite ma recherche du plaisir serait-elle plus fructueuse ? Ou bien le plaisir ne serait-il qu'une projection de mon esprit ? Ce qui pour tant de gens était source de grande joie ne me touchait même pas. Je rentrai aux États-Unis, déçu et quelque peu perplexe, mais bien décidé à découvrir ce qui me rendrait heureux.

À mon retour d'Europe, Earl, mon frère aîné, m'invita à venir lui rendre visite à Ann Harbor (Michigan), où il préparait une licence de lettres. Je fis le trajet depuis Chicago en voiture et arrivai chez lui vers l'heure du dîner. Je découvris avec surprise que mon frère était devenu végétarien. Il était nettement plus mince, en meilleure forme, et plus calme qu'à notre dernière rencontre. Je lui demandai ce qui l'avait poussé à changer ses habitudes alimentaires.

« Il y a six mois, j'ai commencé à apprendre et à pratiquer le

Hatha Yoga. J'ai trouvé un professeur, ici à Ann Harbor, qui a passé plusieurs années en Inde à étudier le yoga sous la direction d'un maître. C'est une personne assez extraordinaire. J'aimerais que tu la rencontres. Elle m'a expliqué que la nourriture a une double nature, grossière et subtile. La partie grossière entre dans la constitution du corps, la partie subtile influe sur la nature de l'esprit. La composante subtile de l'alimentation végétarienne est meilleure pour la santé et apaise progressivement l'esprit, ce qui à son tour facilite la méditation. La méditation permet d'atteindre la félicité de la Réalisation, une félicité sans comparaison possible avec les plaisirs du monde. La Réalisation du Soi, ou connaissance de sa véritable Nature, est l'expérience directe, intuitive, que nous ne sommes ni le corps physique ni le mental en effervescence, mais une masse infinie et immortelle d'Existence et de Béatitude pures. À travers les âges, beaucoup ont atteint cet état. Ils disent que cette expérience est le véritable but de la vie.

Nous irons voir ma prof demain. »

Inde, yoga, méditation... Une étincelle s'alluma dans mon cœur, jusque-là mort. J'avais hâte, et peur en même temps, à l'idée de rencontrer une yogini. J'imaginais une créature sortie tout droit de la quatrième dimension ! Le lendemain matin, mon frère m'emmena chez son professeur de yoga. Ô surprise, c'était somme toute un être humain ! Barbara, femme d'âge moyen, était vive, douce et naturelle. Je me sentis soulagé. Moi qui m'attendais à voir un personnage grave, lévitant tête en bas à un mètre du sol ! Nous fûmes immédiatement amis. Elle me fit cadeau d'un exemplaire de la Bhagavad Gita, ouvrage très connu sur le yoga, et me pria de le lire. Après le déjeuner, où la conversation roula sur des sujets plus triviaux, nous rentrâmes chez Earl.

Une brève rencontre, mais peut-être la plus cruciale de ma vie. J'étais loin de me douter que la graine de la spiritualité venait d'être semée, qu'elle allait germer et devenir l'arbre en perpétuelle croissance d'une profonde paix intérieure.

Ce soir-là, j'entamai la lecture de la Bhagavad Gita. C'est sans doute le plus révéré des textes sacrés hindous. Il contient d'ailleurs l'essence de tous les autres. La Bhagavad Gita fait partie d'un ensemble beaucoup plus vaste, le Mahabharata. Elle expose la science de la Connaissance du Soi telle que Sri Krishna, une incarnation divine, l'enseigna à son disciple Arjuna, au cours d'une bataille. Dans le monde entier, les plus célèbres érudits ont acclamé cet ouvrage, considérant qu'il recèle la plus haute sagesse que l'homme puisse jamais atteindre. Je n'arrivais même pas à en prononcer le titre, mais, plein d'espoir, je me mis à lire.

Au fil des pages, chaque mot me faisait un coup au cœur. J'avais l'impression que j'étais Arjuna, et que Sri Krishna s'adressait directement à moi. Toutes les questions qui m'avaient hanté trouvaient leur réponse. Même des questions que je ne m'étais pas encore formulées devenaient limpides. Les doutes s'évanouissaient. Jusqu'à ce que je lise la Bhagavad Gita, je n'avais aucune idée de ce que signifie le mot « sagesse ». La nature de l'esprit, le but de la vie, sont révélés sans ambiguïté dans cet ouvrage. Il m'apparut à l'évidence que le but de la vie n'est pas la recherche jusqu'à la mort des plaisirs des sens. Il s'agit plutôt de bien comprendre le mental, de le purifier, et d'aller au-delà, afin de connaître la Réalité, là où règne en maître la Félicité silencieuse. Pour la première fois depuis mon enfance, je me mis à pleurer. Ce n'étaient pas des larmes de tristesse ou d'égoïsme, mais des larmes de joie. Cette nuit-là je ne dormis pas, tant était grande ma soif de finir le livre. De temps en temps, mon frère passait la tête à ma porte pour voir si tout allait bien. Qu'aurais-je pu lui dire ? J'étais entré dans un autre monde, voilà tout.

Le lendemain, je décidai d'adopter un régime végétarien. Naïf comme je l'étais, je pensais que cela suffirait pour atteindre la Réalisation du Soi ! À mes yeux, atteindre le plus haut stade de samadhi (absorption dans la Réalité Suprême) était l'affaire de quelques jours. Après avoir passé quelque temps en compagnie de mon frère, je rentrai à Chicago, heureux d'avoir trouvé un sens à ma vie.

Je décidai que je ne voulais pas entrer tout de suite à l'université. Il me semblait que ce type d'éducation institutionnalisée n'avait d'autre but que de permettre de gagner de l'argent, et ce, à seule fin de pouvoir profiter des prétendus plaisirs de la vie. Je pensais me satisfaire d'une vie très simple, à peu de frais, pour laquelle un emploi modeste suffirait. À quoi bon passer quatre à six années de ma vie à l'université ?

Cette décision, bien sûr, déçut ma mère. Elle avait espéré que je mènerais une existence plus conforme à la norme et que j'irais à l'université. Néanmoins, elle accepta ma proposition, et, tout en espérant que j'en viendrais à changer d'avis, elle me laissa faire à ma guise. Je vendis télescope, collection de pièces, voiture et autres biens caractéristiques d'un adolescent américain de la bonne société, et décidai de partir pour la côte Ouest. Je voulais y dénicher un coin tranquille, à la campagne, pour manger végétarien et méditer ! Par ailleurs, mes appétits sensuels n'étaient pas encore tout à fait satisfaits. Bien qu'ayant lu la Bhagavad Gita, je n'avais pas encore compris que, sans maîtrise des sens, le mental ne s'apaise jamais. Sans calme intérieur, il n'y a pas de bonne méditation, et en conséquence la Réalisation du Soi est impossible. Comme pour toute autre science, dans la science du yoga, il faut suivre les règles et procédures établies si l'on veut obtenir les résultats escomptés. Je pensais à tort que, puisque la Réalisation du Soi n'est autre que la jouissance de la Félicité suprême, je pourrais facilement l'obtenir, avec un peu de chance et quelques efforts deci-delà, comme s'obtiennent les plaisirs et jouissances de ce monde.

À l'automne 1967, je pris la voiture de ma sœur et, en compagnie de quelques amis, partis pour Berkeley, en Californie. À cette époque, le végétarisme n'était pas à la mode aux États-Unis, et trouver ce type de nourriture tout en voyageant représentait une gageure. Combien de temps peut-on vivre de sandwiches au fromage ? Je me dis que la vie spirituelle n'était peut-être pas pour moi après tout, mais la honte d'avoir à reconnaître ma défaite si tôt après avoir commencé m'empêcha d'abandonner. Arrivé à Berkeley, je me mis en devoir de dénicher la maison idéale dans le cadre idéal. Cela s'avéra moins facile que prévu. Après avoir cherché pendant des jours, et parcouru bien des kilomètres en tous sens autour de Berkeley, un sentiment d'échec et de résignation s'empara de moi. C'est à ce moment précis que, sans même avoir à chercher plus avant, une maison idéale attira mon attention. Je la louai aussitôt. Elle était assez grande pour nous tous, et même plus. J'écrivis à mon frère et à ma sœur, qui décidèrent de venir s'installer en Californie et me rejoignirent peu après.

L'un des principaux intérêts de mon existence devint la recherche de la Réalisation du Soi. Mais, pour être parfaitement honnête, plus fort encore était mon désir de vivre avec une femme. Désir assez normal chez un adolescent américain, mais le fait de vivre à la maison avec ma mère avait rendu la chose difficile. C'était incontestablement l'une des raisons qui m'avaient poussé à quitter Chicago pour la Californie, refuge à l'époque des gens comme moi. Après avoir emménagé dans la nouvelle maison, je concentrai toutes mes pensées sur la réalisation de mon but immédiat. Plutôt réservé de nature, je décidai que si je devais trouver la compagne adéquate, ce serait de la même manière que j'avais trouvé la maison, c'est-à-dire par l'intervention de la Providence. Je ne fis donc aucun effort pour trouver une petite amie. Aussi étrange que cela puisse paraître, dès le lendemain une jeune fille se présentait à ma porte. Elle me cherchait ! Elle avait entendu parler de moi à Chicago, et était venue jusqu'en Californie à ma recherche. Disait-elle ou non la vérité, je ne le savais pas... et ne voulais pas le savoir puisque mon vœu se réalisait de lui-même.

L'impact de cet épisode fut tel sur mon esprit que je me pris à croire en toute sincérité que tout ce dont j'aurais réellement besoin me serait accordé. De fait, j'ai bien souvent à ce jour pu vérifier l'exactitude de ce précepte. Bien sûr, ce dont on a besoin peut varier selon le moment et l'endroit, et peut être douloureux tout autant qu'agréable. Mais si l'on est patient, si l'on ne perd pas de vue l'objectif de réaliser Dieu, on verra les circonstances s'organiser d'elles-mêmes pour permettre le progrès spirituel. À cette époque, j'avais besoin d'une petite amie. Plus tard, la compagnie de sages me fut essentielle. Encore plus tard, la maladie et la souffrance devinrent nécessaires. En fait, aux yeux de l'aspirant spirituel, tout ce qui arrive est pour le mieux, et survient précisément au bon moment de la façon la plus mystérieuse qui soit.

Peu après son arrivée, Earl me donna à lire un autre livre. Il s'agissait de la vie et des enseignements d'un grand sage de l'Inde, Sri Ramana Maharshi. À l'âge de seize ans, Ramana fut soudain terrassé par la peur de mourir. Il était en parfaite santé, et n'avait aucune raison de voir surgir une telle peur à ce moment précis. Pourtant, il sentait qu'il allait mourir et qu'il devait résoudre le problème immédiatement. Il s'allongea et fit semblant d'être mort. C'est alors qu'il se dit : « Là, mon corps est mort, mais la sensation de « Je » continue à luire au fond de moi. Par conséquent, je suis l'Esprit qui ne connaît pas la mort, et non ce corps inerte. » Ceci ne lui vint pas comme une conclusion logique, mais plutôt comme un éclair d'intuition et une expérience directe. Ce ne fut pas un simple aperçu fulgurant de la Réalité, voué à sombrer aussitôt dans les ténèbres de l'ignorance. À partir de ce moment, il garda intacte la conscience de lui-même en tant que pur Esprit au-delà de la mort, jusqu'à ce qu'il quitte son corps, cinquante-trois ans plus tard, en 1950. Juste avant sa mort, Ramana assura à ses disciples qu'il continuerait à être avec eux et à les guider, en dépit de la mort du corps physique. Il avait atteint la Réalisation par l'acte spontané de se demander intérieurement : « Qui suis-je ? ». Il avait écarté le corps et le mental comme n'étant pas son Être réel. Il avait clairement réalisé qu'il était pure Conscience transcendant tout. Ainsi, il s'était libéré de tout désir et de toute peur, même la peur de la mort, et il demeurait établi dans la paix parfaite. Ramana vivait près d'une montagne sacrée, Arunachala, dans le Sud de l'Inde, irradiant la lumière spirituelle et la sérénité. Il devint le vivant exemple de l'idéal de conduite, dans la vie quotidienne, d'un sage ayant atteint la Réalisation. Pour parvenir à cet État, il préconisait soit de s'en remettre totalement à la direction permanente d'un Être Illuminé, soit de poursuivre seul la recherche intérieure du « Je ». L'une ou l'autre voie permettent d'acquérir la sérénité et la concentration nécessaires à l'expérience de la Vérité intérieure.

La vie et les enseignements de Ramana me séduisaient, et je décidai de pratiquer les deux méthodes. La recherche du Soi consistait pour moi à m'asseoir et à me répéter silencieusement « Je, Je, Je.... » tout en essayant de fixer mon attention sur la signification de ce mot, cette chose qui brille en moi comme le « Je ». Dans ma vie quotidienne j'essayais de mettre en pratique l'abandon à Ramana, que je pris pour Maître. Pour cela, je tâchais d'accepter les circonstances sans réagir positivement à celles qui étaient agréables, ni négativement à celles qui étaient douloureuses. Mon frère m'enseigna quelques postures de Hatha Yoga pour améliorer ma santé et purifier mon système nerveux. Tout ceci contribua à apporter un peu de discipline à mon existence, pour le reste assez décousue. À l'époque, je pensais que je me marierais et vivrais un mélange de vie matérielle et de vie spirituelle, une sorte de vie dans le monde mais spiritualisée.

Pourtant, il devait en être autrement.

Un jour, Earl reçut une lettre de son professeur de yoga du Michigan. Elle disait : « Je suis heureuse d'apprendre que Neal pratique les postures telles que tu les lui as enseignées. Il est encore jeune. Pourquoi ne se ferait-il pas moine, pour se vouer entièrement à la Réalisation du Soi ? » Earl me montra la lettre. Après l'avoir lue, je me sentis comme quelqu'un à qui l'on sert une tisane amère alors qu'il est en train de déguster une douceur. J'étais parfaitement heureux avec mon amie et ma méditation, et n'avais aucune intention d'abandonner l'une ou l'autre. Je chassai ce sujet de mon esprit, et vaquai à mes occupations habituelles.

Quelques jours plus tard, pendant que je méditais, ma concentration s'intensifia soudain et mon esprit dispersé se concentra en un seul point. Comme une petite flamme, le mental s'éteignit. À ce moment-là il ne resta plus que la Lumière infinie, la Béatitude parfaite, l'Unité immanente. Toute trace d'individualité ou d'objectivité avait disparu. Puis, comme un ascenseur qui redescend, mon esprit revint à la vie et reprit conscience du corps et du monde. Mais l'instant d'après, à nouveau il se fondait dans la Lumière. Ceci se répéta trois ou quatre fois, après quoi je pleurais et sanglotais comme un bébé à l'idée de cette formidable Paix et de cette Immensité. J'eus la révélation qu'après bien des leçons douloureuses je me fondrais à nouveau et pour toujours dans cette Lumière Suprême. Ceci m'apparut comme une certitude venue de l'intérieur.

Je sentais que, de façon inexplicable, Ramana était responsable de cette expérience sublime. Après tout, ne lui avais-je pas mentalement dédié ma vie ? S'il avait assuré à ses dévots qu'il serait avec eux même après la mort de son corps, certainement il devait être avec moi aussi. Cependant, je me faisais de grandes illusions en pensant qu'ayant eu une expérience si merveilleuse après seulement quelques jours de méditation, je pourrais, en continuant à méditer, la renouveler indéfiniment jusqu'à ce qu'elle devienne permanente. Cela en quelques semaines tout au plus ! Inutile de dire que ce ne fut pas le cas. Mais le souvenir et le goût de cette Béatitude me sont toujours restés. Un fugitif aperçu du But m'avait été accordé, à moi dorénavant de parcourir la pente escarpée y menant.

À partir de ce moment-là, mon mental commença à se transformer graduellement. Après ma séance de yoga, je ressentais une légère ivresse, très subtile. Ce n'était pas simplement un effet physique vivifiant, mais plutôt une sensation de détachement serein du corps et du monde. Je découvris aussi que les relations intimes avec le beau sexe faisaient disparaître presque totalement cette sérénité jusqu'à la séance de yoga suivante. Malgré leur grand attrait, les plaisirs animaux du sexe paraissaient en vérité bien grossiers en regard de la paix spirituelle subtile. Pour autant, je ne parvenais pas à tout simplement laisser tomber le sexe, mais je ne voulais pas non plus continuer à perdre le trésor d'expérience spirituelle que je venais de découvrir. Je décidai donc d'éviter le plus possible ma petite amie. Le yoga du matin terminé, je prenais la voiture et montais dans les collines derrière Berkeley. Je lisais des ouvrages spirituels, méditais, et contemplais les collines et les vallons jusqu'au crépuscule. La simple idée de devoir retrouver mon amie après le coucher du soleil me déprimait, et je rentrais chez moi à contrecœur. Ce train-train continua quelques jours, mais cela ne résolvait pas le problème. Mon amie commença à me soupçonner de voir une autre fille pendant la journée, et résolut de me posséder encore plus la nuit venue.

Cette situation me fit percevoir la relation homme-femme comme basée essentiellement sur l'intérêt personnel. Si elle m'aimait vraiment, comme elle le prétendait, pourquoi n'essayait-elle pas de me rendre heureux plutôt que malheureux ? Je lui avais expliqué mes expériences spirituelles, mes raisons d'aller dans les montagnes pendant la journée, et aussi les effets de la relation sexuelle sur ma paix intérieure. En fait, avec toute la confiance et l'innocence d'un enfant, je ne lui avais rien caché, mais elle était incapable de penser à autre chose qu'à son propre plaisir. Un jour, je lui demandai : « Si je me rasais la tête et la barbe, est-ce que tu m'aimerais encore ? Ou si je ne pouvais plus te faire l'amour, est-ce que tu m'aimerais encore ? ». Une expression horrifiée se peignit sur son visage, mais elle ne me répondit pas. De tout cela, je finis par conclure que ce que nous appelions « amour » n'était rien d'autre que la satisfaction mutuelle de nos désirs égoïstes, physiques et psychiques. Il était basé essentiellement sur l'attirance physique que nous éprouvions l'un pour l'autre, et peut-être aussi sur une légère affinité mentale. Ce prétendu amour était très superficiel et le moindre désaccord pouvait l'anéantir.

À cette époque, je ne connaissais pas l'amour divin si effacé des grands sages envers l'humanité souffrante, mais je savais qu'un amour aussi superficiel ne valait pas cher à mes yeux. Je me demandais comment me tirer de cette situation sans faire de peine à mon amie, déjà passablement perturbée. De plus, les paroles du professeur de yoga de mon frère commençaient à me hanter, « Fais-toi moine, fais-toi moine », et je commençais à me dire que c'était ce que je devais faire. Oui, mais comment ?

À cette époque, Barbara, la prof de yoga de Earl, partit vivre à Kathmandu, au Népal, son mari, fonctionnaire du gouvernement, ayant été muté là-bas. Mon frère me demanda si je voulais les accompagner au Népal, lui, sa femme et leur bébé, car il avait envie de voir Barbara, ainsi que de visiter l'Inde. Il me dit qu'en chemin je pourrais entrer dans un monastère Zen et devenir moine bouddhiste si cela me convenait. Je vis là l'occasion en or de me sortir de ce mauvais pas et acceptai immédiatement. Je fis une provision financière pour mon amie, promis de lui écrire, et si possible, de la faire venir. Je ne songeais pas à l'absurdité de ma proposition, mais elle, si. « Et même si je venais, qu'est-ce que je ferais dans un monastère ? » me demanda-t-elle, un peu fâchée de mon apparente hypocrisie. Ce fut mon tour de ne savoir que répondre...

Enfin, le jour du départ arriva. Après un bref au revoir sur le quai, je pris congé de ma mère, de mon amie, et des quelques amis venus nous accompagner. Quand enfin le bateau quitta le quai, je poussai un profond soupir de soulagement. J'abandonnais tout ce qui m'était familier, et pourtant, je ne sais pourquoi, cela me laissait indifférent. Je me souvins avoir éprouvé le même sentiment de détachement à la mort de mon père. Comme la proue du navire fendant les vagues, ma vie continuait, et je me demandais : « Qu'est-ce qui m'attend, qu'est-ce qui m'attend ? ».

Tandis que le bateau quittait la baie de San Francisco, je gagnai le pont supérieur et m'assis. Je n'avais que dix-huit ans, mais j'avais l'impression d'avoir traversé une longue vie maritale. Je me sentais à présent comme un homme qui, Dieu sait comment, remonte des profondeurs abyssales. De toute évidence, je n'avais pas placé en vain ma confiance en Ramana. Je sentais qu'il m'avait tiré d'une situation très délicate. Pendant que je me tenais là, assis, contemplant le pont inférieur, j'eus soudain l'impression que quelque chose m'appuyait très doucement sur le sommet du crâne. Une grande paix envahit mon esprit. Les mouvements de ma pensée se calmèrent. En regardant vers le bas, je voyais des hommes et des femmes en conversation sur le pont. Il me fut « révélé », je ne trouve pas de meilleur mot, que l'attraction entre les sexes est la plus puissante des pulsions naturelles, en grande partie responsable de l'incessante activité des hommes. Cela peut paraître très élémentaire, et j'admets que ça l'est, mais à ce moment-là, ce fut pour moi une véritable révélation.

À cet instant, je sus que je ne suivrais pas la voie de l'homme ordinaire, la voie du plaisir, mais m'efforcerais d'atteindre la paix infinie du Soi, dussè-je mourir à la tâche. Je ne connaissais rien à l'orthodoxie monastique, je ne savais même pas que le célibat est prescrit comme discipline essentielle pour atteindre l'Illumination, mais malgré tout, je ressentais le besoin d'une vie chaste entièrement vouée à un but sublime. On ne m'avait jamais dit, je n'avais jamais lu, que l'instinct sexuel doit être maîtrisé et sublimé. J'avais abouti à cette conclusion par mon expérience personnelle.

Earl et moi avions décider de voyager par bateau, et non par avion, parce que nous tenions à poursuivre une pratique régulière du yoga, sans aucune interruption. Ponctuellement matin et soir, nous faisions nos postures pendant une heure. Du temps était également alloué à la méditation et à l'étude d'ouvrages spirituels. Nous n'étions pas pressés d'atteindre le Japon, et l'allure modérée des voyages océaniques convenait parfaitement à notre mode de vie. Je me levais à quatre heures et demie le matin, quand tout le monde dormait encore, prenais une douche, et montais sur le pont faire mon yoga et méditer. L'air pur, le silence du vaste océan, et la grandeur du spectacle quotidien du soleil levant apaisaient mon esprit. Mais mon empressement à atteindre la Réalisation spirituelle me causait une sensation permanente de fournaise au niveau du cœur.

Dans ce cœur avait germé une foi enfantine en un grand sage. De ma vie je n'avais pensé à Dieu, sauf peut-être une ou deux fois, quand, enfant, je ne trouvais pas d'autre moyen d'obtenir une chose que je souhaitais ardemment. Je priais alors Dieu, à titre expérimental. Quelle n'était pas ma stupeur quand mon vœu le plus cher était exaucé ! Mes parents étaient tous deux agnostiques. Ils m'avaient envoyé au catéchisme, non par sentiment religieux ou crainte de Dieu, mais probablement parce que tous les enfants du quartier y allaient. Dieu me semblait n'être qu'un mot, à utiliser avec d'autres dans des expressions comme « À Dieu ne plaise », « Dieu seul le sait », ou « Nom de Dieu ! ».

Même à ce stade, la pensée ne m'effleurait pas que Dieu, l'Être Universel, guidait ma nouvelle vie. C'était plutôt Ramana, qui avait promis de guider ses dévots, parmi lesquels je me comptais à présent. Je ne me suis jamais demandé comment cela pouvait être rationnellement possible. Comment un homme pourrait-il contrôler les événements de la vie d'un autre ? À plus forte raison un homme qui avait vécu à vingt mille kilomètres de chez moi et était mort depuis dix-huit ans. Eh bien, Ramana avait réalisé le Soi, et à ce titre il n'était pas, il n'est pas, distinct du Suprême qui n'a ni naissance ni mort. Prenant ceci pour parole d'évangile, j'en fais, depuis, l'expérience à chaque seconde.

Ma personnalité changeait à grande vitesse. Quand je parlais avec les autres passagers, j'écoutais leurs problèmes avec un sentiment nouveau de compassion. Je commençais à m'apercevoir que chacun, aussi heureux soit-il, recherche toujours plus de bonheur, quantitativement et qualitativement. Tout désir satisfait cède la place à un nouveau désir.

Ces gens ne semblaient pas savoir qu'il existait quelque chose au-delà du bonheur terrestre, et peu leur importait. Leurs seuls soucis étaient l'argent, le sexe, la gloire et la santé. De cette quête, ils ne retiraient qu'un iota de plaisir pour une tonne d'effort. Avant même qu'ils ne s'en soient rendu compte, la vieillesse et la mort les auraient emportés.

Je me dis, le cœur lourd : « N'y a-t-il rien d'autre dans la vie de l'homme moyen ? La naissance, la recherche du plaisir, et enfin la mort ? » J'avais entrevu une félicité bien au-delà du domaine des sens et du mental. Moi, je suivais la voie spirituelle, mais les autres ? Ne pouvant trouver réponse satisfaisante à mes doutes, je me mis à porter sur la vie des hommes et leurs problèmes un regard compatissant. Je ne désirais rien de personne mais donnais autant que je le pouvais. Il me semblait que l'égoïsme rendait aveugle à tout, excepté à son propre petit univers circonscrit, comme la grenouille de la fable au fond de son puits.

Un jour, en furetant dans la bibliothèque du bord, je tombai sur un livre de Swami Sivananda, de Rishikesh, un village au pied des Himalayas. Apparemment, son disciple, Swami Chidananda, avait un jour pris ce même bateau et avait fait don de ce livre à la bibliothèque. Il abordait tous les aspects de la vie spirituelle. En le lisant, je tombai sur une affirmation selon laquelle, qui que l'on soit, si l'on désire atteindre la Réalisation du Soi, la compagnie d'un Maître vivant est indispensable. Je commençai à me demander que faire. Ramana ne suffisait-il pas ? Cette nuit-là, une fois tout le monde couché, je montai sur le pont, le cœur gros.

Pour la première fois de ma vie, je me mis à sangloter du tréfonds de mon cœur, implorant dans la nuit noire : « Ô Ramana ! Que dois-je faire ? Sans Maître, comment atteindre le But ? Qui me montrera la voie et m'enseignera à mener une vie spirituelle ? Ce pourrait-il qu'il existe quelqu'un d'aussi grand que toi ? Je n'accepterai rien moins que toi. Ne me montreras-tu pas la voie ? ». Je pleurais, pleurais, comme un petit enfant. Je n'avais jamais connu un tel chagrin, ni soupçonné le bonheur que l'on éprouve à ouvrir son cœur, dans les larmes, au Suprême. Au cours des mois qui suivirent, je m'aperçus qu'en vérité, ma prière avait été entendue.

Le bateau fit escale à Hawaii, et nous descendîmes à terre pour une journée de tourisme. Nous fîmes le tour de l'île en voiture de location et arrivâmes à une plage magnifique, avec eau turquoise, ciel bleu et falaises déchiquetées tombant à pic dans la mer. Le paysage était un véritable enchantement, mais j'avais l'esprit ailleurs. Je ne pouvais profiter de rien, un peu comme un homme se languissant de sa bien-aimée, absent et incapable de participer sans réserve à quoi que se soit. Earl et sa femme appréciaient énormément l'endroit, et donc, pour ne pas jouer les trouble-fête, je manifestai moi aussi intérêt et plaisir.

Encore quelques jours de mer, et nous atteignîmes le Japon. Nous débarquâmes à Yokohama. Earl décida que nous prendrions le train pour Kyoto, la Cité des Temples. En quelques heures, nous étions dans la ville qui allait être mon nouveau foyer pendant les quatre mois à venir.

Après avoir pris pension dans une confortable auberge, Earl décréta qu'il fallait avant tout se mettre en quête de Gary Snyder, poète américain réputé qui, nous le savions, habitait Kyoto. Il avait visité l'ashram de Ramana Maharshi en Inde et avait contribué quelques poèmes à la publication trimestrielle de l'ashram. En tant que dévots de Ramana, nous pensions pouvoir le consulter sur les lieux à visiter et sur le moyen de trouver un logement. Après trois ou quatre heures de recherche, nous avions pratiquement abandonné l'espoir de trouver sa maison, lorsque qu'un monsieur qui parlait anglais nous l'indiqua.

Gary se montra très amical et hospitalier. Il nous invita à entrer et pria sa femme de préparer du thé. Il nous dit qu'il avait vécu pendant huit ans la vie de moine Zen dans un monastère, avant de décider de se marier. Il avait épousé une jeune Japonaise, et ils venaient d'avoir un enfant. Il était plongé dans la traduction anglaise d'une partie des Écritures Bouddhistes, et écrivait également de la poésie. En fait, il projetait de rentrer aux États-Unis et d'y fonder une communauté spirituelle. Il aurait été heureux, nous dit-il, de nous céder sa maison à son départ, mais il l'avait déjà promise à quelqu'un d'autre. Il nous assura qu'il nous trouverait dès le lendemain un logement approprié, et qu'il nous rejoindrait à notre auberge.

Gary se tourna alors vers moi et me demanda quels étaient mes projets. Je lui répondis que je désirais devenir moine, peut-être moine Zen mais je n'en étais pas certain. Je lui demandai s'il connaissait un endroit où je pourrais me faire une idée de ce genre de vie. Il parut très heureux d'apprendre mes aspirations et m'assura qu'il me montrerait cet endroit dès que nous serions installés. Je me sentais très serein et à l'aise en sa présence, et je me dis qu'il devait avoir atteint un bon niveau spirituel grâce à sa formation Zen. J'espérais qu'il pourrait me guider un tant soit peu sur la voie spirituelle, et ne fus pas déçu. Lorsque nous prîmes congé de lui, il nous raccompagna à la porte. Dans tous les pays orientaux, on se déchausse avant d'entrer dans une maison. Nous avions laissé nos chaussures sur le seuil. Gary y jeta un coup d'œil. Une paire était sagement alignée, les autres jetées au hasard. Il attendit de voir quelles chaussures appartenaient à qui. Me voyant enfiler la première paire, il sourit et dit : « Par une chose aussi triviale, je peux lire dans l'esprit d'un homme. Celui qui s'intéresse à la méditation devrait toujours être attentif et mener une vie ordonnée et concentrée. C'est à cette seule condition que l'on peut acquérir une parfaite concentration pendant la méditation. »

J'étais très content de recevoir des conseils aussi pratiques, et aujourd'hui encore, je pense à Gary chaque fois que j'enlève mes chaussures pour entrer quelque part. Cette attitude de prendre à cœur tout conseil avisé, et de le mettre en pratique jusqu'à ce qu'il porte ses fruits, débuta à ce moment. Le conseil était mineur, mais ses implications étaient vastes. Toute action, pas seulement le rangement des chaussures, devrait être exécutée avec concentration et soin. Je décidai de faire de mon mieux pour suivre ce conseil.

Le lendemain matin, Gary se présenta à notre auberge et, après le petit déjeuner, nous partîmes en quête d'une maison. J'étais heureux comme quelqu'un qui retrouve un ami perdu de vue de longue date. Inexplicablement, je commençais à me sentir lié à Gary par un lien spirituel. C'était une expérience nouvelle pour moi, et qui devait se répéter bien des fois par la suite avec d'autres personnes.

Gary nous emmena voir plusieurs maisons. Au Japon, un inconnu ne peut traiter directement une affaire d'importance. Il faut passer par un médiateur. Bien qu'un peu fastidieuse, cette méthode garantit à chaque partie la fiabilité de l'autre. Autrement dit, mieux vaut prévenir que guérir. Cette pratique pleine de bon sens est d'usage dans tout l'Orient.

Enfin, nous trouvâmes une très confortable maison de deux étages, moyennant loyer raisonnable. Nous y emménageâmes au cours des jours suivants.

Un soir, Gary nous invita à l'accompagner à un temple Zen voisin. Il me dit qu'il y avait, attenant au temple, un petit centre de méditation dirigé par un Maître Zen japonais. Les laïcs étaient autorisés à y venir trois ou quatre soirs par semaine pour méditer sous la supervision du Roshi, ou Maître, et de son assistant. Gary me demanda si je voulais tenter l'expérience. J'acquiesçai d'enthousiasme.

Nous arrivâmes vers dix-sept heures trente. Le centre était une petite construction rattachée au mur d'enceinte du principal temple Zen. À l'intérieur se trouvaient un charmant petit jardin japonais, une bibliothèque, une salle de séjour, les appartements du Roshi, et une salle de méditation ou zendo. Après avoir échangé quelques mots avec le Roshi, Gary nous introduisit, Earl et moi, dans le zendo. Nous prîmes tous trois place sur l'estrade. Je ne savais à quoi m'attendre et observais ce que les vingt autres personnes faisaient. Un gong retentit et tous s'assirent très droits sur leur coussin. Je m'assis en demi-lotus et m'efforçai de méditer sur le « Je » intérieur. Je voyais l'assistant du Roshi faire les cent pas dans le hall, un bâton plat à la main. Je me demandais à quoi cela pouvait bien servir. Je fus rapidement fixé. Il s'approcha de mon voisin, lui tapota légèrement l'épaule de son bâton. Tous deux se saluèrent à l'orientale, paumes jointes, puis mon voisin se pencha en avant et reçut deux violents coups de bâton sur le dos. Je sursautai de frayeur !

Appréhendant la bastonnade, je ne parvenais plus à me concentrer. Mon esprit était fixé sur l'homme au bâton ! Au bout d'une demi-heure, mes jambes commencèrent à s'engourdir, et mon dos s'arrondit. Je n'osais pas bouger de peur de tâter du bâton. Je pensais que j'allais perdre mes jambes, ou du moins qu'elles ne reviendraient jamais à la vie ! L'assistant continuait lentement sa ronde. Enfin, à mon grand dépit, il s'arrêta devant moi et me tapota l'épaule de son bâton. Suant abondamment, je le saluai, me penchai en avant, et vlan !... Ce fut terminé avant que j'aie eu le temps de comprendre ce qui se passait. Il y avait bien une sensation cuisante, mais pas de douleur. Par contre, je me sentis immédiatement revigoré et me redressai. Seules mes jambes continuèrent à me paraître de plomb.

Au bout de quarante minutes, le gong retentit à nouveau. Abandonnant leur coussin, les méditants se levèrent, quittèrent en file indienne le zendo, et se mirent à en faire le tour d'un pas vif, en silence, pendant cinq minutes, essayant de poursuivre leur méditation. Puis ils regagnèrent le zendo et continuèrent à méditer. Cette séquence se répéta encore une fois. Puis des moines entonnèrent le Prajnaparamita sutra à voix tonitruante, et tous se prosternèrent. Enfin les méditants se rendirent dans la salle de séjour pour prendre le thé et passer quelques instants avec le Roshi. Celui-ci, bien qu'approchant la soixantaine, irradiait une innocence d'enfant. Je lui demandai comment il avait atteint un tel état de bonheur.

« Je suis devenu moine à l'âge de huit ans. J'étais convaincu de la vérité des enseignements du Bouddha, et je me suis attelé complètement à la recherche de l'Illumination. Lorsqu'éclata la seconde guerre mondiale, même les moines furent appelés sous les drapeaux. Seuls deux ou trois furent exemptés sur la base de leur consécration à la vie monastique. J'étais l'un de ceux-là. J'ai travaillé si dur pour atteindre mon état actuel de sérénité que j'ai eu souvent l'impression que mes os allaient se rompre. Si tu souhaites ce même état, toi aussi tu dois être prêt à te rompre les os. »

Après le thé, nous rentrâmes. Gary s'en fut de son côté après nous avoir dit que nous pouvions aller au zendo quatre soirs par semaine aux mêmes heures. Sur le chemin du retour, je me sentais très humble. Pas de façon douloureuse, mais au contraire de façon rafraîchissante. Inconsciemment, je m'étais fait une très haute idée de moi-même. Mais ma fierté et mon orgueil venaient d'en prendre un grand coup... de bâton ! Les paroles du Roshi résonnaient à mes oreilles. Je décidai, advienne que pourra, de retourner au zendo à la première occasion et de m'y « rompre les os. »

Deux jours plus tard, Earl et moi retournions au centre de méditation. J'entrai directement dans le zendo et pris place. La chaleur estivale était oppressante et les moustiques faisaient bombance. À l'intérieur, il n'y avait pas même un souffle d'air. Eh bien, n'étais-je pas venu pour me rompre les os ? Le son du gong marqua le début de la séance. Je venais de commencer à méditer lorsque mon esprit se concentra profondément. Mes pensées se calmèrent et la sensation « Je suis » se manifesta clairement, comme une sorte de subtile illumination ou encore un courant intérieur de lumière. Je ressentais très distinctement que je n'étais ni le corps ni l'esprit, mais bien seulement ce courant de lumière. J'étais transporté. L'expérience persista même après la séance. En quittant le zendo, avec Earl, à la fin de la méditation, je faillis me prendre un autobus de plein fouet ! Il m'était absolument impossible de prêter attention aux choses extérieures, et peu m'importait ce qui pourrait en résulter. Par chance, Earl m'agrippa le bras et me demanda ce qui se passait. Je me dis que peut-être il ne me croirait pas, ou qu'une trace de fierté pourrait se glisser dans ma voix. Après avoir bien réfléchi, je répondis en pesant mes mots :

« Pendant que je méditais dans le zendo, j'ai soudain ressenti que j'étais « Je » uniquement, et non pas le corps. En fait, ce corps semblait être un objet étranger, distinct de moi. Même maintenant, cette sensation persiste. Et aussi, c'est comme si mon esprit avait été lavé de frais à grande eau. Il se sent calme et pur. Je commence tout juste à comprendre un petit peu le sens des enseignements de Ramana. »

Earl semblait plongé dans ses propres pensées, et nous regagnâmes la maison sans plus parler. Pendant une demi-heure, le sentiment d'illumination persista, puis il disparut progressivement. Évidemment, je souhaitais retrouver cet état, et j'avais hâte de retourner au zendo. À chaque fois, la même expérience de clarté et de lumière douce et fraîche se reproduisait. La chaleur, les moustiques, les douleurs dans les jambes, autant de raisons de m'accrocher encore plus intensément à mon calme intérieur. Après chaque séance, j'avais l'impression que mon esprit avait pris une douche rafraîchissante et, alors que la canicule était intolérable, la température me semblait plutôt agréable. Cette expérience de lumière intérieure persistait quelque temps après la méditation puis, comme la première fois, s'évanouissait.

Un jour, Gary nous invita chez lui pour un pique-nique. En arrivant, nous trouvâmes huit à dix autres occidentaux, des amis de Gary apparemment. Tous ensemble, nous nous rendîmes sur une colline proche de la maison et nous assîmes en cercle, Gary au centre. Il entonna alors un chant :

« Hari Krishna Hari Krishna Krishna Krishna Hari Hari Hari Rama Hari Rama Rama Rama Hari Hari. »

Il chantait de toute son âme, et semblait sur le point de pleurer. J'étais très ému, et curieux de savoir ce qu'il chantait. Quand il eut terminé, nous gardâmes le silence quelque temps, puis je l'interrogeai sur cette mélopée.

« Elle m'a été enseignée par un ami qui a passé un certain temps en Inde. Elle est composée des divers Noms de Dieu. En Inde, la Réalité suprême revêt différents noms. Ici nous pouvons l'appeler Nature de Bouddha, mais là-bas les gens la nomment Krishna, Rama, ou Hari. Chanter le Nom divin confère une exceptionnelle béatitude. Il faut essayer de se fondre en Cela, de ne plus faire qu'un avec Cela pendant que l'on chante. »

En entendant ceci, mon envie d'aller en Inde se réveilla. Bien sûr, par mes méditations au zendo, j'atteignais incontestablement une certaine paix spirituelle, mais j'avais toujours, comme une arrière-pensée, le sentiment de ne pas être à ma place au Japon. Je me sentais étranger à la culture bouddhiste. Je ne pensais pas parvenir un jour à la considérer comme mienne. Nous venions de passer quatre mois au Japon, et Earl aussi avait hâte de poursuivre le voyage vers l'Inde. Nous retînmes des places sur le premier bateau en partance pour Bangkok, et, après l'adieu à Gary et à sa famille, nous étions partis.

Nous fîmes escale à Manille, à Hong Kong, et dans quelques autres ports avant d'atteindre Bangkok. Là, nous prîmes une chambre bon marché, pensant faire un peu de tourisme. Tandis qu'Earl et sa femme partaient se renseigner sur les points d'intérêt, je décidai de faire mon yoga. Je venais de finir, et j'étais assis en lotus, prêt à méditer, lorsqu'on toqua à ma porte. Une voix féminine me demanda la permission d'entrer. J'acquiesçai. La porte s'ouvrit et voilà qu'entra une jeune femme, jolie mais très légèrement vêtue. Au début, je ne comprenais pas ce qu'elle voulait, car elle parlait thaïlandais et je la prenais pour un membre du personnel de l'hôtel. Mais finalement, en observant ses gestes, il me vint à l'esprit que ce devait être une prostituée en train d'offrir ses services. Je n'avais jamais vu de prostituée auparavant, ou du moins n'en avais jamais reconnu une pour telle. Un moment je fus vaguement tenté. Puis, me voyant assis en position du lotus, j'affermis ma résolution et lui dis : « Vous ne voyez pas que je suis en train de faire du yoga ? » Elle, bien sûr, ne comprenait rien à ce que je lui disais, et sans doute n'avait-elle jamais vu quelqu'un faire du yoga. Elle n'arrêtait pas de me demander si je voulais qu'elle reste, et je n'arrêtais pas de répéter « yoga, yoga », jusqu'à ce qu'enfin, perdant patience, elle quitte la pièce avec humeur. Ouf, je venais d'échapper à une tentation ! Mais je me sentais malheureux de n'avoir pas eu la force morale de dire tout simplement « Dehors ! » dès le début.

Le tourisme en Thaïlande consistait à voir temple bouddhiste sur temple bouddhiste. Cela ne faisait qu'accroître mon impatience d'arriver en Inde, pays où naquit le Bouddhisme. Après quelques jours, nous prîmes un avion et atteignîmes la terre bénie des sages. Dans la salle de transit de l'aéroport de Calcutta, en attente d'une correspondance pour le Népal, c'est à peine si j'avais conscience d'être dans un aéroport. Chaque centimètre de terrain, chaque arbre, chaque personne me semblaient nimbés de sainteté. Je ne cessais de penser : « Voici la terre sacrée où le Seigneur Krishna est né et a enseigné la Bhagavad Gita à Arjuna, où le Bouddha a pris naissance pour diffuser l'évangile de l'Illumination, où Ramana a atteint la Connaissance du Soi ». Tout homme portant la barbe me paraissait être un saint. On peut penser que j'étais naïf, mais même aujourd'hui, après dix-huit ans passés en Inde, je trouve toujours que c'est l'endroit le plus saint du monde. Ma joie d'être enfin en Inde était inexprimable. Mais à peine étions-nous arrivés que déjà nous repartions pour le Népal.

En arrivant à Kathmandu, nous nous rendîmes chez Barbara. Elle avait été le professeur de yoga de mon frère aux États-Unis, et nous avait invités à passer la voir sur le chemin de l'Inde. Barbara avait déjà été l'instrument de bien des changements importants dans ma vie, en me donnant à lire la Bhagavad Gita, ou en suggérant que je me fasse moine. Je me demandais ce qu'elle allait encore m'apprendre, cette fois-ci. Le gouvernement népalais leur avait attribué, à elle et son mari, une belle et spacieuse demeure de trois étages. Elle était toute proche de l'ambassade, et à quelques minutes à pied seulement des rizières. Par temps clair, on pouvait apercevoir au loin les sommets enneigés des Himalayas. Barbara avait transformé le dernier étage en studio pour la pratique et l'enseignement du yoga. L'endroit était bien aéré, avec beaucoup de lumière et des vues splendides de tous côtés. On me donna une chambre à part.

Barbara rentrait tout juste d'un voyage en Inde. Elle s'était rendue dans le Sud pour visiter l'ashram de Ramana Maharshi. Elle bouillonnait de joie, et me dit que là-bas elle avait senti très nettement la présence de Ramana. Elle ajouta que la paix spirituelle y était tellement palpable qu'on pouvait presque la couper au couteau. Ce n'était pas la paix d'une sépulture mais bien la paix radieuse qui entoure un sage réalisé. Arunachala, la colline sacrée, avait paru vivante à Barbara, et elle avait à plusieurs reprises fait des ascensions et des circumambulations en ressentant une profonde concentration. Elle me dit aussi qu'il y avait à l'ashram un disciple de Ramana, du nom de Ratnamji, qui était la vie même de l'ashram. En fait, elle était d'avis que, sans lui, l'ashram, tout havre de paix qu'il soit, serait dépourvu de vie. Ratnamji était venu à Ramana en 1942, à l'âge de vingt ans. Il était devenu l'assistant personnel de Ramana, jusqu'en 1950, quand Ramana avait quitté son corps. Ratnamji avait alors parcouru l'Inde en tous sens, gardant un contact étroit avec certains des plus grands sages du pays, et servant nombre d'entre eux. Il avait consacré trente ans à une intense vie spirituelle, faite d'austérités et d'étude. Il avait un véritable rayonnement, une vaste connaissance des Écritures, et par-dessus tout, ses paroles avaient une force qui élevait l'auditeur à de sublimes hauteurs de compréhension et d'expérience. Elle me recommanda de ne pas manquer de le rencontrer.

C'était plus que je n'en pouvais supporter. J'étais déjà impatient d'aller à l'ashram, mais ces mots ne faisaient qu'accroître ma hâte. Mon cerveau devint obsédé par le désir de faire ma valise et de courir vers la sainte présence de Ramana. Earl voulait faire un peu de tourisme et me proposa même de passer avec lui quelque temps dans les Himalayas. Pour ma part, j'avais les yeux rivés au sol, m'accrochant à ma méditation nuit et jour. Je lui répondis que les Himalayas étaient là pour l'éternité, nous pas ; la réalisation spirituelle devait être atteinte immédiatement. Cette déclaration le laissa interdit. Je lui annonçai que je préférais partir pour l'Inde et atteindre l'ashram de Ramana au plus vite.

Froissé et quelque peu en colère, Earl me rétorqua que j'étais libre de faire à ma guise. Je n'étais pas obligé de le suivre. Jusqu'alors, il avait été mon guide, toujours soucieux de mon bonheur et de mon bien-être. Il avait organisé notre voyage et avait assumé toutes les responsabilités pour veiller à ce que notre vie se déroule sans heurts. Il était donc naturel qu'il se sente blessé par mes soudaines velléités d'indépendance, mais que pouvais-je y faire ? Je me sentais pareil à un morceau de métal attiré par un puissant aimant. C'est ce que je lui dis, après quoi je m'en fus acheter un billet de retour pour l'Inde.

Le lendemain me trouva à l'aéroport. Earl, Barbara, et son mari étaient venus me dire au revoir, après un séjour népalais de quelques jours seulement. Je n'étais pas très assuré. Voilà qu'à dix-neuf ans, je volais de mes propres ailes. J'étais à des milliers de kilomètres de chez moi, et sur le point de plonger tête la première dans une nouvelle culture dont j'ignorais tout. Je n'avais aucun projet d'avenir, à part me débrouiller pour rallier l'ashram de Ramana et atteindre la Réalisation du Soi. Pas moyen de tergiverser avec cet appel intérieur à quitter tous et tout. C'était aussi évident que le soleil en plein midi, mais l'incertitude de l'avenir m'effrayait un peu.

Je quittai le Népal. De retour à Calcutta, j'attrapai le premier avion pour Madras, ville du Sud de l'Inde. C'était l'aéroport le plus proche de Tiruvannamalai, ma destination finale. Je pris une chambre d'hôtel, y déposai mes bagages, et sortis me promener. Je vis que la plupart des gens marchaient pieds nus. Les chaussures semblaient superflues sous ces latitudes. De même, au lieu de pantalons, les hommes portaient un linge appelé dhoti enroulé à la taille et descendant jusqu'aux chevilles. Facile à laver, il séchait vite, ne coûtait pas cher et était parfaitement adapté à ce climat chaud. Je décidai donc d'abandonner mes vêtements occidentaux, chaussures comprises. J'achetai un dhoti et demandai au gérant de l'hôtel de m'apprendre à le mettre. Après qu'il m'eut montré, j'essayai bien des fois de le nouer autour de ma taille, mais dès que je commençais à marcher, il glissait, et je me retrouvais au beau milieu du hall de l'hôtel en sous-vêtements. Non sans mal, je parvins enfin à le faire rester en place un peu plus longtemps.

Ensuite il fallut s'accoutumer à la nourriture indienne. De ma vie je n'avais mangé de piment rouge. Bien que le mot «chili», piment, signifie «froid» en anglais, c'est en réalité tout le contraire ! Par ailleurs, quatre-vingt dix-neuf pour cent des Indiens mangent avec leur main, et non avec couteau et fourchette. Ils disent qu'utiliser des couverts, c'est comme avoir recours à un interprète dans une relation amoureuse ! Au restaurant, le serveur me demanda si je désirais une cuillère, mais je refusai. Timidement, j'observai les autres manger et tâchai de les imiter. Je dois dire que je parvins à enfourner plus de nourriture qu'avec des baguettes, mais cela ne veut pas dire grand-chose ! À plusieurs reprises le serveur me supplia d'utiliser une cuillère, mais je me montrai intraitable. Ce que mon voisin engloutissait en dix minutes, il me fallut une demi-heure pour le manger, sans parler des dégâts sur la nappe et sur mes vêtements ! À moitié mort de honte, je quittai enfin le champs de bataille et allai triomphalement me laver les mains, heureux d'avoir surmonté le pire, et espérant que ce serait plus facile la prochaine fois !

Le lendemain matin, le gérant de l'hôtel m'informa qu'il y avait un bus pour Tiruvannamalai toutes les heures à partir de six heures du matin. Par bonheur, il inscrivit sur un morceau de papier le nom de la ville en langue locale car, dit-il, avec ma prononciation tellement bizarre, je risquais de me retrouver au Pakistan ! Je réglai ma note et pris un rickshaw[1] jusqu'à la station d'autobus. Je montrai mon papier à la ronde, et on me fit signe de monter dans un bus. Avec ma valise dans une main, mes directives écrites dans l'autre, et mon dhoti qui se défaisait sans cesse, je devais offrir un sacré spectacle à mes compagnons de voyage ! Enfin, le bus s'ébranla, et je me calai sur l'inconfortable banquette, guettant l'apparition de la montagne sacrée, Arunachala.

---

[1] Genre de scooter à troies rous, couvert, servant de taxi à bon marché.

Chapitre 2

Faire le vide – Tiruvannamalai (1968)

Deux cents kilomètres et cinq heures plus tard, j'étais au pied de la montagne sacrée. Selon d'antiques légendes hindoues, c'est ici que Dieu choisit de se manifester pour la première fois après la Création. Il le fit sous forme d'un brillant faisceau de Lumière qui traversait le ciel à l'infini. Ses fidèles l'ayant prié d'adopter une forme plus tangible, il se transforma alors en montagne. Arunachala signifie la Montagne Rouge ou la Montagne de Feu, le rouge symbolisant la Lumière divine. Au fil des temps, d'innombrables aspirants spirituels, jugeant l'endroit propice à la sadhana (discipline spirituelle), ont élu domicile à Arunachala. Ils nous ont laissé un vaste trésor poétique à la louange de cette colline, qu'ils disent capable de dissiper l'ignorance spirituelle et de révéler la Vérité intérieure. Plus près de nous, Ramana Maharshi avait ressenti une puissante attraction envers cette montagne, même après sa Réalisation, et il y vécut plus de cinquante ans. D'après sa propre expérience, il affirmait à ses disciples que le Suprême, bien que présent en toutes choses, se manifeste avec une intensité particulière en certains endroits de la planète. L'influence de ces lieux peut être ressentie par les aspirants avancés, et mise à profit pour progresser spirituellement. Ceci, joint aux effets cumulés des austérités pratiquées par les innombrables sages qui y vécurent, fait d'Arunachala un lieu

Faire le vide – Tiruvannamalai (1968)

idéal pour apprendre à discipliner le mental en vue de l'absorption dans le Réel. En fait, il y a quelques années, quand un groupe de géologues américains effectuèrent des prélèvements rocheux sur la colline, ils découvrirent que celle-ci s'était formée à la même époque que l'écorce terrestre. En dépit des nombreux plissements et des recouvrements marins qui ont affecté la surface de la Terre au cours des âges, Arunachala est restée intacte.

De la gare routière, je pouvais voir la ville nichée au pied de la colline. Au centre se dressait l'énorme complexe du temple, qui, jusqu'à l'avènement des cinémas, focalisait toute la vie sociale et religieuse. De nombreux festivals religieux s'y tenaient toute l'année, avec musique, danse et théâtre. Les gens dressaient des étalages où se vendaient toutes sortes de nourritures et d'objets ménagers, y compris des jouets pour enfants. Afin d'éduquer l'homme de la rue et de l'éclairer en matière de morale et de réflexions élevées, afin de lui faire prendre conscience du sens et du but de la vie, chaque soir, après le coucher du soleil, un lettré versé dans les Écritures venait lire quelques lignes et les commentait à la foule assemblée. On invitait également des orateurs d'autres villes et des débats étaient organisés. Ainsi, les Anciens s'efforçaient-ils d'instiller la notion de Sublime dans l'esprit des masses, qui sans cela auraient consacré tout leur temps aux préoccupations matérielles. De nos jours encore, ces activités se poursuivent dans les temples hindous, mais l'assistance a beaucoup diminué, vu l'engouement de notre époque moderne pour les plaisirs et les distractions.

Le temple dédié au Seigneur Arunachala est l'un des plus grand de l'Inde. Il s'étend sur une dizaine d'hectares, délimités par quatre immenses murs d'enceinte flanqués de tous côtés de grandes tours. Sa taille imposante inspire un sentiment de crainte respectueuse.

Je grimpai dans une carriole à cheval et me mis en route pour

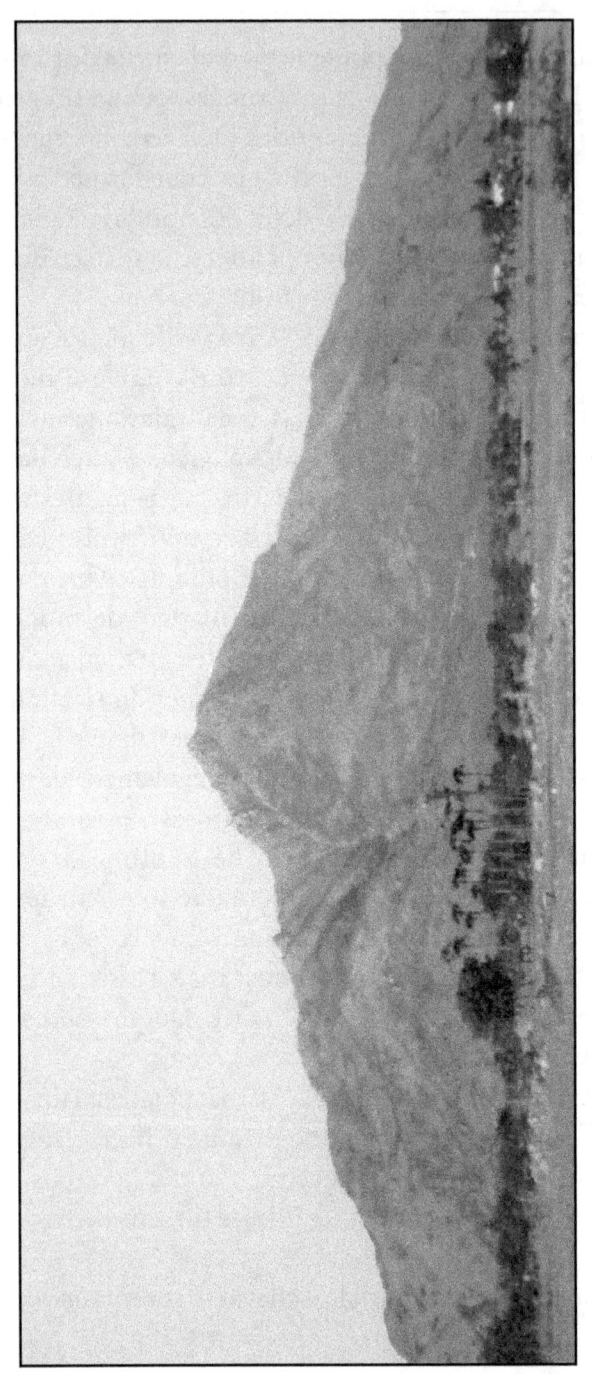

La montagne sacrée d'Arunachala

Sri Ramanashramam, qui fut le refuge de Ramana pendant plus de cinquante ans. L'ashram est situé à deux kilomètres et demi de la ville, dans un faubourg tranquille. Avant la venue de Ramana, ce faubourg n'existait même pas. Entre la ville et l'ashram, ce n'étaient que friches. Au-delà de l'ashram s'étendait le cimetière. On ne s'aventurait dans les parages qu'à l'occasion d'un enterrement. De nos jours, entre la ville et le cimetière, pas un centimètre carré qui ne soit occupé. La route de l'ashram est toujours encombrée de chars à bœufs, de cyclistes, de villageois se rendant à pied à la ville ou en revenant. La saison des pluies ne durant ici qu'un à deux mois par an, Tiruvannamalai est un endroit torride et poussiéreux. Mais cela ne diminue en rien le sentiment de son caractère sacré. Je n'avais vu jusque-là que Madras, grande ville à moitié occidentalisée. À présent je voyais l'Inde véritable : celle des villages, bâtis autour d'une culture simple et antique.

En arrivant à l'ashram, je fus reçu par un jeune garçon, le coursier. J'avais envoyé un télégramme pour annoncer mon arrivée. Aussitôt, on me conduisit à ma chambre, très propre et nette, et on me laissa seul. J'inspectai les lieux. La chambre comprenait un lit, un placard aménagé dans le mur, et un ventilateur. Ceci constituerait désormais mon foyer. J'avais décidé de rester ici quoi qu'il advienne, jusqu'à avoir atteint la Réalisation. Je songeai au chagrin de ma mère, à me savoir si loin. Son image revenait sans cesse hanter mon esprit. J'appris plus tard de mes maîtres qu'on a beau se détacher de sa famille, de ses amis, et des contacts humains en général, si ces personnes continuent à penser à vous, cela peut faire naître des pensées parasites qui vous détournent de la méditation. Après m'être débattu un certain temps avec de telles pensées, j'invoquai Ramana afin que seule sa présence emplisse mon esprit. Peu à peu, les pensées liées au passé s'évanouirent.

J'étais assis dans ma chambre, ne sachant que faire, quand le jeune coursier réapparut et me proposa de visiter l'ashram.

J'acceptai d'enthousiasme. L'ashram couvre près de deux hectares et demi. Il comprend un grand réfectoire avec cuisine, un bureau et une bibliothèque, une étable, une école pour l'étude des Védas (Écritures Hindoues), des chambres pour les résidents hommes, et un petit hôpital. Les femmes et les familles sont logées à l'extérieur de l'enceinte de l'ashram, dans de petits pavillons construits à cet effet. À la demande de Ramana, les femmes sont priées de quitter l'ashram à la nuit et de coucher dans leurs quartiers réservés, juste à l'extérieur, afin d'éviter tout problème de tentation sexuelle de part et d'autre. Ramana, bien sûr, traitait de même manière hommes et femmes, mais il était pleinement conscient de la faiblesse humaine. Ceux qui venaient à lui avaient de toute évidence pour objectif de parvenir à dompter leur mental et leurs sens, pour aller au-delà et atteindre le Soi réel. La sexualité étant la plus puissante force de distraction du mental humain, il importait d'offrir une atmosphère susceptible de limiter ces risques. Le meilleur moyen semblait être de loger à part hommes et femmes.

Ce qui m'attirait le plus, c'était la tombe de Sri Ramana, son Samadhi, comme on l'appelle ici. La première fois que je le vis, un service religieux s'y déroulait. Le Samadhi est ouvert de tous côtés, entouré simplement d'une grille de fer forgé. Sur la pierre tombale repose une grande fleur de lotus en marbre blanc, surmontée d'un shivalingam, pierre noire et ovale haute d'une douzaine de centimètres. Au fil des âges, les sages hindous ont déterminé que les formes rondes et ovales, n'ayant ni commencement ni fin, sont les plus aptes à représenter la Réalité sans forme.

De par son extrême subtilité, cet Absolu sans forme est au-delà de toute conception. Les Anciens pensèrent donc qu'il serait très difficile de concentrer dessus son esprit sans le support mental d'une image. En se concentrant sur une représentation formelle du Divin, le mental gagne progressivement en sérénité et en subtilité. Il commence alors à percevoir le Divin en lui-même. De la même manière qu'en portant des lunettes de soleil vertes, on voit tout en vert, à ce stade toutes les formes de l'univers apparaissent nimbées de Divinité, le mental ayant lui-même été coloré par Cela. On sait très bien que notre perception du monde est déterminée par la nature de notre psychisme. Quand l'esprit s'imprègne de Présence divine, nous développons naturellement une « vision égalitaire », c'est-à-dire que cette Présence sera pareillement perçue en toute chose. Ceci bien sûr ne peut survenir à moins d'une concentration parfaite. D'après l'expérience de certains Êtres réalisés, choisir une forme parmi l'infinité des formes de l'univers, et visualiser le Divin en elle, est l'un des moyens d'atteindre une telle concentration.

Dans le rituel hindou, on traite Dieu comme un invité cher à son cœur, et on lui offre avec dévotion diverses choses, comme de l'eau, de la nourriture, des fleurs ou des chants. La dernière offrande consiste à faire brûler du camphre devant son image. En brûlant, le camphre ne laisse aucun résidu. Il se volatilise purement et simplement. Quand on fait brûler du camphre devant Dieu, il convient de sentir qu'on Lui offre sa propre individualité. Si l'individualité est offerte et acceptée, ce qui subsiste en tant qu'essence du sujet est Dieu lui-même. Voilà ce qu'est Dieu, ou la Réalisation du Soi. Tandis que je regardais le prêtre faire brûler du camphre devant le Samadhi, je sentis distinctement qu'une présence vivante en émanait. Elle était semblable au flux de lumière que je ressentais pendant ma méditation, à ceci près qu'elle provenait de l'extérieur. Une paix profonde m'envahit. Je fus agréablement surpris d'apprendre ensuite qu'en cet endroit étaient enterrés les restes sacrés de Ramana.

À dater de ce jour et pendant douze ans, sa tombe devint le centre de ma vie. C'est là que je ressentais sa présence vivante, et j'ai reçu réponse à bien des interrogations par cette seule présence. À cette époque je ne me préoccupais toujours pas de savoir si Dieu existe ou non. Je savais que Ramana prendrait toujours soin de moi. Petit à petit, il me vint à l'esprit que l'entité que j'appelais Ramana, d'autres l'appelaient Dieu, Allah, Christ ou Krishna, selon leur foi. La Réalité infinie peut revêtir autant de formes qu'elle le souhaite pour s'accorder au lieu et à l'époque, dans le but de guider les fidèles.

Cette nuit-là, pour la première fois de ma vie, j'eus ce que j'appellerai une vision. Je venais de m'assoupir. Soudain, je me retrouvai assis dans mon lit tandis que Ramana entrait dans ma chambre. Il vint s'asseoir près de moi et, me tapotant gentiment le genou, me dit : « Je suis content que tu sois venu ». Sa figure brillait d'un éclat divin. Il irradiait une douce présence empreinte de béatitude. Je me sentais comme un enfant près de sa mère. Brusquement, je me réveillai, sans la moindre trace de torpeur. Mon esprit assailli de doutes était à présent rassuré : j'avais bien fait de tout quitter pour venir à Lui. Ce fut la première d'une longue série de visions à venir.

Dès le lendemain, j'instaurai un emploi du temps quotidien consacré essentiellement à la méditation, à l'étude et au yoga. J'estimais qu'il me fallait huit heures de sommeil. Je me couchais donc à vingt-et-une heures pour me lever le matin à cinq heures. Après le dîner, servi à dix-neuf heures trente, j'avais toujours sommeil quand sonnaient les vingt-et-une heures, sauf si quelque chose retenait vraiment mon attention. Je compris par la suite qu'un gros repas le soir provoque une somnolence liée à la digestion. Par contre, si l'on mange peu le soir — voire pas du tout —, cinq heures de sommeil suffisent amplement.

Je passais le plus clair de mon temps dans le hall où Ramana avait vécu les vingt-cinq dernières années de sa vie, entouré d'un cercle toujours plus grand de dévots. Après son décès, la pièce avait été transformée en salle de méditation, et on pouvait y voir des gens méditer à toute heure, de quatre heures du matin à dix heures du soir. J'y passais moi-même quelques huit heures par jour à essayer de méditer.

Un mois s'était écoulé depuis mon arrivée à l'ashram lorsque se produisit un événement des plus déterminants. Je me rendais de ma chambre à la salle de méditation, les yeux rivés au sol selon mon habitude, quand soudain, de la direction opposée, j'entendis quelqu'un me héler :

« Alors, mon frère, elle est bonne cette méditation ? Je te vois passer tant de temps à méditer chaque jour ! »

Je levai les yeux sur un personnage barbu. Il irradiait un tel éclat que j'en reçus un choc. Je ne pus que grommeler un vague acquiescement. Lui-même poursuivit sa route, sans s'arrêter pour me parler.

Je me rappelais vaguement avoir lu quelque part que les saints sont nimbés d'une aura de splendeur divine, mais jamais je n'avais vu de mes propres yeux un tel phénomène. Ou alors…? Quand Ramana m'était apparu en rêve, un mois plus tôt, son visage brillait d'un éclat similaire… Je me demandais qui pouvait bien être cet inconnu si familier, mais son rayonnement m'avait tellement frappé que je n'arrivais pas à penser clairement. Je restai assis dans la salle de méditation, sonné.

Cet après-midi-là, un couple d'Américains de passage à l'ashram me proposèrent d'aller le soir même écouter un disciple de Ramana. Nous convînmes de nous retrouver après le dîner sur la colline, derrière l'ashram. En arrivant sur les lieux, je sursautai : le disciple en question n'était autre que l'inconnu barbu qui m'avait adressé la parole le matin. Il m'accueillit avec un grand sourire et me pria de m'asseoir à ses côtés. Il abordait divers sujets philosophiques. Je lui demandai d'expliquer la nature du phénomène de fugitive révélation de la Conscience Cosmique. La réponse, magistrale, vint sous la forme d'un éclair aveuglant, qui illumina les environs l'espace de quelques secondes…

Je regagnai ma chambre et passai une nuit blanche, impatient de revoir cet homme.

Le lendemain soir, j'étais à nouveau sur la colline avec mes amis, attendant l'arrivée de celui qu'ils appelaient Ratnamji. Où donc avais-je déjà entendu ce nom ? Après avoir longtemps cherché, il me vint à l'esprit que ce devait être le Ratnamji dont Barbara m'avait parlé lors de mon séjour au Népal. Je commençais à comprendre ! Ratnamji arriva peu après, rayonnant, comme à son habitude. Jusqu'à ce que je le rencontre, je n'avais jamais vu une personne si uniformément gaie en toutes circonstances. Il respirait le bonheur. Je voulais lui poser une question qui me tracassait depuis mon départ des États-Unis.

« Ratnamji, puis-je te poser une question ? »

« Oui », répondit-il en souriant, « de quoi s'agit-il ? »

« Depuis mon départ des États-Unis, il y a six mois, je sens que mon argent m'est un fardeau. Je veux devenir moine, mais en même temps je garde de l'argent de côté. Ne vaudrait-il pas mieux donner toute ma fortune à un ashram et m'y retirer pour le restant de mes jours ? »

« Mon frère, tu ne fais que débuter dans la vie spirituelle. Tu n'as pas encore la richesse intérieure de la pratique spirituelle. Quand tu l'auras, Dieu pourvoira à tes besoins. Même si tu donnais ton argent à un ashram, combien de temps te laisserait-on y rester ? Au bout de quelques mois, peut-être qu'on t'en réclamerait davantage, et si tu n'en avais plus, on te prierait de partir. Que ferais-tu alors ? Néanmoins, il est relativement facile de vivre sans argent. C'est juste question de s'y faire et d'adapter ses besoins à ce que l'on reçoit. Il n'y a là rien d'extraordinaire ni de très difficile. Par contre, il est beaucoup plus dur d'avoir de l'argent et de le dépenser libéralement, sans considérer combien il en reste ou comment on en fera rentrer à nouveau. L'instinct de survie engendre le besoin de nourriture, et l'on veut avoir de l'argent pour manger à sa faim. S'attacher à l'argent, c'est finalement comme se cramponner à la vie. En fait, on pourrait même dire que l'argent est le souffle vital externe de l'homme ordinaire. Qu'on le lui enlève, il a l'impression qu'on l'étrangle. Cependant, celui qui dépense sans attachement peut observer son mental en action et en extirper progressivement tout accrochage résiduel. À ta place, je continuerais à méditer, et en même temps, à dépenser sans me soucier de l'avenir. »

J'étais impressionné par sa connaissance pratique de la vie spirituelle et par le fonctionnement de son esprit. Il m'avait soulagé d'un grand poids. Un immense sentiment de respect et d'amour monta en moi envers cet homme avisé, aussi simple et joyeux qu'un enfant et cependant aussi profondément établi dans la sagesse qu'un maître. Je goûtais sa compagnie comme un affamé goûte un festin. Je me demandais comment entrer en relation plus étroite avec lui. Je ne savais ni où il habitait ni comment il occupait son temps. Après l'avoir écouté parler à mes amis, nous nous séparâmes.

Le lendemain soir, je me couchai vers neuf heures. À onze heures, on frappe à ma porte. Je ne voulais pas être dérangé, aussi ne répondis-je pas et ne me levai-je pas davantage. Au bout d'un moment, voilà qu'on toque à la fenêtre, près de mon lit :

« Neal, Neal ! Tu dors ? »

« Oui ! », répondis-je avec humeur.

« Ouvre-moi. J'ai faim », dit la voix.

À contrecœur, je me levai et allai ouvrir. Ratnamji entra.

« J'ai dû aller en ville ce soir, pour voir des dévots dont le père vient de mourir. Ils voulaient que je vienne chanter le Nom divin et leur apporter un peu de réconfort. Je souffre de maux d'estomac et si je ne mange pas un peu de temps en temps, ça empire. Aurais-tu quelque chose à manger ? »

Il me dévisageait avec attention, pour voir, je suppose, si j'étais fâché d'avoir été réveillé.

J'avais dans ma chambre quelques cacahuètes et du sucre brut. Je les sortis et lui en donnai un peu, gardant le reste pour moi. Comme par hasard, c'était sa friandise favorite ! Il en redemandait encore, et encore, jusqu'à ce que finalement je constate avec beaucoup de tristesse qu'il ne restait plus rien. Il continuait à me raconter ce qu'il avait dit à ses dévots de la ville pour les réconforter, et entretenait une conversation légère mais hautement instructive. Et pendant tout ce temps, il m'observait attentivement. J'avais encore l'espoir de retourner me coucher, mais il ne me quitta qu'à une heure du matin passée. Je ressentais un étrange bien-être à rester assis en sa compagnie, mais tout cela était gâché par mon ressentiment d'avoir été dérangé, et par mon désir de retourner dormir.

Je ne soupçonnais pas qu'il était en train de me tester pour évaluer les artifices de mon mental. Désirais-je vraiment devenir moine, ou voulais-je me raccrocher à des choses autres que le Réel ? Il connaissait le moyen de le découvrir. Pas plus tard qu'hier je l'avais consulté sur le renoncement à l'argent, et voilà qu'aujourd'hui je m'inquiétais de la disparition de mon stock de cacahuètes ! J'étais déjà en train de calculer mentalement combien Ratnamji me coûterait en sucre et en cacahuètes s'il s'avisait de venir me voir tous les soirs ! Combien me resterait-il ? C'était ma première leçon pratique dans l'art de dépenser sans attachement à l'argent, et bien sûr, j'avais échoué lamentablement !

Ratnamji occupait une chambre à hôpital de l'ashram. Il assistait le principal prêtre lors des offices quotidiens célébrés devant le Samadhi de Ramana. Du fait de cette affectation, on lui avait donné une chambre sur place, afin qu'il ne soit pas obligé de quitter l'ashram plusieurs fois par jour pour aller se reposer. À raison de trois offices par jour, il passait le plus clair de son

Ratnamji

temps à nettoyer, apporter de l'eau, disposer les offrandes, bref, tout préparer pour le service suivant.

Le lendemain du jour où il avait englouti mes cacahuètes, Ratnamji se présenta chez moi et s'allongea par terre, prétextant qu'il n'y avait pas de ventilateur dans sa chambre et que la chaleur y était vraiment insupportable. Il avait donc pensé qu'il pourrait profiter de mon ventilateur et que, par la même occasion, nous passerions un moment ensemble. Par un sentiment de supériorité fort déplacé, j'appréciais peu cette intrusion chez moi, mais en même temps je goûtais réellement sa compagnie. Je m'allongeai sur le lit, lui à même le sol. En ce temps-là j'étais tellement obtus et irrespectueux que je ne lui proposai même pas mon lit. Il devait avoir à l'époque quarante-huit ans, moi dix-neuf. Ayant toujours vécu aux États-Unis, j'ignorais comment il convient de se comporter en présence de saints. L'aurais-je su, par vanité autant que par paresse, je ne me serais probablement pas montré plus correct.

En ce temps-là j'avais une très haute opinion de moi-même. Parce que j'avais quitté mon foyer, que je connaissais quelques asanas et que je méditais un tant soit peu, je me prenais pour un yogi confirmé ! Il ne m'était jamais venu à l'esprit qu'un véritable yogi, parce qu'il vit la présence de la Réalité impersonnelle en lui-même, est tout humilité. Il sait que sa personnalité ou son individualité ne sont rien : une ombre tout au plus, sujette à d'incessantes fluctuations. Seul est réel et immuable l'Être impersonnel qui est à la base de tout individu. Ce sont les vagues qui appartiennent à l'océan et non l'inverse. Les vagues vont et viennent, l'océan demeure. Un véritable Mahatma, c'est-à-dire une grande âme, est quelqu'un qui sait qu'il n'est rien et que seul Dieu, le Soi universel, est réel.

Je demandai à Ratnamji comment il était venu à Ramana. En guise de réponse il me fit un récit délirant ; mais devant sa sincérité, je ne pus mettre en doute la véracité de son histoire.

Faire le vide – Tiruvannamalai (1968)

« J'avais dix-huit ans », commença-t-il. « Je venais de terminer mon secondaire, j'avais obtenu un baccalauréat scientifique et une bourse pour entreprendre des études supérieures. J'étais très bon élève. C'est alors que je me mis à souffrir d'un mal mystérieux : j'étais pris d'une soif inextinguible et buvais d'énormes quantités d'eau toute la journée. Et quand je dis « énormes », je veux parler de soixante à quatre-vingt litres, soit trois à quatre seaux d'eau par vingt-quatre heures. C'était déjà assez étrange en soi, mais le plus curieux c'est que je n'urinais pas plus pour autant. Bien qu'absorbant quatre-vingt litres par jour, je n'émettais qu'un demi-litre d'urine environ. Je souffrais aussi d'atroces douleurs dans le bas de la colonne vertébrale. Mes parents me traînèrent chez tous les médecins possibles et imaginables, phytothérapeutes, homéopathes, allopathes, et même chez divers guérisseurs. Sans succès. Ils ne purent découvrir ni la cause ni le remède. Finalement, je fus admis à hôpital d'état de Madras, à plus de huit cent kilomètres de mon village. Un cousin m'y accompagna.

« Après un séjour de deux mois, on me renvoya chez moi à peu près dans le même état. Les docteurs restaient perplexes devant mon cas. Quant à moi, je m'affaiblissais de jour en jour. Finalement je résolus de rentrer à la maison et d'y attendre la mort. Nous prîmes le train, mon cousin et moi, jusqu'à un village, à deux cent cinquante kilomètres du mien, où vivait un autre cousin. Nous avions décidé d'y faire étape pour la nuit, avant de continuer le lendemain sur mon village. Lorsque nous arrivâmes chez lui, mon cousin nous accueillit en nous demandant ce qui nous amenait de Madras. Quand il apprit mon état de santé, il me dit :

« Il y a en ce moment en ville un homme qui, dit-on, est capable de guérir toutes sortes de maladies apparemment incurables. Pourquoi n'irions-nous pas le voir avant ton départ ? Il n'est pas médecin, mais j'ai entendu dire qu'il entre en transe et prescrit alors des remèdes. Aimerais-tu y aller ? »

Ayant déjà tout essayé, je me dis : « Pourquoi pas ? Je n'ai plus rien à perdre. »

Après déjeuner, nous allâmes voir cet homme.

Dès que j'entrai dans la pièce, l'homme s'exclama : « Ratnamji est venu. Amenez-le moi immédiatement ! » J'étais pour le moins surpris, évidemment ! Comment avait-il appris mon nom ? Nous n'étions pas attendus et personne ici ne nous connaissait. Je m'approchai et vis qu'il était assis face à une image d'Hanuman. Devant cette image, décorée de fleurs, on avait déposé un gros tas de feuilles de bétel. »

« Qui est Hanuman ? » demandai-je à Ratnamji.

« Il existe un ouvrage ancien, » expliqua-t-il, « appelé le Ramayana, qui relate la vie de Sri Rama. Sri Rama est considéré en Inde comme une incarnation de Dieu, tout comme le Christ en Occident. Les Hindous croient que Dieu s'incarne d'innombrables fois au cours de l'Histoire, afin de mettre l'homme sur la voie de Sa Réalisation. Il corrige les méchants et vient en aide aux vertueux. Il s'incarne partout dans le monde, selon les besoins, ou envoie sur Terre ses proches disciples, les saints, en leur accordant son pouvoir divin. Il y a des milliers d'années, Sri Rama naquit dans le Nord de l'Inde et joua le jeu de Son incarnation humaine. Hanuman était l'un de Ses fidèles serviteurs du règne non-humain. C'était un singe, mais un singe très intelligent et très dévoué. En fait, selon le Ramayana, c'était une portion de Dieu Lui-même, envoyée sur Terre pour jouer dans la divine comédie de Sri Rama. Il est encore de nos jours vénéré comme tel. On estime que son culte est très efficace pour chasser les esprits malins. »

« Qu'entends-tu par « esprits malins » ? », lui demandai-je. « Tu crois vraiment que cela existe ? »

« Eh bien, tout comme toi j'étais à l'époque très rationnel en ce qui concerne les questions spirituelles et religieuses. Je ne voulais rien croire que je ne l'aie d'abord vérifié par moi-même. J'avais même écrit un article condamnant le point de vue traditionnel concernant certaines croyances et coutumes hindoues. »

Ratnamji poursuivit :

« La suite des événements me convainquit qu'il y a autre chose au-delà de la réalité apparente. Hanumadass (car ainsi s'appelait ce monsieur) me fit signe d'approcher. Il ferma les yeux, puis lentement, dans un souffle, il me dit que je n'étais pas victime d'une maladie. Le problème était ailleurs, et par la grâce d'Hanuman il disparaîtrait. Il y avait dans la ville un nouveau temple dédié à Hanuman. Il me dit d'en faire le tour cent fois par jour sans exception pendant un mois, puis de revenir le voir. Quand il me demanda de faire le tour du temple, il employa les mots « tourne autour de mon temple », pour bien me faire comprendre qu'Hanuman Lui-même s'adressait à moi.

Peu convaincus, nous quittâmes les lieux et regagnâmes la maison de mon cousin. J'avais déjà consacré tellement de temps aux médecins et aux hôpitaux que je pensai :

« Qu'ais-je à perdre à essayer un mois ? Même si cela ne donne rien, j'aurai au moins bien employé mon temps, à prier Dieu sous la forme d'Hanuman. »

« Je résolus de commencer mes circumambulations dès le lendemain.

« Le lendemain matin, j'étais au temple d'Hanuman. Un sentier avait été spécialement tracé pour ceux qui choisissaient d'en faire le tour. Priant Hanuman pour le succès de mon entreprise, je fis mes cent tours et rentrai chez moi. Cette nuit-là, dès que je m'endormis, je me mis à rêver qu'un Hanuman miniature se tenait à mon chevet. Il me sourit et me désigna l'autre côté du lit. Tournant la tête, je vis une mince silhouette pareille à un fantôme. J'étais un peu effrayé. Puis la silhouette s'évanouit. Je me réveillai, mais Hanuman se tenait toujours à mon chevet ! En quelques secondes, il s'estompa et disparut à son tour. Incapable de me rendormir, je restai assis toute la nuit à répéter le nom d'Hanuman et à méditer.

« Quand le soleil fut levé, je me rendis chez Hanumadass et lui narrai mon aventure de la nuit. Il n'était pas en transe et me dit de ne pas m'inquiéter. Selon lui, j'étais possédé par un fantôme qui utilisait mon corps pour étancher une soif intense. En manifestant Sa forme, Hanuman voulait m'assurer qu'Il me débarrasserait de ce parasite. Le cas s'était souvent produit, m'assura-t-il.

« Pendant vingt-neuf jours, je continuai à tourner autour du temple, mais la soif ne diminuait en rien. Ma foi vacillait. Mais le trentième jour au réveil, je n'avais plus soif ! Toute la journée j'attendis de voir la suite, mais je me sentais parfaitement normal. Même les douleurs dans la colonne vertébrale avaient disparu. J'étais euphorique ! Après être allé au temple, je courus chez Hanumadass lui apprendre la bonne nouvelle. Je lui demandai alors de m'initier au culte et au mantra d'Hanuman. Il accepta.

« J'ai vécu avec lui et sa femme presque comme un fils. Je l'ai accompagné dans tous les villages, l'assistant dans son travail d'exorcisme. Je participais au culte quotidien en préparant les offrandes de nourriture, ou par toute autre tâche qu'il m'autorisait à assumer.

« Un jour, on nous réclama dans un village où une jeune femme de vingt-six ans était, pensait-on, possédée. En effet, elle se mettait souvent à parler couramment en anglais, alors qu'elle ne connaissait pas cette langue. À notre arrivée on nous conduisit chez elle et on la fit entrer. Hanumadass lui demanda qui elle était. Pas de réponse. Il renouvela sa question en l'assurant qu'il n'était pas venu pour lui faire du mal. Elle se mit alors à parler, dans un anglais parfait :

« J'étais, » dit-elle, « un étudiant qui passait chaque jour devant cette maison sur le chemin de la faculté. J'étais tombé amoureux de cette jeune fille si belle. Je souhaitais ardemment sa compagnie, mais c'était bien sûr impossible, à moins de nous marier. Et puis un jour, je fus victime d'un accident et mourus. À présent, je profite d'elle sous forme subtile. Si vous croyez qu'Hanuman pourra se débarrasser de moi, vous vous trompez. Je ne partirai pas aussi facilement que mon ami a quitté le corps de Ratnamji ! »

« Ces paroles me stupéfièrent, c'est le moins qu'on puisse dire ! Apparemment, ces entités vivaient dans un monde commun, invisible aux humains. En observant certains rites, pourtant, Hanumadass parvint rapidement à guérir la jeune femme de cette possession.

« J'avais déjà passé près de deux ans avec Hanumadass, quand un jour, alors qu'il était en transe, il m'appela. Il me dit qu'il y avait dans le Sud de l'Inde un grand sage du nom de Ramana Maharshi. Je devais aller à lui et vivre à ses côtés. En le servant, j'atteindrais le véritable but de la vie, la Réalisation de ma véritable Nature. Ni Hanumadass ni moi n'avions jamais entendu parler de ce sage. Nous nous renseignâmes et finîmes par apprendre qu'il vivait au pied d'Arunachala, dans une ville appelée Tiruvannamalai. Prenant congé de mon premier maître, je partis pour Arunachala.

« À mon arrivée, je me rendis directement dans le hall. Ramana était assis sur son canapé. Il m'invita à prendre place. Je m'inclinai devant lui et m'assis sur le sol. Fermant les yeux, je voulus répéter le mantra que j'avais reçu d'Hanumadass mais, fait étrange, pas moyen de m'en souvenir ! Je l'avais pourtant répété des milliers de fois au cours des deux années écoulées, mais voilà qu'à présent je ne m'en souvenais plus du tout.

« L'instant d'après, je me sentis perdre conscience de mon corps. À la place, il n'y avait qu'un immense océan de lumière. Mon esprit était parfaitement calme et empli d'une lumière et d'une paix inefffables. Je ne sais combien de temps je demeurai ainsi.

« Au bout d'un certain temps, je rouvris les yeux. Ramana

me regardait en souriant. Je me prosternai devant lui et quittai la salle. Au cours des jours suivants, chaque fois que je m'asseyais en sa présence, le même phénomène se reproduisait. Je sentis que ma place était ici et décidai de faire de ce lieu ma demeure permanente. J'espérais m'installer à l'ashram. Je sentais cependant qu'il me fallait d'abord obtenir le consentement de ma mère. Je pris congé du Maharshi et rentrai chez moi par le train. Durant le trajet, je sentis la même paix et la même lumière que dans le hall. J'atteignis mon village et racontai à ma mère ce qui s'était passé. Elle versa des larmes de joie et me dit : « Mon fils, j'avais moi aussi souhaité mener une vie de renoncement et de spiritualité. Mais je me suis retrouvée mariée. J'étais très déçue qu'aucun de mes neuf enfants ne manifeste semblables aspirations. Tous sont satisfaits de leur vie dans le monde. Toi seul, le plus jeune, tu exauces mes prières. Mon désir de vie monastique trouvera son accomplissement en toi. Va mon fils, Ramana est ton père et Arunachala ton véritable foyer. Il t'appelle. Tu as mon entière bénédiction. »

« Je revins alors à Arunachala et petit à petit fus admis au service personnel de Ramana. Il y a de cela environ vingt ans. »

Quand Ratnamji eut terminé son récit, il était temps pour lui de s'en aller, car il avait un horaire très strict à respecter. Il se leva et sortit. Je lui emboîtai le pas. Je voulais voir à quoi il employait son temps. Le soir, il nettoyait le Samadhi, participait au chant des Védas et assistait au service religieux. Ensuite, il se retirait pendant deux heures pour méditer, dans la solitude. Après le dîner, il rencontrait les dévots de passage, étudiait, ou faisait, seul ou avec d'autres, le tour d'Arunachala. Il ne se couchait jamais avant onze heures. Levé le matin à trois heures et demie, il suivait le même emploi du temps, nettoyant la tombe de Ramana, célébrant l'office et méditant jusqu'à l'heure du déjeuner. Il avait aussi son propre rite d'adoration, ou puja, qu'il célébrait dans sa chambre.

Je l'observai pendant quelques jours, me demandant comment il parvenait à tenir le coup en ne dormant que quatre heures et demie par nuit. Finalement, je l'abordai avec une requête qui allait, à mon insu, transformer ma vie :

« Ratnamji », lui demandai-je, « tu sembles t'imposer tant d'efforts ! N'y a-t-il pas quelque chose que je puisse faire pour toi afin d'alléger ton fardeau ? »

« Eh bien », répondit-il, « tu pourrais commencer par cueillir les fleurs pour le service du matin. Il me les faut pour six heures. Si tu veux avoir fini à temps, tu dois te mettre au travail à quatre heures et demie. Au préalable, mieux vaut que tu aies déjà satisfait les besoins de la nature, que tu aies fait tes ablutions et que tu te sois lavé les dents. Alors seulement tu seras fin prêt pour le service de Dieu. »

Me mettre au travail à quatre heures et demie le matin ? Cela signifiait me lever à quatre heures ! Il est étonnant de voir avec quelle facilité on arrive à se passer, quand le besoin s'en fait sentir, de ce sommeil apparemment indispensable des petites heures de l'aube. Quand on doit attraper un avion à cinq heures du matin, on se lève bien à trois heures et demie, n'est-ce pas ? En fait, nombre de nos prétendus besoins ne sont qu'habitudes inutiles. Pour la plupart, nous dormons trop, mangeons trop, parlons trop, et nous inquiétons trop, persuadés que tout cela est absolument indispensable.

J'appris bien vite qu'on peut réduire au strict minimum les nécessités vitales, de façon à économiser son énergie, sans préjudice pour le corps. Si elles sont bien gérées, notre durée de vie et notre énergie sont suffisantes pour nous mener au but spirituel dans cette vie-même. Mais parce que nous gaspillons notre force vitale en sommeil excessif et autres activités superflues, nous ne parvenons pas à atteindre nos objectifs. Il n'est pas rare de voir des gens qui méditent depuis vingt ou trente ans sans progrès notable. Ils n'ont rien gagné en expérience spirituelle, si ce n'est une certaine tranquillité d'esprit, ô combien fragile. Si l'on étudiait de près leur vie intérieure, on s'apercevrait qu'ils ont dilapidé leur énergie, par ignorance ou négligence, et sont passés à côté du but de la vie. Dans une maison, si l'on veut que l'eau des canalisations atteigne rapidement les étages, on commence par s'assurer que les robinets sont bien fermés au rez-de-chaussée. De même dans le domaine spirituel, si l'on souhaite progresser rapidement il faut se montrer très économe de son énergie. Ainsi, par la concentration, la force vitale peut s'élever toujours plus haut vers le sommet du crâne, pour en définitive se fondre dans l'Absolu.

Nous étions au cœur de l'hiver, et si les journées étaient chaudes, la nuit, par contre, il faisait très froid. Au petit matin, la température avoisinait les dix degrés. Ignorant qu'il y avait de l'eau chaude à la salle de bains de l'ashram, je gardais la nuit un fût rempli d'eau dans les toilettes attenantes à ma chambre. Par une petite brise matinale des plus frisquettes, se verser sur le corps cette eau glaciale était le plus sûr moyen de passer rapidement au-delà de la conscience du corps physique !

Après m'être lavé et habillé, je prenais un panier et me rendais dans le grand jardin de l'ashram. La cueillette matinale dans ce vaste parterre de fleurs était agréable, mais il y avait un point noir : le coin était infesté de scorpions et de serpents en tous genres, depuis l'inoffensif serpent d'eau jusqu'au cobra royal. Impossible de me promener avec une lampe de poche, car j'avais les deux mains occupées. La seule lumière provenait d'une faible ampoule de vingt-cinq watts, dans la véranda distante de cinquante mètres. Il y avait là une réelle leçon d'abandon de soi au Maître. Mon esprit se préoccupait-il des fleurs ou bien des serpents ? Petit à petit, j'appris à développer une telle foi en Ramana que je ne pensais même plus aux scorpions et aux serpents. Je n'ai jamais

Faire le vide – Tiruvannamalai (1968)

eu à subir piqûre ou morsure plus grave que celle d'une abeille ou d'un moustique.

Certains matins, c'étaient des trombes d'eau, car la mousson venait de commencer. Mais trombes ou pas, les fleurs devaient être au mausolée à six heures précises. Je songeai à acheter un parapluie, mais Ratnamji ne voulut pas en entendre parler. Il me dit que puisque je souhaitais devenir moine, je devais faire avec le strict minimum, et il me montra comment nouer un dhoti pour en faire une sorte de parapluie, quelque chose comme une cape de pluie mais en coton.

Tout en cueillant mes fleurs, je remarquai un détail curieux dans le fonctionnement de mon esprit. Je n'avais pas fini de cueillir une fleur que mes yeux étaient déjà sur la suivante. Ce manque de concentration me surprenait. Cueillir les fleurs devint pour moi une véritable école de concentration et d'abandon de soi, pour ne rien dire de la leçon de patience. Après avoir livré les fleurs au samadhi, j'éprouvai le besoin de travailler encore. Ratnamji décréta que je pouvais balayer les alentours du mausolée et laver les marches qui y menaient. Je suis gaucher. Lorsque j'empoignai le balai, Ratnamji remarqua que j'utilisais ce qu'il appelait la mauvaise main. En dépit de mes protestations, il insista pour que je n'utilise que la main droite, au moins pour le service divin. Je lui demandai s'il ne trouvait pas un peu dépassé de considérer la main gauche comme mauvaise. Il me répliqua que les anciens n'étaient pas des imbéciles. Leur vision était omnisciente. Ils voyaient que la main gauche émet une vibration négative et ne doit être employée que pour assister la main droite. Mais si je doutais de la parole des sages, je pouvais, bien sûr, agir à ma guise. N'ayant pas l'outrecuidance de le faire, je m'efforçai d'apprendre à balayer de la main droite. Une difficulté supplémentaire venait du balai lui-même. C'était un balai très court et très vieux, complètement usé. Il fallait se plier en deux pour arriver à balayer

Dans le jardin de fleurs de Tiruvannamalai

Faire le vide – Tiruvannamalai (1968)

correctement, et l'espace devant le tombeau était vaste. Même avec un bon balai, cela aurait demandé près d'une demi-heure, mais avec ce petit balai, le balayage me prit trois quarts d'heure et me laissa complètement pantelant. Je me risquai à quémander un meilleur balai.

« Nous sommes de pauvres moines, nous devons faire avec le minimum. Si nécessaire, Ramana te procurera automatiquement un meilleur balai. D'ici là, sers-toi de celui-ci. »

Telle fut la réponse de Ratnamji.

Je commençais à me demander dans quel guêpier je m'étais fourré en lui proposant mon aide. Mais je venais de m'engager et ne pouvais faire si vite machine arrière. Je persévérai donc.

Dès qu'il avait un moment de loisir, Ratnamji venait me trouver dans ma chambre pour discuter. Il me parla de sa vie auprès de Ramana, qui était avec ses disciples proches très strict sur la discipline. Bien sûr, il manifestait à tous une grande affection et le souci constant du progrès spirituel de chacun. Mais pour ceux qui désiraient vraiment avancer spirituellement, il se montrait intraitable sur les moindres détails. Il ne fallait pas jeter le moindre bout de crayon, même si l'on en avait un neuf en réserve, car c'est Dieu qui accorde toutes choses, et il faut les utiliser jusqu'au bout et à bon escient. Même les bouts de papier devaient servir au moins à allumer le feu, et non être jetés. Ramana lui-même découpait les marges des journaux, et après les avoir reliées, il les utilisait pour écrire des vers ou prendre de courtes notes. Il enseignait par l'exemple que l'on doit garder pour soi-même le minimum et donner aux autres le maximum. Jusque sur son lit de mort, jusqu'à son dernier souffle, il insista pour qu'on laisse approcher tous ceux qui étaient venus le voir. Il menait une existence dépourvue d'ego et de désirs personnels, et il attendait la même chose de ses disciples.

À cette époque quatre ou cinq hommes se relayaient au service personnel de Ramana. Quand Ratnamji se joignit à eux, on lui demanda quelle plage horaire lui convenait le mieux. Il répondit qu'il prendrait ce qui resterait lorsque tous les autres auraient fait leur choix. Évidemment, personne ne voulait du créneau vingt-deux heures – quatre heures du matin, car cela impliquait de ne pas dormir de la nuit. Ratnamji prit cette vacation. Il m'affirma qu'en passant en dernier et en étant prêt à accepter le plus difficile, il avait en fait obtenu le sort le plus enviable, car la nuit, l'ashram étant désert, il se retrouvait en tête-à-tête avec Ramana dans le hall. Ramana dormait très peu, et il enseigna beaucoup de choses à Ratnamji. En très peu de temps, ce dernier apprit plus de Ramana qu'il n'aurait pu le faire autrement en plusieurs années.

En parlant avec moi et en me faisant partager ses expériences, Ratnamji me donnait le sentiment d'être son propre fils, ou son jeune frère. Il m'interrogeait aussi sur mon passé, et me fit de nombreuses suggestions concernant mon alimentation, les postures de yoga et la méditation. Peu à peu, notre relation s'approfondit. Lentement, il me vint à l'esprit que Ratnamji était la réponse à mon vœu de trouver un guru. Ramana l'avait scrupuleusement formé, et il était de lui-même un grand sage. J'allai le trouver un jour et lui dis :

« Je sens que tu es mon guru. »

« Tu te trompes », me répondit-il, « toi et moi nous avons le même guru, Ramana Maharshi. En ce qui me concerne, tu es simplement mon jeune frère en spiritualité. »

J'étais déçu et cela devait se lire sur mon visage.

« Bon, si tu préfères, tu peux me considérer comme un instrument que Ramana t'aurait envoyé pour te montrer le chemin. Mais je dois te prévenir : en vingt-huit ans passés ici, je n'ai jamais rencontré personne qui soit capable de soutenir mon rythme. Je suis obligé de maintenir les standards que mon guru m'a indiqués, et ceux qui veulent me suivre devront faire de même. Je n'ai jamais repoussé personne, mais la plupart sont partis d'eux-mêmes faute de pouvoir suivre mon rythme. »

Je résolus aussitôt que je ne l'abandonnerais jamais et que je ne me laisserais pas distancer. Je lui demandai quels étaient les devoirs d'un disciple.

« D'abord, développer la foi en son Maître. Ensuite, obéir implicitement à tous ses ordres, sachant bien que s'il te demande de faire telle chose de telle manière, c'est uniquement pour ton avancement spirituel. Si tu n'as pas parfaitement foi en un saint, mieux vaut ne pas le prendre pour Maître. Mais si tu le prends pour Maître, tu lui dois une obéissance aveugle. Dans la vie profane aussi, il faut suivre les instructions des enseignants pour apprendre et obtenir les résultats escomptés. À plus forte raison quand on vise l'expérience spirituelle, qui est de loin plus subtile et plus complexe que les connaissances de ce monde. »

Obéir. J'avais beau connaître la signification du mot, je n'en avais aucune expérience pratique. Depuis l'enfance, je n'avais fait que désobéir : à ma mère, à mes professeurs, aux normes sociales. J'avais mené une existence anarchique, agissant à ma guise, quand et comme je l'entendais. Cependant j'arrivais à concevoir qu'il faille obéir à certaines règles pour atteindre un but précis. Je voulais connaître la Félicité absolue. Je me disais : « Ratnamji la connaît et accepte de m'en montrer le chemin. Assurément, il ne sera pas bien difficile de lui obéir. » Pourtant, au cours des huit années qui suivirent, jusqu'à son décès, l'obéissance fut le premier de mes exercices spirituels et mon principal combat.

Celui qui pratique l'obéissance envers un sage véritable y gagne progressivement la vraie paix de l'esprit. Graduellement, il apprend à connaître ce même état de conscience de Dieu dans lequel vit le sage. C'est un peu comme si on réglait une radio. Les différentes longueurs d'onde sont partout dans l'atmosphère, mais nous ne captons que la fréquence sur laquelle la radio est calée.

Notre mental fonctionne comme une radio : par le canal des cinq sens, il reçoit en permanence des stimuli grossiers ; par le mental et les vibrations d'autres êtres vivants, il capte des informations subtiles, le plus subtil de tous les principes étant bien sûr Dieu ou la Vérité. Ceux qui parlent d'expérience disent que Dieu ne peut être perçu que lorsque le mental devient extrêmement pur et serein, subtil. Ceci exige un entraînement constant et la supervision rigoureuse d'un être qui connaisse Dieu dans Sa plénitude. Nos paroles et nos actes obéissent aux diktats de notre mental. On peut se faire une assez bonne idée de l'état mental d'une personne rien qu'en observant ses paroles et son comportement (bien qu'il existe des motivations cachées, mais nous n'entrerons pas ici dans ces considérations). À travers les âges, les aspirants spirituels ont aussi appris qu'inversement on pouvait modifier son état mental en modifiant son comportement et son langage.

Telle est l'essence de la relation entre le véritable sage et le disciple sincère. Le disciple désire faire l'expérience de la Réalité. Mais ses modes d'action et de pensée erronés rendent cette expérience impossible, à moins qu'on ne lui indique ses erreurs et qu'il ne les corrige. Quand le mental devient pur, la Vérité qui l'habite transparaît spontanément, libérée de toute entrave. Le saint véritable ne fait rien d'autre que mettre en évidence les erreurs et aider à les corriger. Dès que le mental aura atteint l'état adéquat, c'est-à-dire l'état de pureté, tout s'accomplira sans effort, instantanément. Même si les instructions du Maître semblent parfois incompréhensibles, au fur et à mesure que notre expérience spirituelle croît, nous en appréhendons pleinement le sens. Mais, jusque là, il n'y a que l'obéissance.

De nos jours, cultes et gurus auto-proclamés foisonnent. Je ne parle pas de ceux-là. Je ne m'occupe que de l'aspirant sincère et du sage authentique, établi dans la Connaissance du Soi. Bien sûr, chacun doit évaluer et essayer de juger si telle ou telle personne est

Faire le vide – Tiruvannamalai (1968)

apte à devenir un guide spirituel, encore qu'il soit généralement admis que l'on discerne très difficilement qui est réalisé et qui ne l'est pas. Certes, l'absence de peur, l'abnégation, la maîtrise des sens, et le sentiment de l'égalité de tous, sont des qualités caractéristiques des Âmes réalisées, mais elles ne se manifestent pas toujours de façon évidente. En dernier recours, c'est notre intuition qui doit trancher. Tout aspirant sincère rencontre un jour un authentique saint. Ceci semble être une loi de la Nature, même si l'attente est parfois longue.

Au bout d'un mois passé avec Ratnamji, je m'aperçus que mon emploi du temps avait radicalement changé. Ce qui, au départ, se voulait un petit coup de main pour le décharger un peu, était devenu travail à temps complet. Je n'avais pratiquement plus le temps de méditer. Celui que je passais auprès de Ratnamji augmentait à proportion de mon amour et de mon admiration pour lui. Et bientôt je vécus avec lui vingt-quatre heures sur vingt-quatre. J'étudiais soigneusement sa façon de vivre et ses paroles, qu'elles s'adressent à moi ou à d'autres. Combien de fois il me répéta qu'il ne fallait pas accepter tout ce qu'il disait simplement parce que c'était lui qui le disait. Je devais peser attentivement si cela était exact ou non, et dans le doute, lui poser des questions. Cet homme merveilleux n'était ni mère-poule ni tyran. Il voulait que je m'épanouisse à travers ma propre intelligence. Il me montrait la voie, mais c'est moi qui étais aux commandes du véhicule.

Bien qu'il ne m'ait jamais demandé de prendre d'initiative en ce sens, je choisis d'étendre mon activité. À la cueillette des fleurs et au balayage, j'ajoutai le nettoyage de sa chambre, les préparatifs de sa puja personnelle, le soin d'apporter de l'eau chaude pour son bain matinal, le rôle de secrétaire particulier pour sa correspondance en anglais, et diverses autres tâches. Je réduisis à cinq mon nombre d'heures de sommeil, sans d'ailleurs m'en porter plus mal. À tout prendre, j'étais même plus frais et plus alerte. Je découvris aussi que deux bons repas par jour, sans aucune collation intermédiaire, me suffisaient amplement et me laissaient plus léger. Quand je trouvais que Ratnamji avait besoin de nourriture, j'en achetais sans qu'il ait à me le demander. Ses besoins étaient vraiment minimes.

Je commençai à dormir par terre comme lui, et trouvai cela plus confortable qu'un lit. Une fois qu'on s'est fait à une vie simple, on peut être heureux n'importe où, même si l'on ne possède rien. Quand nous ne pouvons satisfaire nos prétendus besoins, nous souffrons interminablement d'angoisse et d'agitation mentale. Combien parmi nous trouvent la vie insupportable sans une chambre de luxe avec épais matelas, télévision, et salle de bain attenante ! En réalité, deux mètres carrés n'importe où, même sous un arbre, suffisent à une personne en bonne santé. C'est l'attitude d'esprit qui fait toute la différence.

Un jour, Ratnamji reçut une carte postale l'invitant à participer à une importante cérémonie dans un ashram du Nord de l'Inde. Au haut de la carte était inscrit un mantra du Nom de Dieu. Juste au-dessous, une citation des Écritures Hindoues exaltait le pouvoir de ce mantra. Elle affirmait qu'en le répétant trente-cinq millions de fois on atteignait une parfaite pureté d'esprit et l'absorption dans le Réel. Je demandai à Ratnamji si c'était vrai.

« Mais bien sûr. Les Écritures ont été compilées par d'antiques sages qui tous, par les moyens les plus divers, avaient réalisé Dieu. Ils ont expérimenté diverses pratiques spirituelles aboutissant à la Réalisation de Dieu. Puis ils ont transmis ces informations à leurs disciples, qui à leur tour les ont transmises, et ainsi de suite, tout cela de bouche à oreille. En ce temps-là l'imprimerie n'existait pas, et le savoir était transmis par tradition orale. Parce qu'ils observaient une discipline de vie, ces gens avaient d'énormes facultés

Faire le vide – Tiruvannamalai (1968)

de mémorisation. Ils pouvaient apprendre et retenir n'importe quoi, fut-ce des milliers de vers.

« Les expériences spirituelles de ces sages sont consignées dans les Écritures. Bien sûr, depuis, ces vers ont été compilés, transcrits et massivement diffusés, mais il y a encore quelques années j'ai vu de mes yeux un lettré réciter un extrait des Védas vingt-huit heures durant ! Non seulement il ne faut pas se tromper dans les vers, mais encore, il faut donner à chaque syllabe la bonne intonation sous peine d'en changer le sens. De nos jours encore, il y a des érudits qui possèdent cette remarquable puissance de mémorisation. »

À ces mots, je résolus de répéter le mantra trente-cinq millions de fois. D'après mes calculs, cela me demanderait environ vingt-cinq ans, à raison de dix-huit heures par jour de répétition à vitesse moyenne, en accompagnement d'autres tâches. Je demandai à Ratnamji ce qu'il pensait de mon idée et il l'approuva. Dès lors, ceci devint mon principal exercice spirituel en vue de réaliser Dieu.

Après deux mois d'ashram, des difficultés surgirent. Certains des sadhus (moines résidents) commencèrent à se montrer jaloux de Ratnamji. Sans doute croyaient-ils que je lui remettais de grosses sommes d'argent. En Inde, les autochtones ont tendance à croire que tous les occidentaux sont riches, et c'est vrai qu'ils le sont souvent par comparaison avec les Indiens. En réalité, je n'avais jamais donné d'argent à Ratnamji et, hormis un peu de nourriture, je n'achetais rien à sa place. Régulièrement, on me déconseillait de le fréquenter, ce à quoi je réagissais énergiquement. Ceci ne fit qu'envenimer les choses. En fin de compte on me demanda de libérer ma chambre et d'aller m'installer dans le dortoir avec les autres moines de passage. Je rapportai la chose à Ratnamji. Il me conseilla de trouver une chambre en-dehors de l'ashram, car tôt ou tard on me prierait de partir. Je me mis à chercher dans la petite colonie entourant l'ashram et, à la première maison où je me renseignai, je trouvai une vaste chambre à loyer très raisonnable. Le jour même, j'y transbordai mes quelques possessions, et ainsi commença un nouveau chapitre de mon apprentissage.

La maison appartenait à l'un des plus anciens dévots de Ramana. Il y vivait avec sa famille depuis les années trente. Il se trouvait être aussi un grand ami de Ratnamji, lequel, vingt ans plus tôt, avait lui-même logé dans cette maison. Doté d'un tempérament d'enfant, très pieux, il était toujours prêt à raconter de passionnantes anecdotes sur sa vie avec Ramana. La maison, entourée d'un grand jardin planté d'arbres fruitiers et de fleurs, se trouvait à cinq minutes à pied de l'ashram. L'endroit idéal pour mener une existence de retraite et d'ascèse. Narayana, car c'est ainsi que s'appelait mon hôte, me raconta que lorsqu'il voulut faire creuser un puits pour la maison, il apporta à Ramana un plan de sa propriété. Ramana montra du doigt un point, et le puits fut creusé à cet emplacement. Pendant la saison chaude, la plupart des puits de la région tarissent, sauf deux : celui de Narayana et celui de l'ashram, alimentés par une source intarissable.

Au début, Narayana était très sceptique au sujet de Ramana. Il ne vint le voir qu'à l'insistance d'un ami. Lorsqu'il entra, Ramana commentait un point des Védas concernant l'unicité de Dieu et de Sa Création. Il était en train de dire que celui qui, après avoir purifié son mental, atteint l'identification à Dieu, même s'il a un corps, il n'est plus différent de l'Absolu sans Forme. La puissance du Suprême se manifeste en lui.

Narayana attendit que Ramana quitte le hall pour aller se restaurer, et, l'interceptant au passage, lui demanda :

« Vous parliez de l'identification à Dieu d'un Être Libéré. Parlez-vous d'expérience ? »

Ramana sourit avec douceur et répondit :

« Est-ce que je le dirais si je n'en avais pas fait l'expérience ? »

À ces mots, Narayana fut submergé de respect et se prosterna

Faire le vide – Tiruvannamalai (1968)

de tout son long aux pieds de Ramana. C'est ainsi qu'il devint l'un de ses plus proches dévots.

À quelques jours de mon emménagement, Ratnamji vint me rendre visite. Après avoir salué Narayana, il inspecta ma chambre. Il me dit qu'il vaudrait mieux que j'y fasse ma propre cuisine, plutôt que de partager les repas de la famille. Cela coûterait moins cher et serait très bénéfique pour ma vie spirituelle. Selon Ratnamji, les aliments, une fois cuits, deviennent sensibles à l'énergie de ceux qui les manipulent. Comme des aimants, ils se chargent de certaines vibrations. Si ceux qui s'occupent de la cuisine sont pleins de pensées négatives, certaines de ces pensées se fraient un chemin jusque dans notre propre mental, après ingestion de la nourriture. Les pensées, de nature subtile, affectent la partie subtile du corps, c'est-à-dire l'esprit, tandis que la partie formelle de la nourriture construit le corps physique. Ceci est sans grande importance pour le commun des mortels, qui ne sont pas spécialement intéressés à modeler le contenu de leur mental. Un aspirant spirituel, par contre, doit être très attentif à réduire ses pensées et à les purifier. Le Soi véritable ne transparaît librement que dans l'esprit vide de pensées. En préparant soi-même sa nourriture, on apprend progressivement à discerner les pensées qui nous sont propres de celles des autres. Quand on passe tout son temps à essayer de dompter et de concentrer son mental, on en vient à comprendre l'intérêt de cette pratique. Ratnamji me dit aussi qu'il ne fallait pas hésiter à accepter de la nourriture d'un être plus avancé, car c'est alors une aide spirituelle. Il me recommanda d'acquérir une modeste cuisinière au kérosène, quelques pots de terre, et des produits alimentaires de base. Dès le lendemain, je me rendis au marché et achetai tout le nécessaire.

Après avoir terminé son travail à l'ashram, Ratnamji me rejoignit. Il m'enjoignit d'apporter de l'eau, et après l'avoir mise à bouillir, il me montra comment couper les légumes. « En Inde », me dit-il, « on n'utilise qu'un seul légume en accompagnement, et on varie chaque jour le légume. Le riz ou le blé sont les aliments de base, ce qui simplifie la cuisine. Tu fais cuire le riz dans un récipient. Dans un autre tu mets des lentilles à bouillir jusqu'à ce qu'elles soient tendres. Puis tu ajoutes le légume, les épices et le sel. Si tu veux, tu peux aussi te procurer du lait et en faire du yaourt que tu mélanges à la nourriture. Pour plus de variété, tu peux changer chaque jour de légume. C'est très rudimentaire, on ne peut pas appeler cela de la cuisine familiale traditionnelle, mais pour nous, cela suffira. Si tu veux te simplifier le mental, tu dois simplifier tous les aspects de ta vie extérieure. Chez les gens ordinaires ceci génère l'ennui, mais pour l'aspirant spirituel, voir jusqu'à quel point il peut réduire le flux de ses pensées est une aventure de chaque instant.

« Et pourquoi coupes-tu les légumes si lentement ? », s'exclama-t-il. « À ce rythme, on ne mangera pas avant demain ! »

J'estimais pour ma part que je les coupais plutôt vite, et le lui dis. Il me prit le couteau des mains et termina le travail en deux fois moins de temps qu'il ne m'en eût fallu.

« Il faut être attentif, et en même temps rapide. On ne doit pas devenir lambin sous prétexte de vigilance. En surface, la sérénité et la mollesse peuvent paraître semblables, mais tu dois bien voir la différence entre les deux et combattre la lenteur. Un dévot doit être rapide et efficace, sans pour autant se départir de son calme intérieur. Il devrait être capable de travailler autant sinon plus qu'un autre, sans ressentir de fatigue mentale. Je me rappelle un jour où je massais les genoux de Ramana avec une huile médicinale. Il souffrait de rhumatismes sévères et devait être massé tous les jours. À frictionner ainsi ses genoux, je commençai à m'essouffler. Il me pria d'arrêter : « Comme tu t'identifies trop à la tâche à accomplir, ton souffle vital devient agité. Quand tu travailles, ne laisse pas ton esprit se fixer sur la tâche. Essaie de

Faire le vide – Tiruvannamalai (1968)

maintenir une certaine distance mentale, sois comme un témoin, calme et détendu intérieurement, même si extérieurement tu travailles comme un fou. »

J'ai donc essayé, et maintenant j'arrive à assumer n'importe quelle charge de travail sans fatigue nerveuse ni prolifération des pensées. Si je m'assieds pour méditer, mon mental plonge immédiatement jusqu'au plus profond de moi et rejoint sa source. Alors que si je travaille dans l'attachement et l'agitation, il m'est ensuite impossible pendant plusieurs heures de méditer : il faut d'abord attendre que le flot des pensées s'apaise. Même si pour l'instant tu n'arrives pas à être détaché, répète au moins le Nom divin tout en travaillant. Petit à petit, même dans l'action, ton mental s'accrochera à ce Nom plutôt qu'au travail. Ta paix ne sera plus dérangée. »

Il me fit signe de venir m'asseoir à ses côtés et, m'indiquant la marmite où cuisaient les légumes :

« Tu vois », dit-il, « la chaleur fait sauter et danser les légumes. Si je retire le récipient du feu, tout se calme. Il en va de même du mental. En s'attachant à ton travail, ton esprit s'échauffe, les pensées se mettent à bouillonner. Pas de chaleur, pas d'agitation ! »

Avec Ratnamji, tout semblait prétexte à l'enseignement d'un principe spirituel. Être avec lui signifiait apprendre en permanence. J'avais souvent fait l'école buissonnière étant jeune, à présent je payais en prenant des leçons jour et nuit !

Je m'assis dans un coin et attendis la suite. Il retira les marmites du feu, me servit une assiettée, puis une pour lui. Il me demanda ensuite si j'avais une photo de Ramana. J'en avais une dans un livre, et je la lui apportai. Il plaça la photo près de la nourriture et, lentement, fit semblant de donner à manger à l'image. Ceci dura une quinzaine de secondes, puis il préleva un peu de nourriture qu'il alla distribuer dehors à quelques chiens faméliques et aux corbeaux qui guettaient. Après quoi nous nous assîmes et mangeâmes.

« C'était quoi, tout ça ? », lui demandai-je.

« Nous tenons Ramana pour notre guru et notre Dieu. En le nourrissant d'abord, la nourriture est sanctifiée et nous aidera à conquérir notre mental. La plupart des Occidentaux n'apprécient guère l'idée d'adorer Dieu dans un homme, ou d'ailleurs que l'on puisse assigner une forme quelconque à Celui qui est sans Forme. Cela vient sans doute des prescriptions de l'Ancien Testament, qui enseignaient de n'adorer Dieu sous aucune forme, qu'Il a une personnalité mais pas de forme. Dans la religion védique, Dieu dans Son aspect absolu n'a ni forme ni personnalité. Il est pure Existence, comme l'expriment à merveille les paroles du Seigneur à Moïse sur le Mont Sinaï : « Je suis Cela qui est ». Cependant, pour les besoins du culte et de la communion avec Ses fidèles, Il peut manifester Sa Présence dans n'importe quel objet de l'univers. Si nos pensées et notre dévotion sont assez fortes, nous pouvons sentir Sa Présence dans chaque atome de la création.

« Tout comme le penseur est l'essence de ses pensées, Dieu est l'essence de cet univers, qui n'est que le produit de Sa Volonté et de Sa Pensée. Si nous voulons avoir la vision intérieure de Dieu et nous fondre en Lui pour atteindre ainsi la Félicité absolue, nous devons concentrer notre mental et le rendre subtil. Et comment pourrait-on se concentrer sur un Être éthéré, dépourvu de forme ? Notre esprit est sans cesse préoccupé de formes et de sons. Nous devons choisir un support formel et essayer de voir Dieu en lui. Progressivement, nous obtiendrons la concentration et pourrons Le voir comme l'Essence de toute chose. C'est pourquoi j'ai d'abord offert la nourriture à Dieu sous la forme de notre guru puis sous la forme d'animaux affamés. Nous en tirerons un sentiment de compassion et de solidarité envers les autres créatures.

Grâce à cela, avec le temps, notre vision s'élargira jusqu'à devenir la Vision universelle de Dieu en toute chose. Comprends-tu ? »

En deux mots, Ratnamji venait de couvrir tout l'éventail des philosophies judéo-chrétienne et orientale ! Tout cela en réponse à une simple question ! J'étais frappé d'admiration devant la profondeur de son savoir et la largesse de ses vues.

Lorsque nous eûmes terminé le repas, Ratnamji s'étendit sur une natte pour se reposer. Je me mis à nettoyer le coin cuisine. Je m'accroupis pour débarrasser les assiettes et les casseroles.

« Pourquoi t'accroupis-tu ainsi ? », remarqua-t-il. « Tiens-toi debout et plie-toi en avant à la taille, cela étirera les muscles de tes jambes et fortifiera tes nerfs. Ce qui à son tour débarrassera ton système nerveux de sa mollesse. Si l'on supprime aussi bien la mollesse que l'agitation, il devient facile de méditer. »

Je fis selon ses recommandations et sortis laver la vaisselle. Avec de la poudre à récurer, je me mis à frotter les casseroles. Debout, cela va sans dire, et me penchant jusqu'au sol.

« Vois-tu, nous autres pauvres moines ne pouvons nous permettre de gaspiller ainsi du bon détergent. Prends du sable fin, bien sec. Utilise-le à la place de la poudre, cela enlèvera toute la saleté et le gras sans nous coûter un sou. Hier, je te regardais laver une bouteille d'huile vide. Tu en as gaspillé du détergent ! Il suffisait d'y verser du sable, de bien secouer, de touiller avec un morceau de bois : cela enlève toute l'huile des parois. Alors seulement, une petite pincée de poudre aurait suffit et c'était absolument propre. »

Je commençais à en avoir assez. À croire que je ne savais rien faire comme il faut, et que lui savait tout. Je n'osais plus faire un pas de peur qu'il ne trouve à redire jusque dans ma façon de marcher ! Je terminai la vaisselle et rangeai les ustensiles sur l'étagère. Il vérifia que je les avais bien disposés la tête en bas. Par chance, j'avais au moins eu ce bon sens. Je m'étendis, et sombrai dans la somnolence.

« Hé, Neal ! Tu dors ? Il n'est pas bon de dormir dans la journée. Si tu dors après le lever du soleil, ou avant le crépuscule, le corps s'échauffe, et au lieu de te sentir frais et dispos, tu te sentiras épuisé et vaseux. Si tu es fatigué, passe-toi simplement de l'eau froide sur la figure et les bras, puis allonge-toi et répète le Nom divin un moment. Mais surtout, ne ferme pas les yeux ! »

« Et pourquoi pas ne plus respirer, aussi ! », me dis-je intérieurement.

Dans l'après-midi, Ratnamji retourna à l'ashram vaquer à ses occupations. Au bout d'un certain temps, je l'y rejoignis. Après les chants védiques et le rituel du soir devant le Samadhi, j'allai méditer. Mais pendant la méditation, je fus pris d'une irrésistible envie de dormir. Dès que je fermais les yeux, je dodelinais de la tête. J'essayai de lutter contre le sommeil, mais rien n'y fit. Déçu, je regagnai ma chambre et terminai les restes du repas de midi. Ratnamji avait préparé en quantité suffisante pour que je n'aie pas à refaire de cuisine le soir.

Il arriva chez moi vers vingt heures, après avoir dîné à l'ashram. Il était accompagné d'un ami, un homme grand et fort, au sourire radieux, qui avait le rire facile des enfants. Il devait approcher des soixante-dix ans.

« Je te présentes Bhaiji », me dit Ratnamji. « Bhaiji est l'une des premières personnes que j'aie rencontrées en arrivant ici, en 1942. C'est un ancien professeur de philosophie d'Hyderabad, une grande ville à huit cents kilomètres au nord. Depuis les années trente, il vient à Ramana chaque fois que ses obligations familiales et professionnelles lui en laissent le loisir. Nous avons sympathisé au premier regard. Pendant toutes ces années, il m'a servi de père, de mère, de frère aîné et de guide, un peu comme moi et toi. Bhaiji, raconte à Neal comment tu es venu à Ramana. »

« J'enseignais à l'époque la philosophie dans la plus grande université de l'état », commença Bhaiji. « J'avais 42 ans. Bien qu'intéressé par la vie spirituelle depuis mon jeune âge, je ne m'y étais jamais consacré corps et âme. Un jour, alors que je prenais une douche, j'entendis du bruit et me retournai. Un homme se tenait dans ma salle de bains, me regardant en souriant. J'étais pourtant sûr d'avoir tiré le loquet. L'homme ne portait qu'une pièce de tissu autour des reins et tenait à la main un bâton de pèlerin. Terrorisé, je me ruai hors de la pièce en hurlant. Ma famille accourut. En apprenant la raison de mes cris, ils se mirent en devoir de fouiller la salle de bains, mais ne trouvèrent aucune trace de l'inconnu. »

« Une semaine plus tard, je feuilletais un ouvrage de philosophie non-dualiste. Quelle ne fut pas ma surprise de tomber, en page de garde, sur la photo de l'homme que j'avais vu dans ma salle de bains, avec pagne, bâton de pèlerin, et tout le reste. Son nom était écrit sous la photo : Sri Ramana Maharshi. L'introduction expliquait que c'était un Sage réalisé qui vivait au pied d'Arunachala. Dès que je pus obtenir un congé, je partis pour Arunachala. »

« En arrivant à l'ashram, je me rendis directement au hall de méditation. Ramana était assis sur un sofa et irradiait une paix presque palpable. Il me jeta un coup d'œil, perçant mais néanmoins bienveillant, et s'exclama en riant : « Avant même de venir, il a vu Ramana ! » À partir de cet instant, je me consacrai de tout mon cœur à atteindre le But spirituel et devins un dévot de Ramana, que je pris pour guru et pour guide. »

Avant de partir, Bhaiji me prit à part et me dit combien j'avais de chance d'avoir Ratnamji pour guide spirituel. Il m'expliqua que Ratnamji était un saint d'un très haut niveau et que je ne devais pas me laisser abuser par son apparence et ses manières humbles. Ensuite, il nous quitta pour retourner à l'ashram.

Il devait être onze heures du soir. J'avais sommeil et m'apprêtais à aller dormir. Ratnamji, déjà couché, m'appela et me dit qu'il serait préférable de laver dès ce soir le peu de vaisselle sale qui restait, cela ferait gagner du temps pour le lendemain. Je m'exécutai à contrecœur. À nouveau, j'étais sur le point de m'allonger, sans perdre de vue un seul instant que je devais me lever à trois heures et demie le lendemain. J'étais à peine assis sur ma natte qu'il m'appela et me demanda de masser ses jambes douloureuses. J'avais lu quelque part qu'être autorisé à toucher le corps d'un véritable saint est une grande bénédiction, et que parfois certains saints accordent à leurs dévots, comme une marque de faveur, de leur masser les jambes. J'étais très heureux de me voir offrir cette chance, mais je n'arrêtais pas de piquer du nez. Finalement, il me sembla que Ratnamji s'était assoupi. J'en profitai pour m'éclipser sans bruit et aller me coucher.

« Pourquoi as-tu arrêté ? J'ai toujours mal. »

Je me relevai, nettement moins enthousiaste cette fois-ci, et parvins, je ne sais comment, à rester éveillé jusqu'à ce qu'il me prie d'aller dormir. Ma tête avait à peine touché l'oreiller que je dormais déjà à poings fermés.

Vers une heure du matin, Ratnamji m'appela :

« J'ai froid. As-tu une couverture ? »

Il savait pertinemment que je n'avais qu'une seule couverture, celle de coton que j'utilisais. Je l'en couvris et, après m'être recouché, j'ôtai mon dhoti pour m'en faire une couverture. C'est surprenant comme un tissu aussi léger peut tenir chaud ! En guise d'oreiller, je faisais un baluchon de mes vêtements, ou alors je dormais tout simplement sur mon bras replié. Au début, c'était un peu inconfortable, mais je finis par m'y habituer, et au bout de quelque temps j'étais même content d'arriver à me débrouiller avec si peu. C'était un pas important vers l'indifférence aux circonstances extérieures. Nous perdons la moitié de notre paix intérieure à réagir aux circonstances extérieures, par manque de flexibilité. Celui qui ne désire rien, ou qui s'accommode de ce qu'il trouve, est heureux n'importe où. Ratnamji s'efforçait de m'inculquer ceci par la pratique. S'il m'avait enseigné qu'il faut faire avec le minimum, sans jamais me placer dans de telles conditions, comment en aurais-je fait l'expérience directe ? Et sans l'avoir vécu et pratiqué maintes fois, comment aurais-je compris l'effet de ce mode de vie sur le mental, et les progrès spirituels qui en découlent ? En me forçant à rester debout quand je ne demandais qu'à aller me coucher, il voulait m'apprendre à dépasser l'attachement au sommeil. Par ailleurs, chacune de ces situations me donnait l'occasion soit de réagir égoïstement, soit de m'effacer. C'était aussi une école de patience et de maîtrise de la colère.

Dans la vie de tous les jours, nous ne prenons qu'occasionnellement conscience de toutes les tendances négatives qui nous emplissent l'esprit. Mais à vivre dans l'entourage de saints, tout ce qu'on peut avoir en nous de bon ou de mauvais a tôt fait de ressortir. Bien sûr, c'est au disciple d'utiliser ceci pour son progrès spirituel, en contrôlant ses aspects négatifs et en cultivant ses aspects positifs. Si, en compagnie d'un sage, on en vient à comprendre les mécanismes du mental et à apprendre à les maîtriser, alors on peut vivre en paix même dans ce monde prosaïque. Celui qui parvient à survivre sur le champ de bataille trouvera tout autre endroit paradisiaque par comparaison.

Après m'être levé à trois heures et demie et avoir pris mon bain, j'étais prêt à quatre heures du matin à assister Ratnamji dans n'importe quelle tâche. Le soir précédent, en présence de Bhaiji, je m'étais vaguement plaint de ne plus avoir beaucoup de temps pour méditer. Et même quand je m'asseyais pour méditer, je m'endormais. J'attribuais ceci à la fatigue de la journée et de la nuit. J'ignorais qu'à un certain stade, dans la méditation, la pesanteur du mental se traduit par une envie de dormir ou une somnolence. Ratnamji et Bhaiji avaient échangé un regard et s'étaient mis à rire. «À partir de demain, tu feras de la vraie méditation sans même avoir à t'asseoir », avait répondu Ratnamji. Je n'avais pas saisi ce qu'il voulait dire.

Et là, ce matin, tout en lavant mon linge, je sentais nettement que j'étais le témoin immobile, détaché de ce corps qui seul travaillait. Ce sentiment ne dura guère. J'essayai de le raviver, mais sans succès. Mon mental s'était senti inondé par la même sensation d'illumination que je ressentais lors d'une bonne méditation. J'en parlai à Ratnamji.

« C'est ce que je t'ai dit hier. Si tu répètes continuellement ton mantra, tout en essayant de garder ton mental détaché de ton travail, le sentiment que tu n'es pas l'auteur de l'action commence à poindre. Bien sûr, les séances de méditation sont bonnes aussi, mais ce n'est qu'un début. Tu t'es astreint à méditer plusieurs heures par jour pendant plus d'un an avant de venir ici. Cela a éveillé quelque chose en toi. Mais ce n'était que le premier pas. Ce serait une grave limitation si tu ne pouvais éprouver cette paix qu'en t'asseyant et en fermant les yeux. Cette paix, ce courant de conscience, c'est la vraie nature du mental ou de l'ego. Si tu t'y cramponnes, elle te conduira à la Réalité au-delà du mental. Si tu façonnes ton mental selon le conseil des saints, le courant de conscience gagnera en force et en durée, pour finalement devenir continu. Il deviendra de plus en plus profond, jusqu'à ce qu'il n'y ait plus de pensées et que tu passes au-delà. »

Ratnamji alla prendre son bain. Je lui emboîtai le pas avec une serviette. Il se tenait à côté du puits dans la brise glacée de l'aube, tirant de l'eau et se la déversant sur la tête à plusieurs reprises. Je lui demandai pourquoi il devait, à son âge et à son niveau d'évolution spirituelle, prendre une douche froide dans les courants d'air. Il me répondit que c'était essentiellement pour donner l'exemple.

« L'exemple ? Mais à qui ? » lui demandai-je. « Il n'y a que moi ici. »

« Est-ce que cela ne suffit pas ? » répliqua-t-il. « En se lavant ainsi, on devient indifférent aux plaisirs et aux misères du corps physique. Alors seulement peut-on fixer son mental sur le flux interne. L'attachement aux plaisirs et l'aversion pour la souffrance sont les deux principaux obstacles à la méditation. Si tu restes assis à attendre que plaisirs et douleurs se manifestent pour pratiquer le détachement, tu risques de pratiquer longtemps. Les Écritures préconisent de débuter la journée par une douche froide, de préférence avec de l'eau de puits. Les brumes du sommeil qui stagnent sur le système nerveux en seront dissipées, l'esprit sera frais et alerte. Ceci bien sûr ne s'applique pas aux malades, mais nous ne sommes ni si vieux ni si malades que nous ne puissions observer cette prescription. Bien que ce ne soit pas absolument indispensable dans mon cas, si je ne le fais pas, tu penseras que ce n'est pas nécessaire pour toi non plus. Et en ne le faisant pas, tu te priverais de tout le bénéfice d'une telle pratique. »

J'étais étonné et un rien ému de la sincérité avec laquelle il avait entrepris de m'apprendre à purifier mon mental, en dépit de l'inconfort que cela lui occasionnait. Je savais qu'il avait des rhumatismes, car pendant mon séjour à l'ashram je lui avais parfois apporté de l'eau chaude pour baigner ses genoux lorsqu'ils le faisaient trop souffrir. À présent, il passait outre sa santé chancelante, simplement pour me montrer l'exemple. Je lui demandai pourquoi il se donnait tant de mal pour moi.

« Crois-tu que je désire ou que j'attende quoi que ce soit de toi ? Bien sûr que non. Mais je sens que Ramana m'a confié le soin de te montrer le chemin de la Réalisation du Soi, et je sais que tu penses de même. Si tel est le cas, où est mon devoir ? Quand on a reçu une tâche de son guru, ne doit-on pas la mener à bien, même si cela implique des souffrances, ou même la mort ? Si l'on ne se voue pas totalement au devoir assigné par Dieu, quel progrès peut-on espérer, que ce soit dans la vie ordinaire ou dans la vie spirituelle ?

« Il faut maîtriser son mental et le rendre calme et parfaitement concentré, pour voir briller en soi la Réalité. Un complet dévouement à cette tâche est indispensable. On ne peut pas tout le temps faire un pas en avant, trois pas en arrière. Si dans un seul de nos actes nous ne sommes pas sincères, ce manque de sincérité deviendra une habitude qui imprégnera tous nos actes. À quelqu'endroit du corps qu'on le prenne, le pouls reste le même.

« Il est très difficile de façonner et d'améliorer son mental. C'est pourquoi nous devons nous consacrer entièrement à la tâche entreprise, pour que notre pratique spirituelle s'accomplisse à la perfection. La perfection dans l'action est d'ailleurs en soi un exercice très efficace pour concentrer le mental. Si d'une manière ou d'une autre j'arrive à instiller en toi la spiritualité, ainsi que mon guru l'a fait pour moi en me montrant sans cesse le bon exemple, alors, s'il plaît à Dieu, tu pourras faire de même pour autrui. Et, de toutes façons, ce sera toujours utile à ta propre Libération. »

Le matin, après l'office devant le Samadhi de Ramana, Ratnamji regagnait sa chambre pour y célébrer sa propre puja. Je cueillais les fleurs, nettoyais la pièce, faisais tous les préparatifs, et assistais aussi à la puja. Le principe m'en échappait, mais j'aimais beaucoup l'atmosphère engendrée par les chants rituels et la répétition des divers mantras. Ce matin-là, à la fin du rituel, il se tourna vers moi et me demanda :

« Cela fait des jours que tu viens ici assister à la puja. Qu'attends-tu pour commencer ta propre puja ? »

« Un étranger peut-il célébrer la puja ? », m'enquis-je. « Tu récites tous ces vers en sanscrit. S'il faut d'abord que j'apprenne le sanscrit, je peux attendre longtemps. De plus, je veux méditer et te servir, et non passer mon temps à apprendre une langue. »

« Pas besoin d'apprendre le sanscrit », me répliqua-t-il. « Je te composerai moi-même une puja en anglais à partir de vers tirés des œuvres poétiques de Ramana. Tu n'auras qu'à apprendre le côté mécanique du rituel et à répéter ces vers. C'est l'intention et la dévotion qui comptent, pas la langue. Dieu connaît nos cœurs et se préoccupe fort peu de l'extériorité. »

Pendant deux jours, Ratnamji passa tout son temps libre à choisir des vers parmi les poèmes dévotionnels de Ramana et à simplifier le rituel. Par la même occasion, il m'expliqua l'intérêt de la puja, disant que si la puja n'est parfois qu'un simple rituel pour le prêtre, c'est pour l'aspirant un exercice de concentration du mental. Il me donna en exemple l'aiguille d'un compteur. Le mouvement est très net à l'extrémité libre de l'aiguille, mais presque imperceptible à sa base, là où elle s'articule à la machine. De même, notre mental étant très subtil, ses mouvements sont difficilement décelables. Par contre, nos actes et nos sensations, qui sont une projection ou une extension du mental, sont plus faciles à observer et à jauger.

À ces mots, mon expérience du jardin, lorsque je cueillais les fleurs, me revint à l'esprit. J'étais incapable de me concentrer sur la fleur que j'étais en train de cueillir, mais je cherchais déjà la suivante. Jusque-là j'avais toujours pensé que j'étais capable d'une bonne concentration, mais en fait je me trompais. Pendant la puja, me dit Ratnamji, il faut toujours surveiller le degré de concentration avec lequel notre mental suit le mouvement des yeux et des mains, ou écoute les vers. Ainsi, en améliorant sa concentration sur les cinq sens, on augmente aussi son pouvoir de concentration sur des choses plus subtiles. De plus, au fur et à mesure que la concentration s'approfondit, le voile d'ignorance qui obscurcit notre mental va s'amenuisant, et nous commençons à voir et à sentir la Présence divine, à l'intérieur comme à l'extérieur. À son plus haut niveau, c'est la Réalisation de Dieu.

Apprendre par cœur la puja me prit presque un mois. Comme objet de culte, je choisis une photo de Ramana, l'ayant depuis toujours associé au Suprême. À l'évidence une force me guidait, et j'étais convaincu qu'Il était cette force. Bien que plutôt cartésien en tous autres domaines, sur ce point je ne m'étais jamais arrêté à raisonner. C'était une sensation intuitive et cela me suffisait amplement. En Ramana je voyais Dieu.

À trop rationaliser la spiritualité, on la vide de sa substance, et l'on devient soi-même sec et dur. Dieu étant le substrat pur et simple de l'esprit, une foi et une simplicité d'enfant mènent plus vite au but. Le Christ n'a-t-il pas dit qu'il fallait devenir pareil à un petit enfant pour entrer au Royaume des Cieux ? Pour faire l'expérience de Dieu, un esprit simple et enfantin est essentiel. Le Royaume des Cieux est en nous, mais la focalisation sur les vagues superficielles du mental nous empêche de plonger profondément en nous-mêmes, jusqu'au cœur de notre être.

Ratnamji m'affirma que la puja ne nécessitait aucun accessoire sophistiqué. De simples plats de terre feraient l'affaire. En offrande à Ramana, un peu d'eau, quelques fleurs, de l'encens et un morceau de fruit suffiraient. Je commençai pour de bon à célébrer ma puja. Au cours des dix années suivantes, pas une seule fois je n'y ai manqué.

Ayant reçu pas mal de directives sur la façon de modeler chaque action afin de purifier le mental, je faisais tout mon possible pour les mettre en pratique. Mais ce n'était pas chose aisée. Mon bon vieil esprit rebelle refaisait sans cesse surface. Je ne mettais pas le moins du monde en doute l'exactitude des propos de Ratnamji, mais quand je m'attelais à une tâche, deux voix contradictoires s'élevaient en moi : « Fais comme il te dit », disait l'une » ; « Pourquoi s'embêter ? Fais comme il te plaira », répondait l'autre. Pendant bien des jours j'ai écouté la seconde voix, et j'ai fait à ma guise tout en sachant pertinemment que j'avais tort.

C'était déjà assez mal en soi, mais en plus un phénomène des plus étranges commença à se produire : chaque fois que j'agissais à mon idée, je recevais un petit coup sur la tête !

Faire le vide – Tiruvannamalai (1968)

Un soir, Ratnamji était assis au bord de l'étang, à l'ashram, et répétait son mantra. Au bout de deux heures, il se leva et se mit en route pour venir chez moi. À ce même moment, j'étais en train d'essayer de mettre un peu d'ordre dans ma chambre. Ratnamji avait remisé quelques articles sur une de mes étagères et m'avait maintes fois recommandé de ne pas y toucher, même si ces objets me paraissaient sales ou en désordre. Tout en nettoyant, j'arrivai à l'étagère interdite.

« Oh », me dis-je, « qu'est-ce que ça peut bien faire si je touche à ces objets ? Ils sont tellement sales. »

Je me mis donc en devoir de les nettoyer et de les redisposer sur l'étagère. Ratnamji entra à cet instant précis.

« Mais qu'est-ce que tu crois que tu es en train de faire ? » me demanda-t-il.

« Oh, rien », répondis-je. « Je me suis dit que, tant qu'à faire le ménage en grand, je pouvais aussi bien nettoyer par ici. »

« C'est exprès que je t'avais demandé de ne pas toucher aux objets de cette étagère. Je voulais voir si tu étais capable de maîtriser ton impulsivité. De toute évidence, ce n'est pas le cas. Comment pourrais-je confier la moindre tâche d'importance à un impulsif ? On ne peut pas compter sur eux. Après mes deux heures de japa près de l'étang, j'étais empli de paix et de sérénité. Et puis j'arrive ici et je te trouve en train de faire des bêtises. C'est comme si l'on venait de jeter une énorme pierre dans un lac tranquille. »

Bien sûr, je me sentis très mal et me promis de ne plus jamais aller à l'encontre de ses désirs. Mais hélas, sous une forme ou une autre, la chose se reproduisit plus de mille fois !

Un jour, Ratnamji me demanda d'aller cueillir quelques brins d'herbe pour la puja. Ce type d'herbe ne pousse que dans les endroits très humides. À l'ashram, cela signifie à côté de l'évacuation de la salle d'eau. Ratnamji découvrit que j'avais déraciné l'herbe pour la lui apporter. « Il n'est pas nécessaire de tuer cette malheureuse herbe », me dit-il. « La partie supérieure suffit. Tu n'as qu'à couper les brins avec un couteau, comme ça la plante ne meurt pas et l'herbe repousse. » Pas difficile, encore faut-il avoir, le moment voulu, l'esprit bien disposé. Le lendemain, je partis cueillir l'herbe un couteau à la main, avec la ferme intention de suivre les directives de Ratnamji. Mais à peine avais-je commencé à couper que mon mental me souffla : « Pourquoi l'écouter ? Tu n'as qu'à arracher l'herbe, après tu peux couper les racines et il n'en saura rien. » Comme d'habitude, je suivis le « conseil du malin » et arrachai l'herbe. Malheureusement pour moi, j'avais sous-estimé la résistance des racines. Il me fallut tirer comme un forcené. Les racines cédèrent d'un seul coup, et je m'étalai de tout mon long dans le caniveau. J'en ressortis plus sage, mais plus triste... et trempé de la tête aux pieds ! Je me rendis chez Ratnamji comme un criminel redoutant le verdict et l'exécution. Il observa simplement que j'étais incapable d'apprendre autrement que dans les affres, et garda le silence.

Ce genre d'incident commença à se produire à longueur de journée. Cela me rendait fou ! C'était comme si je prenais plaisir à me punir, ou comme si quelque force mystérieuse me poussait à faire les choses de travers, rien que pour s'en amuser. Je devins dépressif et confus. Je commençais à penser que je m'étais trompé en m'engageant dans la voie spirituelle. Mais j'avais beau réfléchir, je ne pouvais concevoir vie préférable. Je n'étais pas venu à la spiritualité par un choix logique, c'était l'aboutissement d'une série d'événements intérieurs qui m'avaient amené à comprendre la valeur de la vie spirituelle par rapport aux plaisirs du monde. Il était hors de question de revenir en arrière, ni de mener une autre existence, quelle qu'elle fût. Et même si je retournais à mon mode de vie antérieur, la même compréhension des choses s'affirmerait en moi et me ramènerait à une existence de renoncement et de spiritualité.

Faire le vide – Tiruvannamalai (1968)

Comment faire alors ? Combien de fois avais-je essayé de suivre les conseils simples de Ratnamji ! Mais à chaque fois, je finissais par faire exactement le contraire et en payais immédiatement le prix. Au bout d'un moment, je me dis que le problème venait peut-être de Ratnamji. Il exigeait toujours que tout soit fait d'une certaine façon et ne tolérait aucun compromis. Bien que l'ayant accepté pour guide, je décidai que je n'étais pas tenu de suivre ses conseils. Pour échapper aux inévitables remontrances, mon esprit pervers élabora un subterfuge. J'allai trouver Ratnamji et lui dis que je pensais qu'il valait mieux que je parte, car ma présence le dérangeait tant qu'il risquait d'y perdre sa paix intérieure.

« Où iras-tu ? » me demanda-t-il sans se départir de son sourire. Ma proposition ne paraissait pas le troubler outre mesure.

« Probablement dans le Nord de l'Inde », répondis-je.

« Et que feras-tu là-bas ? »

« Oh, probablement me trouver un guru et continuer ma pratique spirituelle. Sinon, je prendrai une petite maison dans les Himalayas et passerai mon temps à cultiver mon jardin », répondis-je avec assurance.

Il éclata de rire.

« Dieu t'a conduit ici. Sans l'avoir cherché ni l'un ni l'autre, nous nous sommes rencontrés et notre relation s'est développée. Il est temps pour toi de purifier ton mental. Où que tu ailles, il faudra bien que tu le fasses. Tu trouves que je suis trop strict, et tu penses qu'en t'en allant tu seras plus tranquille. Mais la vérité c'est que si tu jettes ce qui t'a été donné sans que tu aies même eu à le demander, il se peut que cela ne se représente pas de sitôt. Si d'aventure tu rencontres un autre guide, il sera cent fois plus strict que moi. Quand le Divin nous amène à la vie spirituelle, si nous fuyons devant les petites souffrances qui émaillent notre apprentissage, Il nous enverra deux fois plus d'épreuves pour nous ramener dans le droit chemin. La vie spirituelle n'est pas une sinécure. Si l'on veut connaître la Béatitude divine, il faut d'abord passer par les affres de la purification du corps et de l'esprit. Ne crains pas de déranger ma paix intérieure. Il suffirait que tu persévères et que tu essayes de dompter ton mental indiscipliné pour trouver toi-même la paix. »

Je savais bien qu'il avait raison, comme d'habitude. Mais les mêmes discussions à deux voix continuèrent dans ma tête, peut-être un peu moins fréquentes après cette conversation.

Un autre jour, j'étais allé voir un dévot européen qui avait passé de nombreuses années à l'ashram. J'avais beaucoup de respect pour lui et estimais qu'il avait certainement atteint un certain niveau de réalisation. Il me demanda comment j'allais, et je lui répondis que j'étais malheureux comme les pierres et aurais souhaité n'avoir jamais vu le jour. Il me dit qu'à son avis mes problèmes venaient de ce que, bien qu'Américain, je m'efforçais de vivre comme un hindou d'Inde. Il m'assura aussi qu'en écoutant la voix de Dieu en soi, on ne pouvait se tromper. Après avoir discuté un bon moment avec lui, je regagnai ma chambre. Je réfléchis à ce qu'il avait dit et conclus qu'il avait raison. Je résolus d'aller trouver Ratnamji, de lui rapporter cette nouvelle révélation, et de prendre congé de lui pour toujours. Dorénavant, je suivrais les conseils de cet autre ami.

Je fis irruption chez lui comme un diable.

« Qu'est-ce que c'est ? », s'exclama aussitôt Ratnamji. « Assieds-toi un moment et quand tu seras calmé nous parlerons. J'ai eu l'impression qu'une tornade entrait dans la pièce ! »

Je lui dis que j'avais découvert la cause de toute mon agitation mentale et ajoutai qu'il n'aurait jamais dû essayer de faire de moi un Hindou. Je lui rapportai ma conversation avec mon ami. Il ne répondit rien, mais se leva et m'enjoignit de le suivre. Nous parcourûmes environ un kilomètre et demi, jusqu'au pied de petites collines désertes. La lune brillait et illuminait Arunachala à l'arrière plan. Tout était silencieux. Après être resté assis en silence un long moment, Ratnamji dit :

« Neal, mon enfant, ton ami se trompe sur ton compte. Tu as quitté l'Amérique à l'instigation de Dieu et parce que tu avais l'amour inné de l'Inde. Tu comprends parfaitement tout ce que tu vois ou entends de la culture hindoue, et c'est toi, sans aucune contrainte extérieure, qui as choisi de mener la vie d'un moine hindou traditionnel. En fait, ta foi dans le mode de vie védique dépasse celle de la plupart des Hindous traditionnels. Je n'ai jamais cherché à te faire suivre cette voie. Je te montre simplement le cheminement que j'ai moi-même suivi. Tu l'apprécies et tu essaies de le suivre également, mais bien sûr, ton mental se rebelle constamment. Ceci est dû aux mauvaises habitudes, profondément enracinées, que tu as accumulées au fil des ans avant de venir ici. Tu souffres parce qu'il y a conflit entre tes bonnes intentions et tes mauvaises habitudes héritées du passé. Cela n'a rien à voir avec ton mode de vie actuel, même s'il est évident que ma présence a précipité ce conflit. Il arrive toujours un moment où tout aspirant spirituel doit affronter son mental inférieur et en sortir victorieux et régénéré. S'il est vrai que la voix de Dieu est intérieure, il y a aussi d'autres voix en nous. Celle de Dieu est la plus subtile, et dans ton état actuel, tu ne peux discerner entre Sa voix et celle des « démons », entre guillemets. Jusqu'à ce que tu aies acquis une pureté mentale suffisante, mieux vaut t'en remettre à ton guide, et suivre ses conseils quoi qu'il t'en coûte. Je ne veux que ton progrès spirituel, je n'ai aucun désir de te faire souffrir. Essaie de comprendre la profondeur de mon affection pour toi, toute spirituelle qu'elle soit. Appuie-toi sur elle, et continue à essayer de purifier ton mental. À l'heure actuelle, le peu de lumière que tu portes en toi se mêle à beaucoup de ténèbres. Il faut en prendre conscience et les chasser. Ne te tourmente pas tant. Ramana t'a amené jusqu'ici, il te montrera la suite du chemin. »

Ces paroles me mirent du baume au cœur, mais quelques jours plus tard, les voix conflictuelles de mon mental recommençaient à me torturer. Je me dis que c'était sans espoir et que je n'arriverais jamais à purifier mon esprit. J'en vins même à envisager le suicide, tout en doutant de mon courage à passer à l'acte. À cette époque, je tombai par hasard sur une conversation de Ramana avec un dévot au sujet du suicide. Ramana disait au dévot que se suicider est spirituellement aussi néfaste pour la personne que de commettre un meurtre. La douleur est liée au corps physique, mais la souffrance vient du mental. C'est donc le mental qu'il faut tuer, pas le corps qui n'y est pour rien. Celui qui supprime son corps doit malgré tout traverser, après la mort, la souffrance de cette incarnation, sans compter les souffrances supplémentaires résultant de l'erreur commise en se suicidant. Loin d'être une solution, le suicide ne fait qu'empirer les choses. Une personne qui s'est suicidée ne pourra pas trouver la paix de l'esprit après la mort.

Ceci, bien sûr, écartait toute possibilité de suicide. Je n'avais plus d'autre alternative que de m'acharner et de continuer à essayer de soumettre mon mental à ma volonté. Je désirais tant être en harmonie avec Ratnamji, et qu'il n'ait plus besoin de me reprendre et de me réprimander sans cesse. Ce n'était sûrement pas agréable pour lui, et pour moi c'était l'enfer. J'aurais pris la fuite je ne sais combien de fois sans cette petite voix tout au fond de moi, qui disait : « Tout ce qui arrive est pour le mieux. Tiens bon et traverses courageusement cette longue nuit de l'âme ». Je n'avais jamais rien lu concernant la « longue nuit de l'âme », mais je savais que j'étais en plein dedans. Ce terrible état dura près d'un an, pendant lequel j'appris, et dus me battre pour appliquer ce que m'enseignait Ratnamji.

À la fin de l'année, Ratnamji me demanda d'inviter ma mère à venir en Inde. Il me dit que je l'avais quittée de façon très cavalière. En fait, avec l'égoïsme et la morgue caractéristiques des enfants,

Sur la montagne d'Arunachala - 1974

je lui avais presque toute ma vie manqué de respect et d'égards. Contrairement à l'Inde, la culture américaine ne met pas l'accent sur l'obéissance due aux parents. Il faut les chérir et rembourser la dette que nous avons envers eux, qui nous ont élevés et ont subvenu à nos besoins. Par devoir ou par amour, il faut s'occuper de ses parents et entretenir avec eux de bonnes relations. Sans la bénédiction d'une mère, nul ne peut réellement progresser dans la vie spirituelle. C'est du moins l'opinion des anciens sages. Il est dit dans les textes sacrés qu'une personne ingrate ne trouve pas même place en enfer. Cependant, si les parents mettent en garde contre la vie spirituelle ou exigent de leur enfant qu'il fasse une chose néfaste pour son évolution spirituelle, celui-ci n'est pas tenu d'obéir. Seules les paroles du guide spirituel ont plus de poids que celles des parents.

J'écrivis à ma mère, et elle accepta de venir dès que possible avec ma sœur. À ce stade, Ratnamji m'annonça qu'il allait à Hyderabad, voir des fidèles et des parents qui attendaient depuis longtemps sa visite. Il me dit que je pourrais y venir avec ma mère si je le souhaitais, ou le rejoindre seul après son départ. Je pourrais ainsi rencontrer d'autres dévots et d'autres saints. Sur le chemin de la gare routière, il me dit d'essayer de voir Ramana en ma mère, et de la servir comme Tel. Cela plairait à Dieu, et à ma mère aussi, sans qu'elle ne sache pourquoi. Un dévot ne doit aimer que Dieu, mais ce faisant, toute la Création reçoit son amour, puisque Dieu réside en tous les cœurs. Sur ces bonnes paroles, Ratnamji grimpa dans le bus, qui s'ébranla.

Il était parti. Je restai seul, prêt à entamer un nouveau chapitre de ma vie.

Chapitre 3

Progression

Quelques jours plus tard, ma mère et ma sœur arrivèrent en voiture de Madras. Je les installai à la pension de l'ashram. Ma mère était folle de joie de me revoir, après plus d'un an de séparation. Elle fut surprise de voir que j'avais coupé mes longs cheveux et rasé ma barbe, et que je n'étais vêtu que d'un dhoti et d'une serviette. Je me prosternai devant elle comme l'exigent les Écritures hindoues.

« Mais que fais-tu ? », s'exclama-t-elle. « Pourquoi te couches-tu à mes pieds ? »

« Maman, je ne me couche pas », répondis-je avec calme, « je me prosterne devant toi afin d'obtenir ta bénédiction. »

« Si tu veux ma bénédiction, » répliqua-t-elle, un peu peinée de voir son fils se mortifier devant elle, « je t'en prie, ne fais pas des choses pareilles. A-t-on jamais vu cela ? Je n'aime pas ça du tout. »

Je tentai de lui expliquer :

« Maman, je t'en prie, sois gentille. Bien sûr que tu n'aimes pas ça, mais je dois trouver l'attitude juste qui consiste à voir Dieu en toi. Tu sais, quand Moïse vit Dieu dans le buisson ardent, au Mont Sinaï, il tomba raide, terrassé par la dévotion et le respect. En m'entraînant ainsi, je parviendrai un jour à voir Dieu en tout et en tous. »

« Oui, eh bien tu peux t'entraîner avec les autres si cela te chante, mais pas avec moi ! », répliqua-t-elle.

Après les avoir confortablement installées, je les emmenai voir la petite chambre où je vivais depuis pratiquement un an. Ma mère fut quelque peu affligée de voir la sobriété de mon style de vie. À la maison, j'avais un matelas de trente centimètres d'épaisseur et des oreillers de mousse, tandis qu'ici je dormais sur une natte, sans drap ni oreiller. Je lui exposai mes habitudes de lever à trois heures et demie et de coucher à vingt-trois heures. Je lui montrai également ma puja. Je me mis même en devoir de lui préparer quelque chose à manger, mais c'était tellement mauvais que même une vache n'en aurait pas voulu !

Malgré tout cela, avec sa patience habituelle, elle se montra appréciative de tout et m'encouragea à persévérer dans ma voie, indépendamment du fait qu'elle aurait été bien plus heureuse de me voir mener une existence plus conforme à la norme. Malheureusement, au bout de quelques jours, elle attrapa la dysenterie et dut garder le lit le reste de son séjour. Je vis là une circonstance envoyée par le Ciel pour me permettre de la servir, et fis tout mon possible pour la remettre sur pieds. Après deux semaines sans incidents notables, ma sœur et moi raccompagnâmes Maman à Madras. Ma sœur avait décidé de rester à Tiruvannamalai. Elle y passa six mois, en études et en méditation.

Je pris ensuite le premier train pour Hyderabad, que j'atteignis le lendemain matin. Chemin faisant, je notai un changement complet de mon état mental. Mon habituel sentiment de confusion et de lutte intérieure avait cédé la place à un courant de paix. J'avais parfois ressenti ce courant, mais là, il persistait plus longtemps, le matin avant le lever du soleil et le soir après son coucher. Il survenait spontanément, en dehors de toute méditation. Même à d'autres moments de la journée, je me sentais plus heureux et plus paisible. Était-ce parce que j'avais obéi à Ratnamji et obtenu la bénédiction de ma mère ? J'étais convaincu que je me sentirais davantage en harmonie avec lui quand je le reverrais.

Progression

En arrivant à Hyderabad, je localisai la maison où Ratnamji était censé habiter, mais j'appris qu'il était à l'hôpital.

« Comment ça, à l'hôpital ? Nous ne devons pas parler de la même personne. » Je pensais que, peut-être, je m'étais trompé de maison.

« Non, non. Ratnamji est mon frère cadet. Il m'a prévenu que vous viendriez. Je suis désolé d'avoir à vous apprendre qu'il est à l'hôpital avec une fracture de la hanche. »

Je ne pouvais en croire mes oreilles. Comment un saint homme comme lui pouvait-il avoir ce genre d'accident ? J'étais bien sûr très naïf à l'époque, et pensais que les saints échappaient aux épreuves des gens ordinaires. Au cours des sept années suivantes, j'ai appris qu'au contraire les saints sont appelés à souffrir bien plus que le commun des mortels.

« Entrez. Après déjeuner, je vous emmènerai à l'hôpital », m'assura son frère.

C'était un vieux monsieur d'environ soixante-cinq ans, cadre retraité des chemins de fer. Il avait des attentions de mère pour Ratnamji. Chaque mois, il lui envoyait un peu d'argent afin qu'il n'ait pas à souffrir du manque de nourriture. Ratnamji acceptait ceci comme une manne divine. Chaque fois qu'il passait à Hyderabad, Ratnamji séjournait quelques jours chez son frère et tâchait de lui inculquer quelques idées de spiritualité.

« Comment s'est-il cassé la hanche ? », m'enquis-je un peu plus tard, après avoir fait un brin de toilette et m'être installé au salon.

« Il assistait à une séance de bhajans chez un ami. Il devait venir ici le lendemain, car nous devions célébrer la cérémonie annuelle à la mémoire de nos défunts parents. Le fils de l'ami en question avait proposé de l'amener en scooter et Ratnamji avait accepté. Alors qu'ils tournaient un coin de rue, un taxi les a percutés par le côté et a renversé Ratnamji. Le conducteur s'en est sorti indemne, mais sous l'impact de la chute, Ratnamji s'est fracturé la hanche. Cela s'est passé il y a deux jours. Ils n'ont toujours pas réduit la fracture car il faut opérer. Or Ratnamji est diabétique. Le médecin veut ramener sa glycémie à la normale avant de tenter quoi que ce soit. »

Après déjeuner, nous nous rendîmes en bus à l'hôpital, à environ huit kilomètres de là, ce qui me permit de voir un peu la ville. Nous étions dans un de ces bus à deux étages comme on en voit à Londres, et avions donc choisi l'étage supérieur pour mieux profiter de la vue. Hyderabad est l'une des plus belles villes de l'Inde. Elle a de grandes artères bordées d'arbres des deux côtés, de nombreux parcs et beaucoup de grands espaces, avec une petite rivière qui serpente au cœur de la ville. L'influence mohgole est partout perceptible dans l'architecture. En fait, il s'agit de deux villes jumelles : Hyderabad et Secounderabad. Les gens sont polis et avenants. La ville étant pratiquement au centre de l'Inde, de nombreux saints de toutes religions y passent, et il y a toujours un programme dévotionnel en cours quelque part.

Nous atteignîmes l'hôpital gouvernemental. L'aile de chirurgie réservée aux hommes se trouvait au deuxième étage et comptait une centaine de patients. Le frère de Ratmanji me conduisit au lit où ce dernier reposait, un grand sourire aux lèvres.

« C'est affreux ! », m'exclamai-je les larmes aux yeux, avant même de le saluer. « Comment un tel accident a-t-il pu t'arriver ? »

« Un accident ? », répliqua Ratnamji en souriant. « Ça n'existe pas les accidents. La naissance est-elle un accident ? La mort est-elle un accident ? Tout cela est la douce volonté de Ramana pour mon évolution spirituelle. Pour un serviteur de Dieu, il n'y a ni fatalité ni accidents. Tout ce qui lui arrive survient par la très gracieuse volonté de son Dieu bien-aimé, qui toujours travaille à ramener à Lui ses fidèles. Nous devrions être heureux dans toutes les situations qu'Il nous envoie. »

On peut dire qu'il mettait en pratique ce qu'il prêchait ! Bien que cloué au lit et incapable du moindre mouvement, il paraissait toujours aussi gai. Les docteurs avaient emprisonné sa jambe dans une gouttière pour empêcher tout mouvement. C'était à l'évidence très inconfortable.

« Comment as-tu su que j'étais ici ? », demanda Ratnamji.

« Je n'avais aucune idée que tu étais hospitalisé. Après le départ de ma mère, j'ai pris le premier train. En arrivant à Hyderabad, je suis allé tout droit chez ton frère, dont j'avais trouvé l'adresse dans ton carnet. Cela m'a fait un choc d'apprendre ton accident. J'ai pensé que je me trompais de maison. Mais à présent, je vois bien que c'est vrai », répondis-je, au bord des larmes à le voir étendu sur son lit dans cet état. Lui qui avait toujours été si actif, voilà qu'il se retrouvait confiné comme un prisonnier. Il me tapota affectueusement le bras. Pour tenter de me réconforter, il me dit :

« Ne t'en fais pas. Il n'en sortira certainement que du bien. Tout le monde ici s'inquiétait de ce qu'il n'y avait personne pour s'occuper de moi. Ils ont tous des obligations, le bureau, l'école, la famille. Qui s'occuperait d'un pauvre moine ? Personne ne le formulait clairement, mais je voyais bien ce qu'ils pensaient. J'ai dit à mon frère ce matin même : « J'ai tout déposé aux pieds de Ramana. Il prendra soin de moi, tu verras. » Et voilà que tu es arrivé, juste au bon moment. Ces parents et amis se relayaient à mon chevet, mais cela les dérangeait un peu. Eh bien, qui a envoyé Neal ici, précisément maintenant ? N'est-ce pas Ramana ? Les profanes n'ont foi que dans le monde matériel. Pour eux, Dieu est une idée abstraite, fumeuse. Pour nous, c'est exactement le contraire. Lui seul est réel, le monde n'est qu'un rêve brumeux par comparaison. »

Quelqu'un me demanda combien de temps je comptais rester à Hyderabad. En vérité, une idée égoïste me trottait dans la tête. Je pensais passer quelques jours avec Ratnamji pour veiller à son confort, puis regagner le calme de l'ashram. Je redoutais que sa compagnie ne réveille le tumulte de mon esprit. Mais, avant même que j'aie pu ouvrir la bouche, Ratnamji répondit :

« Il ne repartira que lorsque je pourrai à nouveau marcher seul. » À ces mots, je sentis au plus profond de moi que ce serait très mal de l'abandonner ici, et acceptai ses paroles comme un décret divin.

Les jours suivants virent un incessant va et vient de visiteurs. Ratnamji avait grandi et fait ses études à Hyderabad, il y était revenu bien souvent après la mort de Ramana. Tous ceux qui avaient eu vent de son accident se succédèrent à son chevet. Et même le soir, après la fermeture des grilles de l'hôpital, les internes et le personnel médical venaient le voir pour faire sa connaissance et l'entendre parler de spiritualité. Un de ses dévots me fit cadeau d'une couverture, et, avec la permission du directeur de l'hôpital, je m'occupais de Ratnamji la journée et dormais par terre à côté de son lit la nuit. L'hôpital fournissait ses repas, mais des dévots m'apportaient chaque jour de l'extérieur ma nourriture. Nous gardions une photo de Ramana sur la table de nuit, et chaque jour je l'ornais de quelques fleurs cueillies au jardin. Après avoir installé confortablement Ratnamji, j'allais chaque matin me laver chez un dévot qui habitait non loin de là, et je revenais dans les deux heures, sitôt ma puja quotidienne terminée. C'était l'unique moment où je m'absentais, après m'être assuré que Ratnamji ne manquait de rien.

Au bout d'une semaine, son diabète était suffisamment stabilisé pour permettre l'opération. Le matin de l'intervention, près de quarante personnes vinrent le voir. J'étais en train de penser à Bhaiji. À l'instant précis où je me demandais s'il viendrait, il entra dans la salle. Comme je mentionnais la coïncidence à Ratnamji, il me dit :

« S'il est vrai que ces phénomènes existent, il n'y a pas de quoi s'en émerveiller. Si des pouvoirs médiumniques se manifestent en nous, nous ne devons pas les accepter. Cela nous détournerait de notre voie, la Réalisation de Dieu. Face à la Béatitude de la Réalisation, tous les pouvoirs surnaturels du monde ne sont que poussière. »

Bhaiji, avec sa bonne humeur coutumière, s'installa au chevet de Ratnamji. Après s'être enquis de sa santé et de l'opération à venir, il entonna avec lui le Nom de Dieu. Les mots sont faibles pour décrire la suite.

Une infirmière entra et commença à frictionner à l'alcool la zone de la fracture pour nettoyer la peau en vue de l'opération. La douleur était atroce, et Ratnamji se mit à chanter plus fort. Soudain, il éclata d'un rire retentissant. Ses yeux devinrent fixes, sa respiration s'arrêta, sa poitrine se déprima, ses cheveux se dressèrent sur sa tête et tous les poils de son corps se hérissèrent comme des piquants de porc-épic. C'était comme s'il recevait une décharge électrique. Tandis que je le regardais stupéfait, je vis ses yeux virer du brun à un blanc-bleu très brillant, de la couleur d'une lampe à arc ou d'un fer à souder. Était-ce là le samadhi, cette Béatitude Suprême de l'union avec Dieu ?

Au bout de quelques instants, son corps se détendit un peu, et, d'une voix étranglée, il rit et se mit à parler avec animation de l'Océan de Puissance qu'est Dieu. Mais avant d'avoir pu prononcer le mot « Dieu », son esprit fut réabsorbé dans la Lumière et tous ses poils se dressèrent à nouveau, comme précédemment. Ceci se reproduisit plusieurs fois. Un docteur entra alors et s'approcha de Ratnamji pour s'assurer qu'il était prêt pour l'opération.. Ce docteur s'appelait Rama, un des noms de Dieu en sanscrit. Un seul regard au docteur suffit à renvoyer Ratnamji au royaume de la Béatitude infinie. Lorsqu'il en revint, il haletait : « Rama, Rama ! Le simple fait de penser Ton Nom suffit à me mettre dans cet état ! » Pour le médecin et l'infirmière, ces paroles n'avaient bien sûr ni queue ni tête. Ils croyaient que l'appréhension rendait leur patient hystérique. Ils lui dirent de ne pas s'inquiéter : on allait bientôt l'anesthésier et il ne sentirait rien. Ratnamji s'esclaffa en riant : « Mais je ne suis pas inquiet. Pour tout vous dire, l'anesthésie est parfaitement superflue. Même si vous ne m'en faites pas, je ne sentirai pas la moindre douleur. » Ne saisissant pas la portée de ces paroles, ils continuaient à essayer de le rassurer et lui dirent de se préparer à l'intervention, car on allait l'emmener dans quelques minutes au bloc opératoire.

À voir cet état merveilleux, dont j'avais déjà lu la description dans des ouvrages relatant la vie d'Êtres réalisés, je souhaitai de tout mon cœur connaître une telle expérience d'Union à la Lumière suprême. À peine avais-je pensé ceci que Ratnamji se tourna vers moi et dit :

« Serait-ce possible si tôt ? Tu dois d'abord pratiquer et mûrir ; après, cela viendra. »

Il lisait visiblement à livre ouvert dans mon esprit.

Lorsqu'il revint de la salle d'opération, des dévots prirent place autour de son lit. La paix qui se dégageait de lui était extraordinaire. Mes pensées s'effacèrent, je vivais une paix profonde, semblable à un sommeil sans rêve. L'anesthésie se dissipant, Ratnamji reprit peu à peu conscience. Il rit et plaisanta avec tout le monde jusque tard dans la nuit. Les médecins lui avaient placé une broche dans le tibia, au-dessous du genou, pour mettre la jambe en traction. Je souffrais rien qu'à la voir.

Par leur négligence, dans les jours qui suivirent, la plaie s'infecta autour de la broche, entraînant une souffrance intolérable. Ratnamji était très agité, à cause de la douleur, mais tout mouvement lui était impossible. L'infection avait été dûment signalée, on avait réclamé le nettoyage de la plaie et l'administration d'antibiotiques. Mais les médecins oublièrent et tardèrent quatre ou cinq jours à intervenir. Finalement, une nuit, je touchai deux mots de la plaie infectée à un jeune étudiant en médecine venu converser avec Ratnamji. Aussitôt, il entreprit de la nettoyer et administra des médicaments. À la suite de quoi, il passa tous les jours voir Ratnamji et nettoyer personnellement la plaie. J'étais surpris et furieux de la dureté du personnel hospitalier. Pour le coup, je me dis qu'il valait mieux crever dans le caniveau que de mourir à l'hôpital aux mains de gens aussi indifférents.

Au cours des années, j'ai eu bien des occasions de voir des hôpitaux indiens. C'était partout la même chose. Médecins et infirmières semblaient oublieux du fait que le corps humain est innervé, et qu'au bout de ces nerfs il y a un être humain qui ressent très nettement la douleur. Soigner peut être l'occasion de servir son prochain avec désintéressement et d'apprendre à voir Dieu en lui, comme ce peut être l'occasion de torturer les gens et de se faire le messager du dieu de la mort. Quant au patient, son séjour à l'hôpital lui offre une bonne occasion de cultiver l'art de s'en remettre à la volonté de Dieu !

La jambe de Ratnamji fut maintenue en traction pendant près de deux mois. Radios à l'appui, les médecins constatèrent qu'à cause du terrain diabétique, la fracture consolidait très lentement. Ils décidèrent alors d'enlever la broche et d'accrocher le système de traction au moyen d'une bande sparadrap entourant la jambe. Au début, ce fut plus confortable, mais au bout de quelques jours, Ratnamji commença à se plaindre de ce que cela lui arrachait la peau de la jambe. Les médecins bien sûr n'en voulurent rien croire, et persistèrent à lui soutenir que c'était le fruit de son imagination. Il endura cette torture un mois de plus, jusqu'à ce qu'enfin on lui enlève la bande. Effectivement, toute la peau avait lentement été arrachée par le poids de la traction. Pendant des années, sa jambe en porta les cicatrices. Je lui demandai pourquoi il fallait qu'il souffre tant.

« Au cours d'innombrables vies, chacun de nous a fait de bonnes et de mauvaises actions. On récolte ce que l'on a semé.

Tout ce qui nous arrive sans que nous l'ayons cherché n'est que le fruit de nos actions passées. Les bonnes actions portent des fruits agréables, les mauvaises apportent la douleur. En général, nous ne récoltons pas le fruit de nos actions dans la vie même où nous les accomplissons. Dieu aménage les circonstances de façon à nous amener progressivement à des niveaux de plus en plus élevés de réalisation spirituelle. À nous d'employer ce qu'Il nous envoie pour progresser spirituellement. En restant simple témoin, détaché des joies comme des peines de ce corps, le mental se purifie peu à peu et rejoint sa source, c'est-à-dire Dieu, ou le Soi Véritable. On peut se réjouir des choses agréables et souffrir des choses douloureuses, mais ce n'est pas ce qui nous rapprochera de l'impassibilité.

« Mes souffrances sont le fruit de quelque mauvaise action passée. Elles surviennent maintenant pour pousser mon esprit vers de sublimes niveaux de conscience de Dieu. De quoi me plaindrais-je ? Pourquoi blâmerais-je les autres ? Bien que ce soit le fruit d'une mauvaise action, Dieu utilise cette souffrance pour m'accorder Sa Vision. N'est-ce pas merveilleux ?! »

Un soir, un dévot vint voir Ratnamji. Il était marié, père de trois enfants, et tenait une petite herboristerie. Il s'assit par terre à côté du lit et commença à psalmodier doucement le Nom de Dieu. J'étais assis à ses côté et l'observais. J'avais dans l'idée que les gens mariés ne pouvaient guère progresser spirituellement, l'essentiel de leur temps et de leur énergie étant consacré à leur famille. Gary, au Japon, constituait une exception, mais encore avait-il connu auparavant plusieurs années de stricte discipline monastique. Le visiteur était profondément absorbé dans sa récitation du Nom divin, quand soudain, un gros livre tomba avec fracas du bord du lit sur une pile d'assiettes, à quelques centimètres de lui. Surpris, je sursautai. Lui ne tressaillit même pas, ni n'ouvrit les yeux. Il continua comme si de rien n'était. Ratnamji me regarda avec un sourire au fond des yeux :

« Quelqu'un qui peut s'absorber dans la répétition du Nom divin au point de perdre toute conscience de son corps et de son entourage, qu'importe s'il est marié ou s'il a des enfants ? Son esprit tout entier est offert à Dieu. À toute heure du jour, il répète intérieurement Son Nom, même s'il doit s'occuper de son commerce ou de sa famille. Il n'est attaché à rien ni à personne, mais continue à faire son devoir dans un esprit de détachement, en offrande à Dieu. Il pense au Suprême en permanence et recherche la compagnie des saints quand le temps le lui permet. Ainsi son mental se fond facilement dans la méditation lorsqu'il s'assied pour réciter le Nom de Dieu. Qui d'entre nous est meilleur, lui ou nous ? Bien que moines, sommes-nous capables d'une telle absorption en Dieu ? »

Ceci m'enseigna à ne jamais juger la stature spirituelle d'un homme à sa situation sociale. En matière d'accomplissement spirituel, un moine renonçant peut être aussi superficiel qu'une flaque d'eau, un chef de famille peut avoir la profondeur de l'océan.

C'est pendant le séjour de Ratnamji à l'hôpital que je fis la connaissance du grand saint Avadhutendra Swamiji. Lui et Ratnamji étaient grands amis depuis près de vingt ans, et ensemble ils avaient sillonné toute l'Inde. Swamiji était excellent musicien. Il passait deux heures chaque soir à chanter le Nom de Dieu dans des maisons amies ou des centres religieux. Son chant avait un je-ne-sais-quoi qui électrisait l'atmosphère et la chargeait de dévotion. Je lui demandai de me parler un peu de sa vie, afin qu'elle m'inspire dans mes efforts vers la Réalisation de Dieu. Il me raconta qu'il avait étudié la musique dans le Nord de l'Inde, jusqu'à ce que son professeur lui déclare qu'il avait le génie de la musique et qu'il n'avait plus rien à lui apprendre. Des réalisateurs lui proposèrent de chanter la bande originale de leurs films. Il refusa, arguant que Dieu seul lui avait donné cette voix, et qu'il ne l'utiliserait que pour Le servir. Il monta alors encore plus au nord, jusqu'à Ayodhya.

Ayodhya est le lieu de naissance de Sri Rama, qui est considéré en Inde comme une incarnation divine des temps antiques. Là, il entra dans un ashram. Les jours passaient, et au fur et à mesure qu'il avançait dans ses études et pratiques spirituelles, il remarqua que la paralysie gagnait progressivement tout son corps. Il consulta toutes sortes de docteurs, essaya toutes sortes de médicaments, rien n'y fit. Finalement, la paralysie prit de telles proportions qu'il ne put plus parler. Il s'attendait à mourir sous peu. C'est alors qu'un de ses frères moines lui montra un petit livre intitulé Hanuman Chalisa. Il s'agit de quarante versets à la gloire d'Hanuman, composés par Tulsidas, un saint qui vécut il y a environ quatre cent ans. Le moine conseilla à Swamiji d'essayer de répéter ces versets mentalement du mieux qu'il pourrait, car beaucoup, atteints de maladies incurables, s'en étaient trouvés guéris. Swamiji parvint à apprendre par cœur les versets et s'attela à la récitation de cet hymne. À sa grande surprise, sa voix revint progressivement. Au bout d'un mois, la paralysie avait complètement disparu.

Swamiji décida de manifester concrètement sa gratitude envers Hanuman. Au cours des quarante années suivantes, il mit un point d'honneur à faire apposer, dans chaque temple d'Hanuman qu'il rencontra dans le Nord et le Centre de l'Inde, une plaque de marbre sur laquelle il avait fait graver les paroles de l'hymne. Cela représentait près de deux cent temples ! De nombreux dévots s'offrirent à partager le coût de ces travaux, et même lorsqu'il recevait des dons pour ses besoins personnels, il les employait à cette tâche.

Après sa guérison, il se mit en quête d'un guru réalisé. Il le trouva dans une petite ville à la confluence du Gange et de la Yamuna. Ce saint, nommé Prabhudattaji, avait fait pénitence de nombreuses années sous un arbre et avait atteint l'Illumination. Il était très connu dans la région. Swamiji se présenta mais dut subir une épreuve sévère avant d'être accepté comme disciple.

Prabhudattaji lui confia l'arrosage de la plantation de basilic. Cette plante est considérée comme sacrée en Inde. Le jardin était si grand qu'il ne fallait pas moins de cent seaux d'eau chaque jour. Il y avait bien un puits à proximité, mais il était profond de plus de trente mètres. De plus, on était dans la saison froide, et les mains de Swamiji commencèrent à gercer. En quelques jours elles étaient en sang, mais il les enveloppa dans un morceau de chiffon et continua sans un murmure. Au bout d'un mois, son guru lui confia une autre tâche. Il devait chaque jour laver toutes les marmites de l'ashram. L'ashram de Prabhudattaji est très grand, des centaines de personnes y mangent quotidiennement. Swamiji me rapporta que les marmites étaient tellement énormes qu'il devait s'asseoir dedans pour les nettoyer. Quelques jours de ce travail et son guru estima qu'il avait réussi son examen de passage. Il le prit à son service personnel, où il resta quinze ans. Prabhudattaji lui demanda également de chanter chaque soir le Nom divin à l'ashram. Quand Swamiji chantait, il devenait tellement ivre d'Amour divin que bien souvent il ne pouvait achever son chant. Ce que voyant, Prabhudattaji le fit appeler un jour et lui dit qu'il était prêt à voler de ses propres ailes. Il était libre de partir, ceci après quinze années passées au service du guru.

À dater de ce jour, il se mit à sillonner toute l'Inde, chantant le Nom de Dieu et prêchant l'efficacité de ce moyen pour atteindre la Réalisation de Dieu. Il m'affirma qu'en quarante ans de pérégrinations d'un lieu saint à l'autre, jamais il n'avait rencontré plus grand saint que Ratnamji. En sa compagnie, il trouvait toujours la Béatitude suprême. Apprenant qu'il était hospitalisé, il était accouru de fort loin simplement pour le voir.

Swamiji était un personnage hiératique. Si l'on ne savait pas qu'il était moine, on aurait pu le prendre pour un roi. Il mesurait plus d'un mètre quatre-vingt, avec de grands bras et une voix profonde. Ses yeux de faon débordaient de douceur, et un sourire éclairait en permanence son visage. Je me sentais très honoré de le rencontrer. De temps à autre, Ratnamji m'envoyait assister à ses chants, pour que j'apprenne à mieux le connaître. Toujours il me priait de m'asseoir à ses côtés, et me traitait avec une grande gentillesse, et même, avec respect. Ceci me mettait toujours mal à l'aise, mais ainsi il nous montrait à tous qu'il convient de traiter les serviteurs de Dieu comme Dieu Lui-même. En être capable, c'est franchir un pas de plus vers la capacité à voir Dieu en toute chose.

Cela faisait maintenant quatre mois que Ratnamji était à l'hôpital. Je commençais à être impatient d'en sortir, mais il me répétait sans cesse de m'en remettre à la volonté de Ramana. Sa patience me stupéfiait. Moi au moins, je pouvais me promener à ma guise, mais lui était cloué au lit et n'en manifestait pas pour autant d'impatience. Enfin un jour, à mon réveil, je perçus une nette différence dans l'atmosphère, une sorte de paix et de légèreté. Peut-être n'était-ce que mon imagination.

Quoi qu'il en soit ce matin-là les médecins nous annoncèrent que Ratnamji pouvait quitter l'hôpital. Quelle joie ! Mais elle fut de courte durée : Ratnamji demanda aux médecins s'ils étaient vraiment sûrs qu'il pouvait sortir. Je n'en revenais pas ! « Quoi ?! Et s'ils venaient à changer d'avis ? », pensai-je. L'équanimité dans la joie comme dans la peine — il y avait très peu de cette qualité, en moi, et en Ratnamji, il n'y avait que peu d'autre chose ! Les médecins l'assurèrent qu'il pouvait partir, mais qu'il ne devrait pas essayer de marcher avant un mois. Dieu merci, nous allions donc sortir ! Nous portâmes Ratnamji jusqu'à un taxi, qui nous déposa chez un ami. Celui-ci avait invité Ratnamji à venir séjourner chez lui tout le temps nécessaire à sa convalescence. En route je demandai à Ratnamji :

« Alors, quel effet cela te fait-il de revoir le ciel après si longtemps ? »

« Exactement le même effet que le plafond de l'hôpital ! »,

répliqua-t-il en riant. Décidément, son égalité d'humeur était vraiment incorrigible !

Où que résidât Ratnamji, l'endroit devenait en quelques jours un ashram. Notre nouvelle demeure ne fit pas exception. Notre ami était fonctionnaire du gouvernement. On lui avait attribué comme logement de fonction, dans le quartier résidentiel d'Hyderabad, un vaste hôtel particulier, entouré de deux hectares de terrain. Quel soulagement après l'atmosphère déprimante de l'hopital ! Le séjour là-bas avait sans nul doute été riche d'enseignements. Chaque jour, un ou deux patients mouraient sous nos yeux, et la véritable nature du corps physique devenait vite évidente. Malgré tout, je n'aurais pas aimé y passer le restant de mes jours !

Notre ami était dévot d'un saint indien renommé. Chaque semaine, il tenait des réunions, faisait des allocutions sur les enseignements de son guru, et donnait des cours de méditation. Il éprouvait beaucoup de respect pour Ratnamji et considérait vraiment comme un privilège de pouvoir ainsi le servir dans sa maison. Jusque tard dans la nuit, ils passaient des heures à discuter de questions spirituelles. Dans la journée, pendant qu'il était au bureau, d'autres fidèles venaient voir Ratnamji pour chanter des bhajans, célébrer des cérémonies religieuses, ou discuter. On ne s'ennuyait jamais en sa compagnie.

Mon emploi du temps n'avait pas changé : lever à trois heures et demie, ablutions, puja. Je m'occupais ensuite de Ratnamji, lui donnant son bain, lavant ses affaires, faisant le ménage de sa chambre, rédigeant son courrier... Il y avait toujours quelque chose à faire. Ratnamji me dit un jour qu'un paresseux ne trouve jamais rien à faire, tandis qu'un homme sincère ne trouve jamais un instant de répit. Je voulais ressembler au second et ne cessais de m'affairer. S'il n'y avait pas de travail et que j'avais fini mon étude des Écritures, Ratnamji me priait d'aller aider les gens de la maison ou leurs serviteurs. Après tout, nous étions reçus chez eux et nous nous devions de mettre la main à la pâte. C'était du moins la manière de voir de Ratnamji, et lui-même s'efforçait d'aider de son mieux notre hôte et sa famille. Très souvent, au cours de nos voyages, lorsque nous étions hébergés par des familles pauvres, il me demandait d'acheter de la nourriture et de la remettre à la personne chargée de la cuisine. En partant, nous nous arrangions parfois pour laisser de l'argent, à leur faire remettre après notre départ car ils ne l'auraient sans doute pas accepté de notre main. Si les hôtes étaient riches, nous offrions au moins notre travail. C'est ce que je faisais chez ce fonctionnaire, mais en général à l'insu de tous, pour ne pas heurter les susceptibilités. Ratnamji soutenait que, même quand les autres nous témoignent du respect, nous ne devons jamais nous sentir en quoi que ce soit supérieurs à eux. Il convient plutôt de cultiver le sentiment de l'unité et de l'égalité entre tous les êtres.

Un matin, après m'être lavé, je m'apprêtais à célébrer ma puja quotidienne lorsque Ratnamji m'appela.

« Aujourd'hui », dit-il, « je veux voir ta puja. Célèbre-la près de mon lit, cela fait des mois que je n'ai plus vu comment tu procèdes. »

J'installai tout le nécessaire à côté de son lit et commençai. Au bout de cinq minutes, il me pria d'arrêter.

« Tu récites les versets mécaniquement, sans la moindre sensibilité. En plus, tu fais des offrandes au guru sans même lever les yeux vers lui. Que penserais-tu si je t'offrais un verre d'eau en te disant « Acceptes ceci, je t'en prie » tout en regardant par la fenêtre ? Si tu célèbres la puja correctement, ta concentration s'approfondira de jour en jour. Tu commenceras à sentir que ton image ou ta photo sont vivantes. Essaie de faire comme je te dis. »

Je repris au début et tâchai de suivre ses instructions. Quand j'offrais des fleurs à la photo de Ramana, je le regardais droit dans

Avadhutendra Swami à Tiruvannamalai

les yeux, puis déposais les fleurs à ses pieds. Ce faisant, je fus surpris du sentiment d'amour qui envahit mon cœur. Au même moment, mes yeux se fermèrent et les larmes se mirent à couler toutes seules. Qui plus est, je distinguais nettement de la vie dans sa photo. La précision du diagnostic de Ratnamji me stupéfiait. Je me sentais mal à l'idée de toutes ces journées que j'avais laissées passer sans faire la puja comme il convient pour en retirer bénéfice et Béatitude. À partir de ce moment, je résolus de lui demander périodiquement si je menais mes pratiques spirituelles correctement.

Un matin, j'étais allé au jardin cueillir des fleurs pour la puja. En passant sous un arbre, je vis et entendis distinctement trembler toutes les feuilles. Je me dis que le vent devait agiter la ramure, sauf qu'il n'y avait pratiquement pas de vent, pas assez en tous cas pour produire cet effet. Ma curiosité éveillée, je repassai sous l'arbre. À nouveau, les feuilles bruirent. Après avoir répété plusieurs fois cette manœuvre, avec sensiblement les mêmes résultats, je courus à la maison raconter cela à Ratnamji.

« Qu'y a-t-il d'extraordinaire là-dedans ? », me dit-il. « Les arbres sont des êtres vivants comme nous. Ils ont leurs sensations et leurs émotions propres. Cependant, tu ne dois pas t'appesantir sur la question, ou tu perdras de vue le but réel de notre séjour ici. Même un événement insolite ne doit pas nous distraire. L'autre jour quand tu étais dehors, j'ai remarqué que tu suivais des yeux les jeux des singes dans les arbres, et je t'ai fait rentrer. Un aspirant spirituel doit être si concentré sur son but que rien, sauf nécessité, ne peut l'en distraire.

« On raconte que Sri Krishna demanda un jour à Hanuman d'enjamber une grande étendue d'eau pour aller chercher un renseignement sur l'autre rive. Tandis qu'Hanuman sautait, des créatures aquatiques lui offrirent de se reposer sur leur dos, mais il refusa, continua d'une traite, et acheva sa mission. Nous devrions le prendre en exemple et ne jamais nous laisser distraire. »

Il avait raison, bien sûr, comme d'habitude. Pourtant ses paroles me vexèrent un tantinet. Après ces conseils, il me demanda d'aller dire à un autre dévot, qui habitait cent mètres plus bas dans la même rue, de venir au plus vite. D'humeur rebelle, je répondis que j'irais plus tard. Il insista pour que j'y aille de suite. Un peu contrarié par son insistance, au lieu d'obéir, j'allai prendre une douche fraîche. Ô surprise, au sortir de la douche, ma colère et mon esprit de révolte avaient disparu. J'allai trouver Ratnamji, m'excusai et lui rapportai ce qui venait de se passer.

« Parfois », m'expliqua-t-il, « l'échauffement des nerfs nous rend irritable ou colérique. Une douche froide apaise les nerfs et la colère s'évanouit. Il en va de même pour la concupiscence. En fait, toutes les passions échauffent les nerfs ou, à l'inverse, peuvent résulter d'un échauffement de ces nerfs. La douche froide est un excellent remède. »

Au bout d'un mois, Ratnamji recommença à marcher. Deux mois plus tard, il se déplaçait assez aisément à l'aide d'un bâton. Un jour il m'appela et me dit :

« Il y a environ vingt-six ans, quand j'étais au service de Ramana, il demanda un jour à un dévot s'il était déjà allé à un lieu saint appelé Muktinah, au Népal. C'est de là que provient la saligrame. On trouve cette pierre sacrée en abondance dans la Gandaki, rivière qui baigne Muktinah. Elle est utilisée dans toute l'Inde pour les besoins du culte. Depuis que j'ai entendu parler de cet endroit, j'ai toujours désiré y aller, car il est considéré comme l'un des plus anciens lieux de pèlerinage.

« On dit dans les Écritures qu'un roi du nom de Bharata, après avoir confié son royaume au soin de ses fils, se retira à Muktinah pour y faire pénitence. Effectivement, il atteignit un haut niveau spirituel, mais, ayant conçu un profond attachement pour un jeune daim, il mourut en pensant au daim et non à la Vérité suprême. Résultat, il se réincarna en daim. Les Écritures affirment que notre incarnation suivante est largement déterminée par la nature de notre ultime pensée au moment de mourir. C'est pourquoi au chevet d'un mourant on chante très haut le Nom de Dieu. S'il pense à Dieu au moment du départ, il se fondra en Lui et atteindra la Béatitude suprême.

« L'autre jour, Swamiji m'a proposé de l'accompagner au Népal. Deux autres personnes partent avec lui. Si nous décidons d'y aller, je demanderai à l'aînée de mes sœurs de se joindre à nous pour faire la cuisine. Elle m'a déjà accompagné dans divers pèlerinages et les apprécie beaucoup. Qu'en dis-tu ? »

J'étais bien sûr tout à fait partant, surtout en compagnie de deux saints hommes. J'acceptai avec joie. Swamiji en fut informé et l'on fixa le départ à une semaine. Nous visiterions d'autres endroits sur notre route. Quelques jours plus tard, la sœur de Ratnamji arriva, et après avoir tout préparé, nous rejoignîmes Swamiji.

À la gare, notre petit groupe de six fut accueilli par une importante assemblée de dévots venus souhaiter bon voyage aux deux saints. La compagnie d'un seul est déjà une telle joie qu'on imagine sans peine le bonheur de côtoyer les deux à la fois ! Ratnamji et Swamiji étaient toujours au mieux de leur forme quand ils étaient ensemble, et j'étais profondément heureux de les voir réunis. L'un chantait superbement les chants dévotionnels, l'autre était capable d'élever votre niveau de conscience par ses paroles de sagesse. Tous deux avaient renoncé au monde pour atteindre la Réalisation de Dieu et avaient accompli beaucoup dans le domaine spirituel. De plus, ils ressemblaient tous deux à des enfants, simples et innocents, complètement dépourvus de vanité ou d'orgueil.

Nous passâmes les dix jours suivants à progresser vers le Népal, nous arrêtant dans les lieux saints, visitant les temples et logeant chez des dévots de Swamiji. Au cours de ses quarante

Progression

années de pérégrinations dans tout le pays, il s'était fait quelques admirateurs et connaissait toujours au moins une personne dans chaque ville où nous faisions escale.

À voyager en compagnie de deux saints, on n'a pas le loisir de penser à quoi que ce soit d'autre qu'à Dieu. En arrivant en Inde, je n'étais pas croyant et me fichais éperdument de savoir si Dieu existait ou non. À présent, je constatais que mon esprit était entièrement et exclusivement empli de Sa pensée. Comment cela s'était-il produit ? C'était certainement dû à la compagnie des saints hommes. La vie du monde, fiévreuse et insipide, avait fait place à un sentiment continu de paix intérieure et de félicité. Chaque instant contenait quelque chose de fascinant. Le courant de paix et de lumière s'amplifiait de jour en jour, portant la promesse de l'Unité au bout du chemin.

Je m'étais fixé le but le plus élevé auquel l'homme puisse aspirer : la fusion avec son Créateur, la Béatitude et la connaissance qui l'accompagnent. J'étais parvenu, Dieu sait comment, à entrer en contact étroit avec une tradition suivie et éprouvée depuis des millénaires, qui avait démontré ses capacités à promouvoir l'évolution spirituelle. À présent je vivais en compagnie — et sous la supervision directe — de deux sages qui témoignaient de la grandeur et de la Vérité des traditions antiques. À cette pensée, mes yeux s'emplirent de larmes. Je sentis que je n'étais rien ni personne, une simple feuille morte emportée par les vents favorables de la volonté divine.

Swamiji me prodiguait rarement ses conseils. Il m'arrivait parfois de laver ses vêtements ou de porter ses bagages, mais à ses yeux j'étais le fils spirituel de Ratnamji et il ne ressentait pas le besoin de m'instruire. Une seule fois je reçus un conseil de lui. Un jour que nous marchions dans la rue, en route vers un temple, un homme m'aborda et me demanda de quel pays j'étais. Je commençai à lui répondre, lorsque Swamiji se retourna et me demanda de quoi je parlais. Je lui dis ce que l'homme m'avait demandé. Il répliqua :

« Celui qui répète le Nom divin à chaque inspiration atteint rapidement la connaissance de Dieu. Si les gens n'y parviennent pas, c'est qu'ils perdent beaucoup de temps en bavardages inutiles. Dans le temps qu'il te faut pour écouter la question de cet homme et y répondre, tu aurais pu répéter dix fois ton mantra. N'est-ce pas une grande perte ? »

Nous poursuivîmes notre route vers le Nord et atteignîmes la frontière du Népal. De là, on a le choix entre l'avion ou un périple en bus très fastidieux pour rallier Kathmandu, la capitale. Ratnamji m'avait recommandé de gérer les dépenses de Swamiji, en plus de nos dépenses à tous trois. Je décidai qu'il valait mieux prendre l'avion, quel qu'en soit le coût. Le voyage serait plus confortable pour eux. De plus, Ratnamji n'avait jamais pris l'avion, et je voulais qu'il fasse au moins une fois cette expérience. Nous embarquâmes, et peu après nous survolions les Himalayas. Ratnamji se comportait exactement comme un enfant et, par le hublot, regardait avec intérêt la terre, loin au-dessous de nous.

« Tu sais », me dit-il, « ceci ressemble beaucoup à la conscience de Dieu. Au fur et à mesure que l'esprit s'élève vers sa Source, le sens de la différenciation se perd progressivement, jusqu'à ce qu'enfin tout se fonde dans l'Existence unique. En avion, plus nous montons, plus les objets au sol perdent leur taille relative. Les gens, les arbres, les constructions, et même les montagnes, tout semble de même hauteur. Si nous pouvions monter assez haut, la Terre elle-même disparaîtrait dans l'immensité de l'espace ! »

Sa manière de voir les choses me surprenait. En toutes circonstances, son esprit était tourné vers Dieu.

À notre arrivée à Kathmandu, nous nous fîmes déposer en voiture à une auberge proche du principal temple de la ville, Pasupathinath. Elle servait de halte aux pèlerins visitant le temple.

C'était une construction à deux étages, le rez-de-chaussée servant d'étable, l'étage accueillant les hôtes. Le gîte était gratuit, mais on pouvait faire un don. Nous prîmes une chambre, installâmes notre couchage et nous reposâmes un peu avant d'aller au temple.

Pasupathinath est un immense complexe entouré d'un mur d'enceinte. Bien que le temple soit hindou, l'architecture en forme de pagode est orientale. Des centaines de dévots se pressent au temple depuis l'aube jusque tard dans la nuit. Le climat de la vallée de Kathmandu est très doux et rafraîchissant. Après la chaleur des plaines indiennes, je me sentais soulagé d'un grand poids. Ratnamji et Swamiji appréciaient aussi énormément l'endroit et se comportaient comme deux gamins, regardant tout et s'amusant de ce nouvel environnement et de cette culture étrangère.

Le lendemain, nous prîmes un taxi pour voir tous les points importants de la ville, parmi lesquels de nombreux temples hindous et bouddhistes. Nous nous rendîmes ensuite dans un village proche, où se trouve un antique et célèbre temple consacré à la Mère divine. À quelques mètres du temple, nous entendîmes chanter très fort. Swamiji, attiré par la musique et curieux de savoir ce qui se passait, nous précéda dans une vaste cour. Là, des centaines de personnes chantaient le Nom divin en s'accompagnant de tambours et d'harmoniums. Au centre de l'assemblée, un vieil homme se balançait au rythme de la musique et lançait des fleurs sur toutes les personnes proches. Il avait une expression radieuse. Lorsqu'il vit Swamiji, il se leva d'un bond, vint à lui et lui donna l'accolade. Swamiji était très heureux. Il nous expliqua que cet homme était l'un des plus grands sages du Népal. Il consacrait sa vie à propager le Nom de Dieu au Népal et dans le Nord de l'Inde. Swamiji l'avait rencontré en Inde, où le saint homme avait un ashram à Brindavan. Brindavan est un lieu saint associé à la vie et au passé de Sri Krishna, une incarnation de l'Être suprême. Swamiji et Gautamji (c'est ainsi qu'il se nommait), tout surpris, se réjouissaient de cette rencontre inattendue. On nous invita à la fête et on nous servit un repas somptueux. Le soir venu, nous regagnâmes notre auberge, en promettant d'aller voir l'ashram de Gautamji à Kathmandu, lequel se trouvait à cinq minutes à pied de notre gîte.

Le lendemain nous nous rendîmes tous les six à l'ashram, situé sur une colline entre le temple et notre auberge. C'était en fait la demeure ancestrale de la famille de Gautamji. À notre arrivée, une fête religieuse battait son plein. Le fils de Gautamji, déguisé en Sri Krishna et accompagné de quelques dévots qui figuraient ses compagnons, s'adonnait aux prouesses gymniques et aux jeux d'adresse. Ainsi font les jeunes vachers lorsqu'ils mènent paître les vaches et qu'ils jouent dans les champs ; ainsi faisait Sri Krishna enfant. Pendant tout ce temps, l'assistance chantait à pleins poumons le Nom divin. L'atmosphère était chargée de dévotion. Après le spectacle, on distribua à tous de la nourriture.

Gautamji nous conduisit ensuite au jardin, pour nous montrer le reste de l'ashram. Là se dressaient deux petits temples et un certain nombre de piliers de pierre. Les temples renfermaient les Écritures Sacrées hindoues, comprenant les quatre Védas, le Mahabharata, le Ramayana, et les dix-huit Mahapuranas. La culture hindoue possède un trésor de littérature sacrée, susceptible de venir en aide à toute personne, quel que soit son niveau d'évolution spirituelle. Comme dans toute autre religion, on révère les Écritures comme la Parole révélée de Dieu.

Nous demandâmes à Gautamji ce qu'étaient les piliers. Il nous dit qu'au fil des ans, il avait conseillé à ses fidèles de répéter sans cesse le Nom divin et également de l'écrire sur des cahiers. Il avait récupéré un grand nombre de ces cahiers, tous emplis du Nom divin « Rama ». Après les avoir ensevelis, il avait fait ériger un pilier pour marquer chaque lieu d'enfouissement. Ils étaient autant de représentations visibles du Nom divin. Nous demandâmes combien de Noms reposaient sous les cinq ou six piliers du jardin. Il nous répondit que sous chacun, le nom « Rama » était inscrit dix millions de fois ! Nous étions béats d'admiration. Nulle part ailleurs nous n'avions rencontré une telle ferveur pour le Nom divin.

On nous conduisit ensuite en voiture à un village, à une quarantaine de kilomètres de Kathmandu, où Gautamji avait un autre ashram. Le panorama était magnifique, avec la luxuriante verdure de la campagne et les Himalayas en toile de fond. Les villageois népalais sont sans doute les gens les plus simples, les plus cultivés et les plus religieux au monde. Je me disais que le peuple indien devait être ainsi il y a mille ans, avant que les invasions moghole et anglaise ne viennent altérer la pureté première de son antique culture.

À notre arrivée à l'ashram du village, un des résidents nous fit escorte. Il nous indiqua un petit monticule artificiel au centre de l'ashram, construit en ciment ou en plâtre de moulage. Il nous expliqua que des pierres avaient été rapportées de Govardhana, la montagne sacrée indienne associée à Sri Krishna, et placées au centre de l'ashram pour construire par-dessus une réplique de Govardhana. Comme cela se pratique à Govardhana, les fidèles tournent autour de la montagne miniature en chantant les Noms de Sri Krishna ou en récitant des histoires le concernant.

Plus loin s'étendait une aire d'environ un mètre par trois, avec une colonne à chaque coin. Nous apprîmes que, comme à l'ashram de Kathmandu, sous cet espace reposaient dix millions de Noms divins. Quand il se trouvait alentour un mourant, on l'amenait ici et on plaçait le corps sur cette aire. Les gens estiment que la vibration spirituelle du Nom divin est d'un immense secours pour l'âme en partance. Swamiji, qui avait passé quarante ans à le répéter et à le propager dans toute l'Inde, se montrait surpris et enchanté de cette foi enfantine. En fait, à se tenir là, en cet endroit, il ne ressentait aucun désir de rentrer en Inde. Il se tourna vers nous et nous dit :

« Ces gens si simples ont une entière dévotion en Dieu. En Inde, on ne trouve pas même le dixième de cette foi. Je n'ai pas envie d'y retourner ! »

On était en septembre, et le climat de la vallée de Kathmandu est très frais au petit matin. Depuis quelque temps, Swamiji n'allait pas bien, et il supportait mal le froid. En définitive, il décida de rentrer en Inde au plus tôt avec ses deux compagnons. Nous fîmes le point de nos projets, et Ratnamji m'enjoignit de prendre pour Swamiji un billet d'avion pour l'Inde, et pour nous-mêmes trois billets pour Pokhara. Le village de Pokhara, à quelques six cent cinquante kilomètres à l'Ouest de Kathmandu, serait le point de départ de notre pèlerinage pour Muktinath. Pour Swamiji, il y avait un vol dès le lendemain, mais nous n'avions de places pour Pokhara que trois jours plus tard. Après avoir fait toutes les réservations, je rentrai à l'auberge.

Le lendemain au réveil, Ratnamji était brûlant de fièvre. C'est à peine s'il tenait debout. Swamiji voulait aller au temple avant de rentrer en Inde, et Ratnamji insista pour l'accompagner. S'appuyant sur mon épaule, il parvint à se traîner lentement jusqu'au temple et à en revenir. Mais dès que nous atteignîmes l'auberge, il perdit connaissance. Avec Swamiji, nous le mîmes dans un taxi pour aller voir un médecin homéopathe et acheter des médicaments, puis nous revînmes à l'auberge.

L'avion de Swamiji était prévu pour onze heures, heure du décollage, et il était déjà neuf heures. Swamiji ne pouvait se résoudre à laisser Ratnamji dans cet état. Il ne cessait de me demander s'il devait ou non partir. Je l'assurai que la sœur de Ratnamji et moi-même nous occuperions de tout et qu'il n'avait aucun souci à se faire. Finalement, en me remettant pour Ratnamji sa coûteuse couverture de laine, il nous fit ses adieux, le visage empreint de tristesse.

Ratnamji ne reprit connaissance que le lendemain.

« Quelle heure est-il ? Où est Swamiji ? » demanda-t-il aussitôt.

« Il est une heure de l'après-midi. Swamiji est reparti pour l'Inde hier vers neuf heures du matin. Il était très affligé de devoir te quitter. Nous t'avons emmené chez le docteur, puis je l'ai supplié de ne rien changer à ses projets, si bien qu'il est parti, mais très indécis. Il a laissé sa couverture pour toi, ce qui est une bonne chose, car nous n'avions rien de chaud pour te couvrir. Tu es resté inconscient très longtemps. Comment te sens-tu ? »

« Mort », répondit-il. « Quel dommage que je n'aie pas pu dire au revoir à Swamiji. Tu aurais dû essayer de me ranimer. Il faudra absolument que je m'excuse la prochaine fois que nous nous verrons. »

Son humilité, à l'image de son égalité d'humeur, était vraiment inaltérable. Quant à moi, qui me fâchais à la moindre provocation et continuais à cultiver une haute opinion de moi-même, je me demandais si je parviendrais à suivre l'exemple de Ratnamji dans cette vie-même. J'avais l'impression d'être un misérable moustique aspirant à traverser l'océan.

Pendant deux jours, Ratnamji prit scrupuleusement son remède homéopathique, et, au jour fixé pour notre départ, il se sentait suffisamment bien pour voyager.

« Il semble que Dieu soit plein de bonté envers nous », dit-il, « sans cela j'aurais été alité très longtemps. Voilà qu'il nous donne l'occasion de vérifier si ma jambe est guérie. »

Le jour même, nous nous envolâmes pour Pokhara, où nous nous mîmes en quête d'un gîte. Un temple de Kali se dressait au sommet d'une colline, aux abords de la ville. Cela impliquait une dure montée, mais l'atmosphère promettait d'être très paisible. Kali représente l'aspect terrible de la Mère divine. La Mère divine

Elle-même est la Puissance de Dieu incarnée dans un corps. Elle a trois fonctions et donc trois aspects, respectivement liés à la création, la préservation et la destruction. Tout ce qui est créé doit un jour être détruit. Kali est l'aspect de la Puissance divine qui détruit tout objet créé. Sarasvati est la Puissance créatrice et Laxmi la Puissance préservatrice. Le commun des mortels vénèrent Kali afin qu'elle détruise les obstacles à leur bonheur : maladie, pauvreté ou ennemis. Les aspirants spirituels, eux, la vénèrent pour qu'elle détruise leur ignorance spirituelle, qui occulte la Réalité intérieure et entretient l'illusion que nous sommes limités à un corps et à un mental. Bien que tout Hindou sache que Dieu, l'Être suprême, est Un et Sans Forme, il croit aussi que Dieu peut se manifester sous une infinité de formes pour la joie de ses fidèles et dans leur intérêt. Une même femme sera appelée mère, sœur, fille ou nièce par diverses personnes, selon leur lien de parenté, mais elle n'en reste pas moins une seule et même femme. De même, vu par des esprits différents, l'Être unique est appelé Mère divine, Krishna, Shiva ou une multitude d'autres noms.

Après avoir préparé notre repas et rendu grâces à Mère Kali, nous terminâmes de déjeuner et nous mîmes en route vers le Nord, nous informant chemin faisant de la route de Muktinath. Nous avions décidé de faire nous-mêmes la cuisine, si bien que nous avions apporté, en plus de nos vêtements et de notre literie, un réchaud à kérosène, du kérosène, du riz et d'autres produits alimentaires. Tout cela représentait un poids assez considérable, et nous décidâmes d'engager trois porteurs pour nous aider et nous guider. À l'époque, nous ignorions qu'il ne faut embaucher que des porteurs népalais, et cette ignorance nous mena de déconvenue en déconvenue. Le premier endroit où nous trouvâmes des bras à louer fut le camp de réfugiés tibétains, à la sortie de la ville. Là, nous rencontrâmes trois hommes, discutâmes les gages, et convînmes de partir dès le lendemain.

Au lever du soleil, nous étions en route. « Route » est un bien grand mot pour désigner le petit sentier menant, à travers les Himalayas, jusqu'à Muktinath distante de cent trente-cinq kilomètres. La ville se trouve à un jet de pierre de la frontière chinoise. Au-delà de Pokhara, il n'y a plus de routes. Ratnamji et sa sœur Seshamma avaient décidé de faire tout le trajet pieds nus, en guise d'austérité religieuse. J'avais l'intention d'en faire autant, mais la veille au soir, en marchant sur un bout de bois acéré, je m'étais blessé la plante du pied. Il me fallait donc porter des tongs en plastique, lesquelles s'avérèrent par la suite source de grandes souffrances.

À quelques kilomètres de Pokhara commençait l'ascension des premiers contreforts himalayens. La montée était raide et éprouvante, mais la beauté du paysage, à vous couper le souffle, et la pureté de l'air, compensaient largement l'effort. Les porteurs marchaient si vite qu'au bout d'une heure nous les avions perdus de vue. Ce n'était qu'un avant-goût de ce qui devait suivre. Ratnamji m'avait pourtant prévenu de ne pas engager les hommes qui s'étaient présentés chez nous la veille pour proposer leurs services. Pour je ne sais quelle raison, leur apparence ne lui plaisait pas. Mais j'avais insisté, arguant qu'il n'y avait pas moyen de faire autrement, et pour finir nous les avions embauchés.

Par bonheur, à midi, nous retrouvâmes nos guides, qui nous attendaient dans un petit village à flanc de montagne. Déjà ils faisaient cuire leur nourriture. Nous leur demandâmes pourquoi ils avaient pris tant d'avance, leur expliquant que nous ne connaissions pas la route et que nous comptions sur eux pour nous guider. Ils répondirent que nous allions trop lentement et qu'ils ne pouvaient ralentir leur allure pour nous. Nous répliquâmes que s'ils n'étaient pas capables de nous accompagner, ils feraient aussi bien de s'en retourner tout de suite. Ils promirent d'avancer moins vite.

Après avoir cuisiné et mangé, nous nous mîmes en route vers le village suivant, avec l'espoir d'y être avant la tombée de la nuit. Entre deux villages, dans les Himalayas, il n'y a que la forêt. Si vous n'atteignez pas un village avant le coucher du soleil, vous risquez d'être attaqué par les bêtes sauvages. Ce soir-là nous parvînmes, Dieu sait comment, à atteindre le village, mais, trop épuisés pour préparer à manger, nous nous contentâmes d'acheter des biscuits et du lait que nous mangeâmes avant de nous coucher. Au cours des trois semaines suivantes, nous découvrîmes avec surprise qu'un verre de lait le matin, un repas complet le midi, et quelques biscuits avec du lait le soir, suffisaient à l'entretien de notre forme. En fait, pendant notre ascension dans les montagnes, notre santé fut bien meilleure et notre mental se maintenait sans effort en état d'élévation, peut-être en raison du grand air et de l'exercice physique. Notre repas de midi était des plus simples : dans une marmite, on jetait pêle-mêle des lentilles, du riz et des bananes vertes, et l'on faisait bouillir le tout, en salant en fin de cuisson. Ni avant ni après ce pèlerinage je n'ai goûté nourriture plus délicieuse. Comme quoi tout est dans la faim, nous en fîmes nettement l'expérience.

Les deux ou trois premiers jours, tout se passa bien. Puis les porteurs recommencèrent à forcer l'allure et à nous distancer. Un jour, ils disparurent au loin, emportant jusqu'à notre lampe torche. Nous n'avions plus rien qu'un peu d'argent. Nous nous époumonâmes après eux, mais en vain. Poursuivant notre route, nous atteignîmes une fourche et choisîmes au hasard de prendre la voie de gauche. Elle ne menait nulle part, et nous perdîmes deux heures à rebrousser chemin. Il était déjà près de cinq heures du soir et nous n'avions aucune idée à quelle distance se trouvait le prochain village. Et personne pour nous indiquer le chemin.

Je décidai de me presser pour tâcher de rattraper les porteurs, et allongeai le pas. Ratnamji et Seshamma se reposaient au bord de la piste. Dans ma hâte à retrouver les porteurs et nos biens, je négligeai de laisser quelque argent à Ratnamji. Une petite voix intérieure me souffla bien de le faire, mais je n'en tins pas compte et poursuivis ma route. J'ai appris d'expérience que lorsque je fais la sourde oreille à cette petite voix, quelque chose de pénible s'ensuit immanquablement, et c'est effectivement ce qui se produisit. Au bout de peu de temps je me retrouvai face à une paroi rocheuse obstruant la piste. Le seul autre sentier s'enfonçait dans une épaisse forêt. Il commençait déjà à faire sombre. Pensant que le village se trouvait peut-être dans cette forêt, je m'y engageai. Au bout de cinq cent mètres environ, un homme surgit, venant de la direction opposée.

« Où vas-tu ? », me demanda-t'il en anglais. « Tu ne vois pas que tu t'enfonces dans la jungle ? »

Au Népal, à cette époque, très peu de gens parlaient l'anglais, même dans les villes. Et voilà qu'au beau milieu d'une forêt, quelque part sur les contreforts de l'Himalaya, un parfait inconnu m'abordait dans un anglais impeccable ! Tout à la joie de rencontrer quelqu'un qui semblait connaître la route, j'en oubliai ma surprise. Je lui racontai que je m'étais perdu, que mes porteurs m'avaient abandonné et que j'étais à leur recherche. Je lui parlai aussi de Ratnamji et de Seshamma que j'avais laissés en arrière.

« Suis-moi », dit l'inconnu. « Je vais retrouver tes porteurs et je leur passerai un savon. »

Il faisait nuit noire à présent, mais il se mit en route d'un pas vif, dans la direction d'où j'étais venu. Quelque part en chemin, il emprunta une bifurcation. Je trébuchais sans cesse à essayer de le suivre. Après un quart d'heure d'une montée épuisante et le passage à gué d'une rivière en furie, nous atteignîmes un village. L'homme me pria de m'asseoir et de l'attendre devant une maison, tandis qu'il parcourait les rues en hurlant après nos porteurs. Il finit par les retrouver et les réprimanda vertement, puis il leur ordonna de porter nos bagages à une certaine maison, où nous serions confortablement installés. C'est alors qu'il se mit à pleuvoir des cordes. J'étais complètement épuisé, mais que faire pour Ratnamji et Seshamma ? Je me souvins qu'ils n'avaient pas un sou sur eux et le dis à l'inconnu. Il prit un imper, m'emprunta ma lampe de poche et, flanqué d'un des porteurs, partit à leur recherche. Terrassé, je m'allongeai et m'endormis aussitôt.

Je m'éveillai au milieu de la nuit pour voir Ratnamji et Seshamma entrer, trempés jusqu'aux os. Sans un mot, sans même se changer, ils s'étendirent sur place et s'endormirent. Je me rendormis également.

Le lendemain matin, Ratnamji ne se leva point. Je voyais bien qu'il était éveillé, mais il refusait de répondre à mes questions. Il resta couché ainsi jusque vers onze heures, midi. Finalement, bien qu'appréhendant ce qui allait suivre, je le suppliai de dire quelque chose.

« Comment as-tu pu nous abandonner ainsi, sans même nous laisser un peu d'argent ? » dit-il d'une voix où le chagrin le disputait à la colère. « Je ne m'étais jamais rendu compte que tu pouvais être si cruel. J'ai dû me tromper complètement à ton sujet. »

« Je n'avais pas l'intention de vous abandonner », m'écriais-je. « Je me suis dit que je devais trouver le village et les porteurs et revenir vous chercher avec la torche. Perdus à trois dans l'obscurité, qu'aurions-nous fait ? Si au moins l'un d'entre nous atteignait le village, il aurait pu retourner chercher les autres avec de la lumière. C'était mon plan. Malheureusement j'étais déjà loin quand je me suis souvenu que je ne vous avais pas laissé d'argent. J'ai pensé que je n'atteindrais pas le village si je faisais demi-tour à ce stade, et j'ai continué. Par miracle un inconnu m'a découvert dans la forêt et m'a amené au village. Après avoir retrouvé les porteurs, il les a envoyés à votre recherche. Je serais venu moi-même, mais je ne pouvais faire un pas de plus et je me suis endormi sur place.

Je t'en prie, pardonne-moi. Je n'avais aucune mauvaise intention en vous laissant en arrière. »

Connaissant à présent la vérité, Ratnamji se leva, se brossa les dents et se lava le visage. Après avoir bu un verre de lait, il était redevenu lui-même. Il me raconta alors ce qui s'était passé après mon départ :

« Nous avons essayé de te suivre, mais tu allais trop vite. Je t'ai vu nous crier quelque chose, mais je n'ai pas compris ce que tu disais. Nous aussi, nous avons pressé le pas, et à la nuit, nous avons atteint une rivière démontée. Nous n'avions aucune idée où nous étions ni quelle direction prendre. Nous nous sommes mis à l'eau, mais Seshamma a glissé et c'est tout juste si elle n'a pas été emportée. Je l'ai rattrapée à grand peine. Nous avons rallié l'autre rive plus morts que vifs. Épuisés et affamés, nous sommes arrivés à une maison à l'orée du village. J'ai expliqué au maître des lieux que nous étions morts de faim mais sans le sou. Nous voyant si pitoyables, bien que pauvre lui-même, il partagea son repas avec nous. C'est vers ce moment-là que sont arrivés notre porteur et un autre homme. Ils étaient à notre recherche. Ils nous ont lentement ramenés ici sous une pluie battante.

« Dans cette rivière, j'étais sûr que Seshamma serait emportée, c'était ma principale angoisse. Qu'aurait dit son mari ? De toutes façons, tu aurais dû nous laisser de l'argent. Nous ne sommes arrivés à bon port que par la grâce de Dieu. Qu'allons-nous faire de ces gredins de porteurs ? »

Je répondis que nous devions nous en défaire. Cependant la propriétaire de la maison qui nous accueillait m'informa qu'il n'y avait aucun porteur disponible au village. Elle nous recommanda aussi la plus extrême prudence : des pèlerins qui avaient récemment pris des porteurs au même endroit que nous avaient mystérieusement disparu entre deux villages. On supposait qu'ils avaient été assassinés et détroussés. La dame semblait réellement inquiète pour notre sécurité.

Ratnamji fit appeler les porteurs et leur dit que nous ne voyagerions pas ce jour-là. Il menaça également de les renvoyer s'ils continuaient à nous jouer des tours. Bien sûr, ils savaient pertinemment que nous bluffions puisqu'il n'y avait pas d'autres porteurs. C'étaient des hommes durs et calculateurs. Ce soir-là, ils vinrent nous trouver et déclarèrent qu'ils ne porteraient plus nos affaires si nous n'augmentions pas leurs gages. Que pouvions-nous faire ? Force nous fut d'accepter.

Nous nous remîmes en route le lendemain. En raison des pluies, la piste était devenue très dangereuse, avec par endroits des glissements de terrain. À un moment donné, nous montions lentement à flanc de montagne, un torrent grondant trois cent mètres en contrebas, lorsqu'un groupe d'hommes déboucha face à nous. C'était un sentier très étroit, mais il fallut bien en faire une route à deux voies, sous peine de plongeon. Ces hommes soutenaient que nous devions leur céder le passage côté montagne et longer, nous, le côté précipice. Nous étions en train de procéder à cette manœuvre délicate, le souffle suspendu, lorsque mon pied glissa sur le sol meuble. Je crus que c'était la fin. Je ne sais comment, je parvins à m'agripper à de longues herbes qui poussaient par là, ce qui me sauva de la chute et d'une mort certaine. On nous apprit alors que, la veille, un cheval avait glissé au même endroit et avait éclaboussé de son sang tous les rochers. Inutile de préciser qu'on ne revit jamais la pauvre bête, engloutie par le flot tumultueux.

Un soir, ayant parcouru environ la moitié de la distance jusqu'à Muktinath, nous fîmes étape dans un village. Pendant la nuit, je m'éveillai pour trouver Ratnamji en train de chanter des vers d'une voix forte. Puis il se rendormit. Au matin, il me dit qu'il avait eu pendant la nuit la vision d'un temple, avec sur sa façade une immense roue, ou disque, sculpté dans la pierre. Des prêtres remontaient de la rivière portant des pots d'eau sur leur tête. Il entendait des gens chanter le Nom divin de Narayana. Tout à coup, il se retrouva assis dans sa chambre, mais le son « Narayana » vibrait toujours à ses oreilles. C'est à ce moment-là que je l'avais entendu chanter des vers à la louange du Seigneur sous la forme de Narayana. Il me confia qu'à l'occasion d'autres pèlerinages, il avait vécu des expériences similaires à l'approche du temple objet de son pèlerinage. Il savait ainsi qu'il entrait dans la « juridiction », si l'on peut dire, de la déité de ce temple.

Au fur et à mesure que nous avancions, la végétation devenait plus clairsemée. Finalement, nous nous trouvâmes dans une région absolument désolée. Il n'y avait pas un seul arbre, seuls quelques buissons de-ci de-là, pratiquement dépourvus de feuilles. Le gouvernement népalais m'avait délivré un permis de randonnée valide uniquement jusqu'à Jomsom, située treize à quinze kilomètres au sud de Muktinath. Il y avait à cet endroit une base militaire indienne chargée de la surveillance de la frontière chinoise. Ils ne laissaient passer aucun ressortissant étranger au-delà de ce point. J'eus beau plaider ma cause auprès des autorités, ils se montrèrent très compatissants mais refusèrent de me laisser continuer plus avant. Ratnamji me dit de ne pas m'en faire : il serait de retour en quelques jours et me rapporterait du temple les offrandes sacrées, ou prasad. Des faubourgs de la ville, je les suivis des yeux jusqu'à ce qu'ils aient disparu à l'horizon.

Après avoir regagné ma chambre, je m'aperçus que Ratnamji avait oublié sa couverture. Comment se débrouillerait-il sans couverture dans cette région froide et battue par les vents ? Je courus à la base militaire et vis l'officier de service. Il accepta de m'envoyer, avec un de ses hommes, à la poursuite de Ratnamji. Nous partîmes au pas de course, et, au bout d'une heure et de cinq kilomètres, nous les retrouvions. La joie de voir son visage me payait largement de l'effort. Moins triste cette fois, je rentrai à Jomsom pour attendre son retour d'un cœur impatient.

Pendant ces quatre jours, je me maintins aussi occupé que si j'avais été à l'ashram à Arunachala. Levé aux petites heures du jour, je prenais mon bain dans une source glaciale, près des baraquements de l'armée, puis je célébrais ma puja quotidienne. Cuisiner et manger occupait une partie de mon temps, et je passais le reste de la journée à étudier et méditer.

Enfin, Ratnamji fut de retour.

« Si tu trouves que notre voyage jusqu'ici a été dur », me dit-il, « tu aurais dû venir avec nous à Muktinath ! J'étais persuadé que je ne te reverrais jamais. Après t'avoir quitté pour la deuxième fois, nous sommes arrivés à un col. Le vent y était si violent que nous avons bien cru être précipités dans les gorges en contrebas. Nous avons tenté de franchir le col, mais impossible. Nous avons alors essayé à quatre pattes, mais même ainsi il n'y a pas eu moyen. Finalement, nous avons décidé d'attendre au lendemain. Cette nuit-là, nous avons dormi à la belle étoile, et il a fait un froid terrible. Le lendemain le vent s'est calmé et nous nous sommes dépêchés de franchir le col. À peine étions-nous passés que le vent se remettait à hurler.

« Nous avons fini par atteindre Muktinath. À ma surprise, j'ai reconnu le temple de ma vision. Il y avait même la grande roue de pierre à l'entrée. Nous avons prié et organisé une fête pour les deux prêtres qui vivent là. Quand nous leur avons demandé quel était leur plat favori, ils ont répondu : « Le riz au lait ». Nous les avons donc prié de nous procurer du lait au village voisin. Le lendemain, ils ramenaient dix-huit litres de lait, dans lequel nous avons fait bouillir du riz et du sucre. Tu peux imaginer la quantité de riz au lait que donnent dix-huit litres de lait ! Ils étaient gros mangeurs, et nous étions heureux de pouvoir exaucer leur désir. Nous avions l'impression de nourrir Dieu Lui-même sous leur forme. Après cela, je suis descendu à la rivière pour ramasser des pierres de saligrame. Je n'arrivais pas à discerner les bonnes des mauvaises, alors j'en ai tout simplement rapporté dans les deux cents. Et voici les restes des offrandes utilisées lors des pujas. »

Nous décidâmes d'entamer le chemin du retour vers Pokhara le lendemain, lorsque Ratnamji et sa sœur auraient un peu récupéré. Nous nous mîmes en route de bonne heure, après avoir pris congé des militaires. Un petit furoncle s'était formé sur le haut de mon pied, dû au frottement de la lanière de mes tongs. À présent, il grossissait. Au bout de trois jours de marche, il était tellement gros que je ne pouvais plus continuer. Mon pied gonflé avait la taille d'un ballon de football.

« Eh bien, qu'allons nous faire à présent ? » dis-je. « Partez en avant et laissez-moi ici. Je me débrouillerai pour vous rejoindre à Pokhara quand cela ira mieux.. »

« Riche idée, vraiment ! » rétorqua Ratnamji. « Suis-je assez égoïste pour t'abandonner ici tout seul ? Il faut trouver autre chose. Nous demanderons à l'un des porteurs de te porter au moins jusqu'au village suivant. »

À grand peine et avec force protestations de la part des porteurs, nous atteignîmes le village suivant, six kilomètres plus loin. La douleur était intolérable. Ce soir-là, Seshamma appliqua un cataplasme chaud sur le furoncle, mais cela n'apporta aucun soulagement. Ratnamji s'enquit au village d'un volontaire pour me porter jusqu'à Pokhara, distante d'environ soixante kilomètres. Il ne trouva personne. Nous n'avions pas le choix, il fallait continuer de la sorte.

Au matin, Ratnamji suggéra de partir en avant avec Seshamma pour rallier lentement le village suivant et commencer la cuisine. Je les rejoindrais plus tard avec les porteurs, dont l'un était chargé de mon transport. Ils partirent. J'attendis dix heures, puis me mis en quête des porteurs. Ils étaient assis sous un arbre devant la maison.

« Comment se fait-il que nous ne soyons pas encore partis ? » leur demandai-je.

« Nous ne voulons pas te porter », répondirent-ils, « et nous ne voulons pas non plus porter tes bagages. Si tu nous augmentes, nous porterons les bagages, mais en aucun cas nous n'accepterons de te porter. Fais comme tu veux. »

« Ô Ramana, pourquoi te joues-tu ainsi de moi ? Est-ce ainsi que tu traites tes fidèles ? Bon. Je vais leur donner leur argent, je vais marcher et me débrouiller pour rejoindre Ratnamji par moi-même. » Ruminant ces pensées, je leur donnai la somme qu'ils réclamaient et nous nous mîmes en route. Bien sûr, au bout de quelques minutes, ils m'avaient distancé. J'étais livré à moi-même, avec la perspective d'une marche de treize kilomètres, en descente, dans la forêt, sous un soleil de plomb, avec un pied qui me torturait.

Tout en marchant, j'essayais d'être aussi joyeux que j'avais vu Ratnamji l'être en semblables circonstances douloureuses. C'était une occasion rêvée de pratiquer l'art de s'en remettre au guru. Que je m'arrête de marcher, ne serait-ce qu'une minute, et la douleur de mon pied devenait tellement insupportable que je me mettais à hurler. À un moment, après avoir boitillé sur plus de six kilomètres, je m'arrêtai, épuisé. Les élancements reprirent et je crus que mon pied allait éclater. « Amma ! », hurlai-je de toutes mes forces, appelant la Mère divine. Instantanément, la douleur disparut. « Quel est ce prodige ? » me demandai-je. Je poursuivis ma route vers le village suivant, sans ressentir autant la douleur. Je rendais grâce à Dieu de sa clémence.

Dès que Ratnamji m'aperçut, il se leva d'un bond et demanda :
« Que se passe-t-il ? Que t'ont-ils fait, les scélérats ? »

Je lui racontai tout. Ni avant ni depuis je n'ai vu Ratnamji aussi furieux. Il maudit les porteurs, les vouant aux plus basses couches de l'enfer après leur mort, et je ne doutai pas un instant de leur sort. Les grands saints peuvent aussi bien maudire que bénir. Il est rarissime qu'ils maudissent quelqu'un, et ne le feraient jamais dans leur propre intérêt. Ma souffrance peinait tellement Ratnamji qu'il ne parvenait plus à contrôler sa colère. Je ne pouvais que prier Dieu d'avoir pitié de ces pauvres hères, objets d'une telle fureur.

Par chance, il y avait dans ce village un homme disposé à me porter jusqu'à Pokhara. Il acheta un grand panier, découpa tout un côté pour que je puisse m'y asseoir, et le garnit d'une couverture. Il me portait sur son dos au moyen d'une sangle nouée au panier et passée autour de son front. Ainsi, il gardait les deux mains libres. Je me sentais très mal à l'aise, c'est le moins qu'on puisse dire, et je priai instamment Ratnamji et Seshamma de s'offrir également des porteurs, mais ils ne voulurent rien entendre. Ce mode de transport s'avéra très lent, en particulier parce que l'homme dut me faire franchir deux montagnes sous la pluie. Il n'émit jamais la moindre plainte et ne cessa de s'inquiéter de mon confort. Quelle différence avec les autres porteurs ! Ratnamji et sa sœur avançaient vite. Le porteur et moi suivions lentement. Nous nous retrouvions pour déjeuner et à nouveau le soir.

Nous ralliâmes Pokhara en deux jours seulement. Chemin faisant, mon abcès creva, ce qui me soulagea un peu, même si je n'avais pas de pommade pour panser la plaie. Arrivés à Pokhara, nous réglâmes tous les porteurs, avec un bon pourboire pour celui qui m'avait transporté.

Par chance, il y avait trois places sur le premier avion en partance pour Katmandou, et nous étions le soir même dans la capitale.

Après avoir pris soin de ma blessure, nous achetâmes des billets pour l'Inde. Nos amères mésaventures avec les porteurs avaient fait naître en nous un vif désir de rentrer en Inde, et nous avions vraiment hâte d'être au lendemain.

Chapitre 4

Pèlerinage

L'Inde ! Malgré la chaleur, l'activité fébrile et la pauvreté, elle reste mon foyer, et j'étais heureux d'y être de retour. J'avais aimé le Népal, cependant, dans les quelques occasions où j'avais bien cru ne jamais revoir l'Inde, l'idée m'avait semblé insoutenable. Le Népal est sans aucun doute une terre sainte, mais pour moi, l'Inde est plus sainte encore.

La plupart des touristes qui viennent en Inde sont frappés par la pauvreté, la maladie et l'apparence générale peu soignée du pays et des gens. De nos jours, comme nombre d'Indiens partent travailler à l'étranger, certains Indiens eux-mêmes méprisent leur pays et considèrent l'Amérique et d'autres nations occidentales comme le paradis sur terre. Tout ce qui est étranger est bien, tout ce qui est indien est sans intérêt. C'est actuellement le sentiment dominant dans la société indienne.

Pour ma part, ayant passé une moitié de ma vie aux États-Unis et l'autre en Inde, je connais les deux revers de la médaille. Le peuple indien, aveuglé par l'éclat du matérialisme, ne voit pas le côté vénéneux de l'Occident, ni la grandeur de sa propre culture. Le viol, le meurtre, le vol, et la délinquance en général, sont endémiques aux États-Unis. Si l'on comparait le taux de criminalité par habitant des deux pays, je pense qu'on s'apercevrait que la criminalité de l'Inde n'est qu'une goutte d'eau dans l'océan de la criminalité américaine. Et ceci ne provient certainement pas de différences dans les méthodes de répression criminelle, l'Occident ayant une nette supériorité en la matière.

La notion d'existence vertueuse et la peur de payer dans une existence ultérieure les conséquences de mauvaises actions présentes sont profondément enracinées dans la mentalité indienne. Pas un seul Indien qui ne connaisse au moins un peu les Écritures hindoues, telles le Ramayana et le Mahabharata. Ces ouvrages ont été rédigés par des sages ayant atteint les sommets de la Réalisation divine et désireux de faire partager à l'humanité entière leur connaissance et leur Béatitude. Ils découvrirent que le récit d'histoires était la forme la mieux adaptée pour transmettre leur savoir et leur expérience, et les personnages décrits dans ces œuvres incarnent les plus nobles qualités humaines. Les anciens encourageaient les gens à imiter ces sublimes qualités dans leur propre existence. Utilisant une méthode scientifique, ils démontraient que le but véritable de la vie n'est pas le plaisir, mais la Paix et la Béatitude nées de la Réalisation de notre véritable nature. Ils instillaient aussi l'idée que la coexistence pacifique doit être notre idéal terrestre. Ces idées, et le mode de vie qui en découle, ont été suivis pendant des millénaires, et malgré les vagues d'invasions étrangères, la culture ancestrale a gardé, jusqu'à une époque récente, toute sa pureté.

L'influence des communications de masse a pratiquement ruiné la culture ancestrale de l'Inde. Les idéaux occidentaux de divertissement et de plaisir se sont ancrés dans l'esprit simple et enfantin du peuple indien et en conséquence, ils ont oublié la grandeur de leur propre culture. Il est curieux de noter, cependant, qu'un nombre croissant d'Occidentaux, déçus par la culture matérialiste et autodestructrice de leur pays, se tournent vers l'Inde, berceau de l'hindouisme et du bouddhisme, pour apaiser leur faim spirituelle. Étant de ce nombre, je regardais au-delà de la pauvreté évidente, simple vernis superficiel, pour voir plutôt la formidable culture spirituelle sous-jacente. J'ai découvert que, pour qui veut atteindre la Vision de Dieu et la paix de l'esprit, l'Inde est l'endroit idéal, en raison de son patrimoine et de son héritage spirituels. Bien que j'entende à longueur de journée des gens louer l'Amérique pour son développement matériel, je ne prête pas plus attention à leurs dires qu'au babillage d'enfants. Même l'étude de la physique quantique, après avoir nécessité d'énormes investissements en temps et en argent, est en train d'aboutir à des conclusions auxquelles les sages indiens étaient déjà parvenus il y a des millénaires, par le pouvoir de la méditation.

Ils savaient par exemple que l'univers est un tout unifié constitué essentiellement d'énergie, et que la conscience de l'observateur influe sur le phénomène observé. C'est l'un des enseignements fondamentaux du Védanta. Le fait que l'univers consiste en énergie et conscience a été exprimé de façon concise par les sages sous la forme symbolique de Shiva Shakti, l'Être suprême sous le double aspect de Conscience statique et d'Énergie dynamique. N'importe quel enfant hindou peut vous dire que ce monde est « Shiva Shakti Maya », c'est-à-dire qu'il consiste en Shiva et Shakti. Il est réconfortant de voir l'antique culture indienne peu à peu reconnue et ressuscitée, fût-ce par des étrangers. Comme le disait récemment un grand sage indien : « Les Hindous ne pratiqueront l'Hindouisme que si les étrangers le pratiquent aussi ! »

À notre arrivée en Inde, nous nous rendîmes à Durgapur, l'un des principaux centres de production d'acier de l'Inde, où vivaient le mari et le fils de Seshamma. Ratnamji souhaitait les accompagner dans un nouveau pèlerinage vers les lieux saints proches, Gaya, Bénarès et Allahabad. Après avoir passé quelques jours à Durgapur, nous prîmes le train pour Gaya, que nous atteignîmes le lendemain.

Depuis le moment où j'avais quitté Tiruvannamalai pour me rendre à Hyderabad, je connaissais une grande paix de l'esprit et une relation harmonieuse avec Ratnamji. Après le baptême du feu de ma première année avec lui, j'étais devenu très vigilant, de manière à ne pas commettre la moindre erreur. S'il me disait de faire quelque chose, je m'efforçais de le faire sans poser de questions. Mon esprit de contradiction s'était beaucoup calmé, moyennant quoi j'étais capable d'appréhender le sens et la valeur de ses conseils. Je tâchais de m'oublier en le servant. Il me semblait que je devais tout accomplir à la perfection si je désirais lui plaire et obtenir la Grâce de Dieu. En fait, j'oubliais tout le reste, et dans ces moments, seuls lui, Ramana, et moi-même existions dans mon esprit.

C'était merveille de voir combien ma méditation devenait spontanée lorsque je suivais ses instructions. Je ressentais en mon cœur une profonde unité intérieure avec lui. Je me mis à écouter mon cœur plutôt que mon mental. Il en résulta une paix que j'essayais de rendre permanente et continue. Cette paix grandissait de jour en jour, et j'avais remarqué que je ne la perdais en général que par quelque bêtise de ma part. J'étais convaincu qu'en appliquant avec vigilance les principes enseignés par Ratnamji, je parviendrais au but.

Gaya est le plus important des lieux saints voués au culte des ancêtres en Inde. Selon la croyance, chaque individu a un devoir envers ses ancêtres disparus et doit une fois l'an apaiser leur âme en offrant à manger à un lettré des Écritures censé les représenter. La cérémonie s'accompagne de la répétition de mantras, formules mystiques qui, à la manière de télégrammes, garantissent que la partie subtile de la nourriture parvienne bien aux ancêtres où qu'ils se trouvent. À l'ère de la radio, de la télévision et des communications via satellite, on conçoit facilement que des objets subtils puissent être acheminés vers un autre être par le seul pouvoir du mantra, lequel n'est somme toute qu'une autre forme d'énergie.

Je pris part moi aussi à cette cérémonie, heureux de m'acquitter

Pèlerinage

au moins une fois dans ma vie de ce devoir filial. J'étais certain que rien de ce que pouvaient recommander les anciens sages ne saurait être superflu. Parce qu'ils sont établis dans un état qui transcende le temps et l'espace, leurs enseignements s'appliquent en tous lieux et en tous temps.

Le but de la vie et ses problèmes ne changent pas essentiellement, même si des différences de lieu ou d'époque semblent parfois, pour un esprit non avisé, les modifier. Ramana a clairement énoncé que l'objectif de l'homme est le bonheur, comme tout un chacun peut le vérifier. Cependant, si l'on recherche le bonheur par des moyens matérialistes, on ne le trouve jamais. Au contraire, il ne fait que se dérober. Ce n'est qu'après avoir apaisé le mental qu'on peut atteindre la paix. La paix parfaite et le bonheur éternel sont une seule et même chose. Quelles que soient les circonstances, nous devons demeurer ancrés dans la paix intérieure, afin que rien ne puisse altérer notre équilibre. Bien que l'idée soit extrêmement simple à comprendre, les pratiques menant à cet état sont des plus ardues, de par la complexité de notre mental, et son agitation. En théorie, on doit pouvoir trouver empiriquement le moyen d'apaiser le mental. Mais une voie bien plus rapide consiste à suivre les enseignements des saints et des sages dont le mental est établi dans le calme de la Réalité.

Après une journée passée à Gaya, nous continuâmes sur Bénarès, plus communément appelée Kasi. Cet endroit est considéré, à juste titre, comme le bastion de la culture hindoue. Chaque année, des millions de gens font le pèlerinage de Kasi pour venir prier dans son temple et prendre un bain purificateur dans les eaux sacrées du Gange. On pourrait dire que Bénarès est la Jérusalem hindoue.

C'est à Kasi que je fis clairement l'expérience de l'existence de Dieu, non par un acte de foi, mais par une expérience directe au plus profond de mon être.

Ratnamji, Seshamma, et son mari, désiraient ardemment observer les rites traditionnels liés au pèlerinage de Kasi. On décida que j'aurais plus de liberté en étant logé à part. On me donna une chambre dans la maison du prêtre qui devait célébrer les cérémonies, tandis que les autres étaient logés dans une auberge au bord du fleuve. Je n'aimais pas être séparé de Ratnamji, mais il promit de me retrouver chaque soir. En fait, ces dispositions s'avérèrent une bénédiction.

Chaque matin, je me levais à trois heures et demie et descendais au fleuve. À cette heure les ghats, les berges du fleuve, étaient presque déserts. Le Gange paraissait vivant. Je Le saluais et Lui demandais permission de me baigner dans Ses eaux. J'avais grande foi dans le pouvoir purificateur du Gange et Le considérais comme un Dieu. La science médicale elle-même a démontré que l'eau du Gange a un pouvoir antiseptique tel que le vibrion cholérique et d'autres microbes mortels ne peuvent y survivre. De tous temps les saints, scientifiques de la spiritualité, ont témoigné des effets de purification spirituelle de ce fleuve et l'ont qualifié de sacré. Nul doute que pour penser ainsi ils avaient dû en faire l'expérience. C'est d'autant plus probable qu'à quelque temps de là, je devais moi-même connaître une telle expérience.

Après mon bain matinal, je regagnais ma chambre et y méditais un moment. Puis je me rendais, par des ruelles étroites et sinueuses, au temple de Shiva, à deux kilomètres de là. Même à cette heure matinale, beaucoup de gens étaient déjà levés et en route pour le temple. Ayant aperçu la Divinité, je rentrais chez moi lentement, achetant en chemin des fleurs pour ma puja. Je préférais les fleurs de lotus. On ne les trouvait qu'au marché de très bonne heure. De retour à ma chambre, je célébrais la puja, puis lisais dans les Écritures des histoires liées à Shiva. L'aspect divin qui préside à la cité de Kasi, ou Bénarès, est Shiva, aussi appelé le Seigneur Vishveshwara, ce qui signifie Seigneur de l'Univers. Plus tard, Ratnamji me rejoignait et après avoir parlé un certain temps, il m'emmenait voir les divers temples et lieux saints de Kasi ou des alentours. Je passais tous les après-midi à étudier, puis, chaque soir, Ratnamji revenait et m'emmenait à l'un ou l'autre des ghats, où nous discutions de spiritualité très avant dans la nuit.

Au cours de la troisième semaine de notre séjour, j'eus une expérience très marquante.

Un matin, au retour du temple, je m'assis pour célébrer ma puja quotidienne. J'avais pratiquement terminé et chantais le Nom divin de Shiva, lorsque je perdis brutalement conscience de mon corps et de mon environnement. Il ne restait que Dieu, je n'ai pas d'autre mot pour le dire. J'étais submergé par le sentiment de la réalité de Sa présence. De manière parfaitement inexplicable, je faisais Un avec Lui, tout en étant légèrement détaché.

Au bout d'un moment, lentement, je repris vaguement conscience de mon corps. Je sentais distinctement la Présence divine, comme si elle dansait paisiblement au sommet de ma tête. De peur de perdre le contact avec cette Béatitude, je gardais les yeux clos. Je m'entendais crier à voix forte « Shiva, Shiva », mais la voix me semblait émaner d'un autre. L'intensité de cette Béatitude diminua graduellement tandis que je reprenais plus nettement conscience de mon corps et de ce qui m'entourait. J'ouvris lentement les yeux, pour constater que mes vêtements et mon visage étaient trempés de larmes, alors que je n'avais pas du tout eu conscience de pleurer. Je demeurai assis, stupéfait et ravi de cette soudaine manifestation de la Grâce divine. C'est alors que Ratnamji entra. Un regard sur mon visage lui fit comprendre ce qui venait de se passer.

« Je crois que j'ai vu Dieu », lui dis-je.

« C'est ce qui arrive quand on se baigne tous les jours dans le Gange en ayant foi en son pouvoir spirituel », me répondit-il en souriant. « Si l'on est sincère dans sa quête spirituelle et que l'on se baigne régulièrement dans le Gange, des expériences doivent survenir. De toutes façons, l'innocence et la pureté mentales en seront nettement accrues. Maintenant, tu as vérifié par expérience la véracité des paroles des sages. »

J'étais déjà convaincu de cette réalité, à présent elle ne faisait plus aucun doute. Ce qui m'était arrivé était clair comme de l'eau de roche. À l'heure où j'écris ces lignes, quinze ans plus tard, je me rappelle les événements de cette journée comme si c'était hier.

Notre séjour à Kasi touchait à sa fin, et quelle fin de bon augure, du moins pour moi ! Nous devions partir le lendemain pour Allahabad (Prayag, de son nom traditionnel), à la confluence du Gange et de la Yamuna. Il est dit que les bains en cet endroit sont très propices aux aspirants spirituels, et j'avais hâte d'y être. Et j'étais heureux, bien sûr, d'être à nouveau en compagnie de Ratnamji toute la journée.

Le lendemain, nous prîmes le train pour Allahabad et nous descendîmes dans un petit village du nom de Jhusi, du côté Gange du pont de chemin de fer. C'est là que se trouve l'ashram de Prabhudattaji, le guru de Swamiji. Ratnamji pensait que ce serait un lieu de séjour idéal. Tandis que nous cheminions en carriole à cheval, Ratnamji me demanda de sauter et d'aller m'enquérir à la poste de la localisation exacte de l'ashram. Et que vis-je en entrant au bureau de poste ? Swamiji ! Je me précipitai pour me prosterner à ses pieds, mais il m'arrêta en me donnant l'accolade.

« Où est Ratnamji ? » me demanda-t-il.

Je le ramenai avec moi à la carriole et nous fîmes route joyeusement jusqu'à l'ashram. Il nous installa confortablement, puis fit venir Prabhudattaji. C'était un homme très vigoureux, hirsute, à longue chevelure blanche et barbe en bataille. Il avait des yeux de fou. Et en vérité il l'était, fou de Béatitude de la Conscience de Dieu ! Nous nous prosternâmes tous à ses pieds. Puis il nous conduisit à la cuisine et nous tint compagnie tandis que nous déjeunions. Il me donna le nom de Neelamani, un des attributs de Krishna signifiant « le joyau bleu ». Il était l'auteur de cent cinquante livres sur des questions spirituelles, tous très riches et divertissants, présentant la Vérité sous une forme charmante et très vivante. Le soir, il nous en lut des extraits en les commentant. Sa conversation était très animée.

Prabhudattaji nous raconta une petite histoire au sujet d'un homme très riche dont la fille s'était présentée à l'ashram. Son père exigeait qu'elle rentre à la maison et ne fréquente plus l'ashram. Il lui dit : « J'ai trois voitures et ton guru aussi. Je possède de multiples maisons, et lui aussi. Il semble très riche, je le suis aussi. Alors, quelle différence y a-t-il entre nous ? Pourquoi aller là-bas ? Tu es aussi bien ici. » La fille alla trouver Prabhudattaji et lui rapporta les paroles de son père. Prabhudattaji fit appeler le père et lui offrit un siège confortable :

« Espèce de crapule ! », lui lança-t-il, « Tu as bien dit que nous étions égaux ? Tu veux savoir quelle est la différence entre nous ? À tout instant, je peux me lever et partir en laissant tout derrière moi, sans même prendre un vêtement de rechange, et ne plus jamais y repenser aussi longtemps que je vivrai. Mais toi ? À la plus insignifiante dépense, tu ressens une grande perte ! Voilà la différence entre nous. Et c'est pourquoi ta fille préfère rester avec moi plutôt qu'avec toi ! » Apparemment, la lumière se fit dans l'esprit de cet homme, car il remit à l'ashram une forte somme afin d'organiser un festival religieux pour des milliers de pauvres.

Tous les jours, nous prenions le bateau pour aller nous baigner à la confluence du Gange et de la Yamuna. Prabhudattaji nous apprit qu'un festival s'y tenait tous les douze ans, attirant près de quinze millions de personnes chaque jour ! Je n'en croyais pas mes oreilles. Quinze millions de personnes ?! Il nous convia au prochain festival, qui devait avoir lieu dans six ans. Il se trouve que j'ai assisté à ce festival, appelé Kumbha Mela. Il n'avait pas exagéré le nombre des participants. La foule dépassait tout ce que l'on peut imaginer, s'étirant sur des kilomètres et des kilomètres dans les deux sens sur les berges asséchées de la rivière. C'était virtuellement une ville, mais sans la criminalité d'une ville. Il n'y eut pas un seul vol, une seule bagarre, un seul acte de violence. La foule entière faisait preuve d'un même esprit, assemblée dans le seul but de se baigner dans la rivière.

Mon visa arrivait à expiration. Je dus rentrer à Tiruvannamalai avant la fin de notre pèlerinage. Ratnamji et Swamiji m'invitèrent à les rejoindre à Hyderabad après avoir fait renouveler mon visa. Ayant pris congé d'eux, je partis pour le Sud. Après avoir mené à bien les formalités de visa, je fis une nouvelle fois le voyage d'Hyderabad et retrouvai Ratnamji et Swamiji. Pendant les deux années qui suivirent, j'ai parcouru diverses régions de l'Inde en compagnie de ces deux saints hommes. Être avec eux était une fête et un apprentissage permanents. Leur patience envers moi, qui ignorais tout de la spiritualité et commettais gaffe sur gaffe, en paroles, en pensées ou en actes, était infinie. Je les considérais comme mes guides spirituels, mais eux-mêmes me regardaient comme leur jeune frère en spiritualité.

Depuis des années, des dévots de longue date voulaient construire une maison pour Ratnamji, mais il avait toujours refusé. À présent que sa santé le lâchait, il pensait qu'une résidence permanente deviendrait peut-être nécessaire et il se rendit aux instances répétées de ses amis et admirateurs. Avec un peu d'argent provenant de son frère, il acquit un lopin de terre près de l'ashram, à Tiruvannamalai. C'est à ce moment-là qu'il me demanda si j'avais l'intention d'y rester définitivement. Je voulais demeurer avec lui tant qu'il vivrait, et répondis par l'affirmative. Étrangement, le lopin adjacent au sien fut mis en vente, le propriétaire ayant besoin d'argent pour marier sa fille. Il me proposa d'acheter le terrain et j'acceptai immédiatement. On fit le plan de

Pèlerinage

deux petites maisons, et avec l'argent donné par les dévots et celui dont je venais d'hériter, la construction débuta. L'année suivante, Ratnamji continua ses voyages, mais je demeurai à Tiruvannamalai pour superviser les travaux. Cela n'aurait dû demander que quelques mois, mais en raison d'intempéries fréquentes, de problèmes de main-d'œuvre et de pénuries de matériaux, les travaux traînèrent presque un an. Enfin, tout fut terminé, et Ratnamji promit de revenir bientôt.

Les deux maisons avaient été achevées en même temps, mais Ratnamji m'informa par courrier que le moment n'était pas propice à l'inauguration de la sienne. Je pouvais cependant célébrer sans attendre la cérémonie d'inauguration de la mienne. Il m'écrivit que je devrais inviter ma mère à officier, car en la personne de la mère réside une manifestation particulière de la Puissance divine : la puissance de l'affection, qui préserve et nourrit la création. Il mentionna que dès qu'une date aurait été arrêtée, il tâcherait de venir, avec Swamiji. Immédiatement, j'écrivis à ma mère, lui demandant de venir pour la cérémonie et lui disant que je ne pourrais en fixer la date qu'après avoir reçu confirmation de son arrivée. Cela faisait quatre ans qu'elle ne m'avait vu, et dès qu'elle reçut de mes nouvelles, elle fit aussitôt le nécessaire. Elle arriva quelques semaines plus tard, accompagnée de mon beau-père. Ratnamji et Swamiji arrivèrent aussi et s'installèrent à l'ashram. Je logeai ma mère dans la maison d'un dévot.

La veille de la cérémonie, j'emmenai ma mère et mon beau-père à l'ashram faire la connaissance de Ratnamji et Swamiji. Des dévots de Swamiji, qui s'en retournaient à Madras, prenaient justement congé. En Inde, on se prosterne devant les aînés et les saints, en signe de respect et d'humilité, en arrivant et en partant. On ne fait pas cela pour les flatter. Les anciens avaient découvert que toute position ou posture du corps affecte le système nerveux, qui à son tour affecte l'esprit, les attitudes mentales. Par exemple :

en parlant, pointer l'index vers son interlocuteur renforce de façon subtile le sentiment de sa propre importance, de sa suffisance, voire de sa colère. De même, s'incliner devant une autre personne met l'esprit en état de réceptivité pour capter les enseignements de ceux qui sont peut-être plus sages que nous.

En voyant les visiteurs s'incliner devant Swamiji, mon beau-père me demanda :

« Pourquoi un homme devrait-il se prosterner devant un autre ? Ne sommes-nous pas tous égaux ? »

Voilà, bien sûr, une notion universellement acceptée, et pourtant fallacieuse. Bien que l'étincelle de Vie, c'est-à-dire Dieu, soit la même en tous, tout le reste varie. Physiquement, mentalement, moralement et spirituellement, chaque homme est différent des autres. La seule chose d'universellement égale en tous est, malheureusement, universellement méconnue et négligée. Nous ne mettons l'accent que sur nos différences. Je dis « malheureusement », car avec une vision d'Unité, le monde serait beaucoup plus paisible.

Ratnamji n'était pas du genre à se laisser prendre au dépourvu. Il contre-attaqua aussitôt par une autre question : « Quand vous désirez une promotion, ne vous prosternez-vous pas devant le patron, peut-être d'une autre manière ? Ces hommes désirent le savoir et l'expérience qu'ils nous prêtent. Pour l'obtenir, ils se prosternent. Cela ne suffit pas, bien sûr, mais c'est un premier pas. Reste à savoir si le mental s'incline lui aussi. On ne peut rien enseigner si l'esprit n'est pas réceptif. »

Mon beau-père, saisissant peut-être la vérité de ces paroles, se tint coi. Après avoir conversé quelques minutes, ils se retirèrent.

Ratnamji et moi discutâmes de la cérémonie d'inauguration de la maison. En Inde, on ne fête pas l'occupation d'une maison en invitant des amis à une réception, mais on célèbre le début de la vie dans cette maison en commençant par y pénétrer. C'est un

Entrant dans la maison à Tiruvannamalai :
de gauche à droite: la mère de Neal, Avadhutendraji, Neal, Ratnamji.

rituel religieux, et l'on pense que si certains rites sont pratiqués dans la maison avant qu'on ne s'y installe, les vibrations initiales rendront l'atmosphère propice à une vie harmonieuse et paisible de la maisonnée. Il est dit également que la forme de la maison et son orientation influencent les occupants de façon positive ou négative. Toutes les anciennes cultures tenaient ceci pour vrai. La recherche scientifique découvrira peut-être un jour qu'il en est ainsi, bien que ces principes se fondent sur des lois vibratoires extrêmement subtiles. La vibration est une onde d'énergie qui sous-tend l'univers et affecte les événements ou l'état du mental.

Nous décidâmes que Swamiji entrerait le premier, au chant de mantras védiques. Puis on célébrerait certains rites. Ensuite l'on servirait à manger aux invités afin de s'assurer la bonne volonté de tous les participants. Ratnamji pensait que de demander à Swamiji d'entrer en premier rendrait la maison plus propice à la pratique spirituelle. Il s'avéra que Dieu avait d'autres projets, assez éloignés des nôtres, mais assurément pour le mieux.

Le lendemain matin, nous nous regroupâmes à l'ashram et nous rendîmes lentement en procession jusqu'à la nouvelle maison. En chemin, un inconnu prit ma mère à part et lui dit qu'en tant que mère, c'était à elle d'entrer la première dans ma demeure. Aucun de nous n'entendit cet aparté. Tandis que nous approchions de l'entrée, les prêtres entonnèrent les mantras védiques. Swamiji s'apprêtait à franchir le seuil, quand soudain, débordant la procession par le côté, ma mère se précipita, écarta Swamiji, et, triomphalement, entra la première ! Nous nous regardions tous avec surprise et consternation ! Puis Ratnamji éclata de rire et déclara : « Eh bien, apparemment Dieu souhaitait entrer d'abord sous la forme de la mère ! » L'assemblée accepta joyeusement cette explication, et la suite des cérémonies se déroula sans incident.

Ma mère et mon beau-père voulaient que je les accompagne dans leur tournée du Nord de l'Inde. Nous partîmes le lendemain.

Au moment du départ, Ratnamji m'informa qu'il se rendait à Bombay avec Swamiji et que je devrais les y rejoindre après le départ de ma mère. Il me donna l'adresse du lieu où ils seraient hébergés. Promettant de les y retrouver, je partis pour Madras.

Nous visitâmes les hauts-lieux touristiques de l'Inde du Nord, puis ma mère et mon beau-père repartirent pour l'Amérique, me laissant à Bombay. Je me rendis aussitôt à la maison où résidaient Swamiji et Ratnamji. M'inclinant devant eux, je leur racontai tous les détails de mon voyage. Ils m'apprirent ensuite qu'ils étaient invités à Baroda, une grande ville à l'Est de Bombay, et qu'ils comptaient partir dès le lendemain. J'étais arrivé juste à temps pour les accompagner.

Au soir du jour suivant, nous étions à Baroda. Swamiji se mit en quête d'un joueur de tablas ou de tambour pour accompagner ses chants du soir. Ne connaissant personne à Baroda, il s'adressa à l'Académie de Musique, où il tomba sur l'homme qui avait été son professeur de musique quarante ans plus tôt. Il ne l'avait pas revu depuis, et leurs retrouvailles furent joyeuses. Le professeur nous emmena chez lui. Il enseignait la cithare à l'école de musique. Là, il nous montra un portrait de son propre professeur, et nous dit que ce tableau était si rare qu'il avait dû débourser une petite fortune pour le sortir d'une collection privée. Mais comme son maître était aussi son guru, il n'avait pas ménagé sa peine et avait travaillé dur pendant longtemps pour pouvoir s'offrir le tableau. Pendant près d'une heure, il joua pour nous de la cithare, tandis que Swamiji et Ratnamji s'absorbaient dans une profonde méditation.

Une fois, par le passé, Ratnamji avait été invité à un concert de Ravi Shankar à Hyderabad. On m'avait proposé de venir aussi. En chemin, Ratnamji me conseilla :

« Il ne faut pas te perdre dans la mélodie que tu entends.

Concentre ton attention sur la note de fond. C'est alors seulement que le concert servira ta méditation. »

Nous prîmes place dans l'auditorium. Les lumières s'éteignirent et le concert commença. Je fermai les yeux et essayai de me concentrer sur le fond musical. Après ce qui me parut deux minutes, les lumières se rallumèrent et l'assistance se leva. Je me demandais ce qui se passait. Pourquoi le concert avait-il été interrompu à son début ? Je lançai un regard interrogateur à Ratnamji, qui se mit à rire :

« Allez viens, on s'en va. Dès l'instant où tu as fermé les yeux, tu as dormi comme une souche. Et ça fait plus de deux heures. J'ai pensé que tu devais être très fatigué, alors je ne t'ai pas dérangé. Une si profonde méditation ! »

C'est pourquoi à présent, lorsque j'écoute de la cithare, je prends garde de ne pas fermer les yeux !

Après quelques jours à Baroda, Swamiji décida de retourner à Bombay. Quant à Ratnamji, il avait reçu un courrier l'invitant à Hyderabad, si bien que nous prîmes des billets de train pour cette destination. Au moment de l'achat des places, j'avais dû emprunter la somme à Swamiji, ayant laissé mon argent à la maison. Quand le train entra en gare de Bombay, Swamiji se leva pour descendre.

« Combien dois-tu à Swamiji ? » me demanda Ratnamji.

« Soixante-dix dollars », répondis-je.

« Et combien as-tu sur toi ? »

« Cent cinq dollars. »

« Alors donne-lui cent dollars. C'est un compte rond. De plus, cela fait mauvais effet d'être regardant quand on rembourse un saint homme. »

À contrecœur, j'offris l'argent à Swamiji, qui l'accepta en disant qu'il n'avait pas un sou en poche et que cela lui serait bien utile. Puis il débarqua.

« Qu'est-ce qu'on fait, maintenant ? », demandai-je, un peu

irrité. « Nous avons encore deux jours de voyage devant nous. Avec cinq dollars, comment pourrons-nous acheter assez de nourriture pour deux ? »

« Eh bien, voyons de quelle manière Dieu pourvoira à nos besoins. Ne devrions-nous pas lui en laisser l'occasion de temps à autre ? » ajouta-t-il avec un sourire légèrement malicieux. « En chemin, il y a deux lieux saints que j'ai envie de voir depuis longtemps. L'un est Dehu Road, où vécut il y a trois siècles le grand saint Tukaram. Non loin se trouve Alandi et la tombe de Jnaneshwar. Cette Âme réalisée quitta volontairement son corps à l'âge de vingt-et-un ans, en demandant à ses disciples d'entrer dans ce tombeau pendant qu'il était encore vivant. Il s'assit en méditation et arrêta toutes ses fonctions vitales. Il fut enterré, et à ce jour de nombreux fidèles l'ont vu alors qu'ils méditaient sur sa tombe. Certains ont même été gratifiés d'expériences d'illumination.

« Le malheur, c'est que ce train express ne s'arrête pas à Dehu Road. Par contre, si on descend à l'arrêt d'après, on peut prendre un bus jusqu'à Dehu Road et être de retour pour attraper le train suivant. Mais, dans ce cas, nous n'aurons plus un sou vaillant pour acheter ne serait-ce qu'une banane. Bien, nous verrons. Nous n'avons qu'à jeûner, aujourd'hui, pour faire des économies. »

Jeûner ?! À peine avais-je entendu le mot que je me mis à ressasser combien j'avais faim. Au bout de quelques heures Ratnamji engagea la conversation avec un passager voisin. L'homme avait du raisin dans un sac en papier. Tel un loup famélique contemplant un troupeau de moutons, j'avais les yeux rivés sur les raisins. Ô Dieu du Ciel ! Voilà qu'il portait la main au sac et offrait des raisins à Ratnamji ! Seigneur, je savais bien que vous n'abandonneriez pas vos fidèles ! Ratnamji se tourna vers moi et ouvrit les mains : six petits grains de raisin. La générosité de l'homme n'était pas vraiment à la hauteur de ma faim ! Voyant mon expression, Ratnamji éclata de rire. Personnellement, je ne voyais rien de drôle à cela. Dieu nous avait abandonnés.

Quelques heures de plus, et soudain le train s'arrêta. Ratnamji se pencha à la fenêtre, puis me cria :

« Viens vite, saute ! Nous sommes à Dehu Road ! Dieu a arrêté le train pour nous ! »

Rassemblant à la hâte nos bagages, je sautai du train, qui aussitôt s'ébranla. Apparemment une vache s'était aventurée sur la voie, obligeant le train à l'arrêt jusqu'à ce qu'elle s'en aille ailleurs. Et cela se passait, comme par hasard, à Dehu Road !

Laissant notre paquetage dans une boutique proche de la gare routière, nous partîmes visiter tous les lieux associés à la vie de Tukaram. Ce saint, bien que persécuté tout au long de sa vie par des ignorants, sortait toujours triomphant de ses mésaventures, en raison de son cœur pur et innocent. Il enseignait la vie spirituelle au moyen de chants qu'il composait lui-même. Son influence se fait encore sentir de nos jours dans la vie quotidienne de cette région. On raconte qu'il disparut mystérieusement à la fin de sa vie et qu'on ne le revit jamais. Sa maison, ainsi que le temple où il méditait et chantait, sont toujours conservés, et nous les visitâmes.

À la sortie de la ville se dressait un très vieil arbre qui semblait être une sorte de point d'intérêt, mais, ne comprenant pas les idiomes locaux, nous ne pûmes savoir de quoi il s'agissait. Quant à moi, au lieu de me sentir inspiré par la vie de Tukaram, j'avais faim et étais un peu en colère contre Ratnamji qui avait donné tout notre argent. Nous retournâmes à l'arrêt d'autobus attendre le prochain bus pour Alandi, distante d'une trentaine de kilomètres. Le commerçant, qui parlait anglais, nous dit qu'il y aurait un bus dans une heure. Il nous demanda si nous avions vu l'endroit où Tukaram avait disparu, et nous expliqua que Tukaram s'était tenu sous un arbre et qu'après avoir dit adieu à tous ses amis et bienfaiteurs, il avait disparu dans une gerbe de lumière. Chaque année à la même date et à la même heure, l'arbre se met, dit-on, à trembler violemment, comme s'il avait peur. Il nous expliqua où trouver cet arbre.

Ratnamji déclara qu'il nous fallait absolument le voir avant de repartir, et il se remit en route au pas de course sous le soleil torride de midi. Il s'avéra que l'arbre où Tukaram avait disparu était celui-là même que nous avions remarqué plus tôt. Le temps de retourner à la boutique, épuisés et assoiffés, le bus était passé. Je pestais dans ma barbe. Nous avions notre correspondance de train à six heures et il était déjà une heure. Si nous manquions notre train, les billets ne seraient plus valables et nous nous retrouverions en rade, sans billets ni argent. Le prochain bus pour Alandi passait à trois heures. Le temps d'y aller, de tout voir et de reprendre le bus pour la gare, il serait près de sept heures. De plus, j'avais faim et j'étais las. Ratnamji, apprenant que le prochain bus ne passerait pas avant deux bonnes heures, alla s'étendre dans l'arrière-boutique et, m'enjoignant de le réveiller avant trois heures, il s'endormit. Cela signifiait que je ne devais pas de mon côté m'assoupir. Mon cerveau était en ébullition, du fait de la colère et de l'inquiétude. Où étaient mon abnégation et ma confiance en Ratnamji et en Ramana ? Face à l'adversité, elles avaient fondu comme neige au soleil.

Le bus de trois heures nous mit à Alandi à quatre. Nous visitâmes tous les lieux associés à la vie de Jnaneshwar et pour finir, nous nous assîmes près de sa tombe pour méditer. Méditer ? J'en étais bien incapable dans un tel état d'agitation ! Finalement, nous prîmes un bus qui devait nous mettre à notre gare de correspondance en deux heures. « Et maintenant », pensai-je, « Dieu va donner une bonne leçon à Ratnamji. Pourquoi faut-il qu'il ait si peu d'esprit pratique ? »

Ratnamji me demanda :

« Qu'as-tu pensé de ces endroits, Neal ? Je me sentais

littéralement transporté dans un autre monde, comme si je vivais avec ces saints. Et toi ? »

D'un ton de colère rentrée, je répondis :

« J'avais faim et j'étais fatigué. Comment aurais-je pu apprécier quoi que ce soit ? À présent, nous ne pourrons plus attraper notre train. Si nous n'étions pas retournés voir cet arbre une seconde fois, nous serions déjà à la gare. »

« Quel dommage que tu te soucies tant de ton corps, même après avoir vécu si longtemps à mes côtés. Au lieu d'utiliser ce pèlerinage pour ta croissance spirituelle, tu ne l'emploies qu'à gâter ton mental. Où est ta foi en Ramana si tu ne peux pas même te passer d'argent un seul jour ? Quand nous nous sommes rencontrés, tu m'as dit que tu voulais vivre sans argent. Qu'est devenue cette attitude d'esprit ? »

Que pouvais-je répondre ? Il avait raison, comme toujours. Enfin le bus atteignit la gare et nous descendîmes. En gare, on nous apprit que notre train avait du retard et n'était pas encore arrivé ! Nous nous précipitâmes sur le quai juste à temps pour le voir déboucher. Après nous y être installés, Ratnamji me regarda en souriant :

« Et maintenant, achète quelques bananes. Demain nous arriverons à destination. » J'avais reçu une bonne leçon, et fis le vœu de ne plus jamais douter de mon guide spirituel. Au fil des années, Ratnamji est arrivé régulièrement en retard à la gare, mais il n'a jamais manqué un train.

À Hyderabad, nous apprîmes que le Shankaracharya de Puri venait d'arriver en ville et préparait une grande cérémonie religieuse. En effet, depuis deux ou trois ans, il n'avait pas plu à Hyderabad, et la population avait sollicité l'aide de l'Acharya. Il a été prouvé à maintes reprises que si certains sacrifices védiques sont accomplis en suivant à la lettre les instructions des Écritures, cela déclenche un déluge juste après le sacrifice. J'en ai moi-même

Pèlerinage

été témoin deux fois, une fois à Tiruvannamalai, une fois à Hyderabad. Il faudrait beaucoup d'imagination pour soutenir qu'après deux ou trois ans de sécheresse, les pluies torrentielles qui s'abattirent immédiatement après le sacrifice étaient pure coïncidence.

Il y a environ huit cent ans, un garçon du nom de Shankara naquit dans le Sud de l'Inde. Dès sa plus tendre enfance, il montra les signes d'une vive intelligence. À l'âge de huit ans, il quitta son foyer et sillonna l'Inde à pied, jusqu'à ce qu'il rencontre un guru réalisé, et en étudiant sous sa direction il atteignit la perfection. Il écrivit ensuite de nombreux commentaires des Écritures hindoues, pour l'édification des chercheurs sincères. Avant de décéder à l'âge de trente-deux ans, il créa quatre ou cinq ashrams dans différentes régions de l'Inde, en plaçant à leur tête des disciples qu'il avait lui-même formés. Parce qu'en matière de religion c'était un enseignant réputé, on lui donnait le titre d'Acharya. Depuis, la tradition s'est transmise de façon continue, et chaque chef de lignée est désigné sous le nom de Shankaracharya. Ces hommes sont soigneusement choisis par leurs prédécesseurs pour leur savoir, leur austérité, leur dévotion et leur effacement personnel. Ils sont les leaders reconnus d'une vaste portion de la population hindoue. Le Shankaracharya de Puri de l'époque était l'une de ces personnalités remarquables, réputé pour son haut niveau de réalisation spirituelle et pour sa dévotion. Il était dès lors, de l'avis général, la personne la plus apte à conduire cette cérémonie.

Elle comprenait deux parties. Sous un chapiteau, les plus grands érudits en Écritures hindoues du pays se tenaient en congrès. Pendant la journée, ces lettrés disputaient de nombreux sujets religieux controversés, citant les Écritures à l'appui de leurs thèses. La nuit, l'Acharya abordait divers points qui, tout en présentant un intérêt pratique pour l'homme de la rue, contribuaient à mieux le familiariser avec sa religion et sa culture. Sous un autre chapiteau, mille foyers avaient été allumés. Tout en récitant des mantras védiques, on y offrait à Dieu diverses substances, le feu servant de moyen d'adoration. Ce chapiteau était si vaste qu'il faisait près d'un kilomètre et demi de circonférence. Le son des mantras était une fête pour les oreilles, la vue des feux rougeoyants un plaisir des yeux. L'atmosphère était saturée de dévotion. Le rituel complet devait durer dix jours pleins.

Je souhaitais ardemment avoir un entretien personnel avec l'Acharya, et demandai à Ratnamji si c'était possible. Ratnamji connaissait très bien l'Acharya et passait le plus clair de son temps en sa compagnie. En fait, au bout de quelques jours, il était devenu l'assistant personnel de l'Acharya. Celui-ci dit à Ratnamji que je devrai assister à toutes ses allocutions, et qu'il me ferait appeler quand il aurait un moment. Pendant dix jours et dix nuits, de six heures du matin à minuit, j'y assistai, m'attendant à être appelé d'une minute à l'autre. Au terme des dix jours, la cérémonie était close, la pluie était tombée, et je n'avais toujours pas été appelé.

L'Acharya devait quitter la ville le soir même, et sa prochaine destination se trouvait à huit cent kilomètres de là. Il m'envoya un message disant que, si je souhaitais toujours le rencontrer, je pouvais le suivre jusqu'à sa prochaine étape. Visiblement, il voulait éprouver ma sincérité. Je fis répondre par le messager que je le suivrais dans toute l'Inde jusqu'à ce qu'il me reçoive. Le lendemain, dès qu'il eut expédié ses tâches les plus urgentes, il me convoqua, et dans une pièce close, en présence de Ratnamji, il m'apprit bien des choses. Il me dit que, depuis la nuit des temps, de nombreux sages avaient atteint la Réalisation du Soi par la répétition constante du Nom de Dieu. Si je voulais atteindre la Félicité suprême et la Paix éternelle, je devais suivre cette voie.

J'étais très heureux d'entendre ces propos, car Ratnamji m'avait déjà conseillé de faire cela, et j'essayais de suivre son conseil. Après m'avoir encouragé à poursuivre mes efforts vers la Réalisation, l'Acharya me remit, comme une marque de faveur, les fruits et les fleurs qui avaient été offerts à Dieu durant sa puja. Me prosternant devant lui, je pris congé le cœur débordant de joie. L'entrevue méritait bien les dix jours d'attente.

Ratnamji me conseilla alors de retourner à Tiruvannamalai m'occuper de tous les préparatifs pour l'inauguration de sa maison. Il promit de me rejoindre deux semaines plus tard. Je me rendis à Arunachala, tandis qu'il accompagnait l'Acharya dans le Nord de l'Inde, où il attrapa un rhume. Le rhume dégénéra en maladie grave, laquelle fut largement responsable de sa mort trois ans plus tard. Ce fut le début d'une période très douloureuse de ma vie spirituelle.

Alité dans ma maison, Ratnamji me dit : « La nuit dernière j'ai fait un rêve de très mauvais augure. Je pense que dorénavant ma santé va se détériorer. » Il venait d'arriver la nuit précédente avec Seshamma, sa sœur. Pendant qu'il voyageait, un abcès s'était formé sur son pied, et après lui avoir occasionné bien des souffrances, avait fini par crever. Il fallait pratiquement le porter partout.

« Finissons la cérémonie d'inauguration de la maison », dit-il, « et après nous pourrons aller consulter un bon médecin. »

Dès l'instant où je l'avais vu, j'avais voulu aller chercher un médecin, mais il ne me l'avait pas permis. Il pensait que le médecin lui imposerait des restrictions qui entraveraient la cérémonie. De nombreuses personnes avaient été invitées et devaient arriver dans les jours suivants. S'il fallait reporter la date de la cérémonie, ce serait très embêtant pour tout le monde.

Nous fîmes tous les préparatifs nécessaires, et, au jour dit, Ratnamji et les prêtres célébrèrent les rites. Une cinquantaine d'invités étaient venus de toute l'Inde, mais Swamiji n'avait pas pu en être. Il était hospitalisé suite à une attaque cardiaque et les médecins ne l'avaient pas autorisé à bouger, à son grand regret. Il avait envoyé un messager annoncer personnellement la nouvelle à Ratnamji, qui comptait sur lui. Après la cérémonie, Ratnamji s'allongea. Il était très faible et ressentait des douleurs dans la poitrine, mais il gardait le sourire, et son visage brillait toujours du même éclat.

Le lendemain matin, nous apprîmes qu'un très vieux disciple de Ramana se mourait à l'ashram. Nous nous précipitâmes, pour trouver le moine sur son lit de mort. Tout le monde chantait à voix puissante le Nom divin, et quelques heures plus tard il quittait paisiblement son enveloppe charnelle. On l'enterra derrière l'ashram et il fut décidé que Ratnamji observerait les rites de prière sur la tombe, qui s'imposent à la mort d'un moine et durent quarante jours. Cela signifiait un report de quarante jours avant de pouvoir aller consulter un médecin. J'en avais le cœur brisé, mais que faire ? Il ne voulait rien entendre.

Au bout de quarante jours de souffrance, Ratnamji proposa d'aller rendre visite à Swamiji, qui était sorti de l'hopital et séjournait chez des fidèles. Il promit de consulter un médecin sur place. Nous quittâmes Arunachala et rejoignîmes Swamiji, dont la santé s'était un peu améliorée. Cependant, il avait des spasmes au niveau d'une des principales artères du cœur, et plusieurs fois par jour, il se redressait, haletant, luttant pour retrouver son souffle. C'était vraiment pénible de le voir dans cet état. Dès qu'une attaque était passée, il riait et plaisantait sur le sujet. Au bout de quelques jours, à l'insistance de Swamiji, Ratnamji accepta d'aller voir un médecin. Il passa une radio et l'on découvrit que la majeure partie de ses poumons était atteinte de tuberculose. Sa glycémie était également très élevée. Le soir venu, lorsque nos hôtes apprirent la nature du mal de Ratnamji, ils s'alarmèrent et ne voulurent pas le garder sous leur toit. Swamiji fut extrêmement peiné de cette attitude. Ils lui recommandèrent de ne pas approcher Ratnamji de trop près. En colère, Swamiji rétorqua :

« Si votre propre enfant était atteint de la tuberculose,

l'éviteriez-vous de peur de contracter sa maladie ? Là où un amour réel est présent, comment de telles pensées peuvent-elles surgir ? »

Swamiji, avec beaucoup de douceur et de tact, mit Ratnamji au courant de la situation et nous suggéra d'aller à Hyderabad pour y faire hospitaliser Ratnamji. Ce dernier pensait aussi que c'était la meilleure solution, mais où trouver l'argent ? Nous avions tout dépensé pour la cérémonie d'inauguration de la maison, et à présent nous n'avions plus assez pour les billets de train et les médicaments. Ratnamji m'interdit de mentionner la chose à Swamiji ou qui que ce fut. Mais quelques minutes plus tard, Swamiji vint à moi en me tendant une grosse somme d'argent.

« Prends ceci pour le traitement de Ratnamji », me dit-il. « Mon guru, Prabhudattaji, me l'a envoyé en apprenant que j'étais malade. Je n'ai pas besoin de tant. Cela pourra t'être utile. »

Mes yeux s'emplirent de larmes. Ô Dieu, Tu veilles vraiment sur nous, même si j'en ai douté si souvent.

Tandis que nous montions dans un taxi pour aller à la gare, Swamiji nous fit ses adieux. Nous apprîmes plus tard qu'il avait pleuré pendant près d'une heure, à cause de la manière dont on avait renvoyé Ratnamji et parce qu'il n'avait pas pu nous accompagner.

De retour une fois de plus à Hyderabad, nous nous rendîmes à l'hopital de jour où les médecins examinèrent les poumons de Ratnamji.

« Avec des poumons dans cet état, il n'y a vraiment pas de quoi avoir un visage aussi radieux ! » s'exclamèrent-ils. Cette fois, Ratnamji fut admis dans l'aile médicale des hommes, en salle commune. Il n'aurait jamais accepté une chambre individuelle ou un traitement de faveur. Quelle différence y a-t-il entre le pauvre ordinaire et un moine ? Un moine ne doit-il pas se contenter du minimum ? Pensant de la sorte, il n'autorisa aucune dépense superflue pour sa personne.

Le périmètre entourant son lit devint vite, bien sûr, un ashram. Presque tous les médecins et infirmiers venaient l'entretenir de leurs problèmes, et, bien qu'ayant reçu l'ordre de se reposer et de parler le moins possible pour permettre aux poumons de récupérer, il était conduit à parler dix fois plus que s'il n'avait pas été hospitalisé !

« Que le corps subisse son destin. À parler de Dieu, mon esprit reste absorbé en Lui et ne pense même plus à la maladie. Pourrait-on rêver mieux ? Qui sait quand surviendra la mort ? À ce moment-là ne devrait-on pas être en train de penser à Dieu ? »

Il ne tenait aucun compte de nos exhortations à parler moins et à se reposer.

Au pavillon médical, la cruauté humaine des médecins n'était pas moindre que celle que nous avions essuyée autrefois en chirurgie. Un jour, un chirurgien entra, suivi d'un groupe d'étudiants. Ratnamji faisait un somme et je lisais à son chevet. Le médecin empoigna le pied de Ratnamji et du manche de son maillet réflexes, racla la partie tendre de sa plante de pied, entaillant presque la peau. Ratnamji hurla. Le médecin fit observer à ses élèves :

« Vous voyez, c'est ce que l'on appelle un réflexe. »

J'étais sur le point de donner à ce personnage sans cœur un aperçu de mes propres réflexes, lorsque Ratnamji me regarda d'un air de dire : « Ne le touche pas, c'est un ignorant. »

Une autre fois, un étudiant avait été chargé de faire une injection à Ratnamji. Après avoir enfoncé l'aiguille d'un geste brusque, il s'écria : « Oh mon Dieu, elle s'est tordue ! » Sans même la retirer, il entreprit de la redresser, faisant par la même occasion une déchirure d'un centimètre dans la fesse de Ratnamji. Je ne pus me retenir. Je me mis à l'injurier et le chassai. Ratnamji se tourna vers moi et me dit :

« Sous aucun prétexte tu ne dois me laisser mourir dans cet hôpital. Mieux vaut périr aux mains d'un boucher qu'ici. »

S'il nous avait laissés lui payer une chambre, on ne l'aurait pas traité de la sorte, mais comme il était avec les indigents, on se permettait de le traiter comme un cobaye.

Durant notre séjour de deux mois à l'hopital, on m'avait autorisé, comme par le passé, à dormir à côté du lit de Ratnamji. Une nuit, je fis un rêve étrange, ou peut-être pourrait-on appeler cela une vision. Je voyais une belle chambre en haut d'un escalier et j'y montais. À ce moment-là un homme m'aborda en me disant : « Il y a ici une jeune fille qui désire avoir un enfant. Auriez-vous l'obligeance de l'exaucer ? » Sans réfléchir, j'acceptai la proposition de l'inconnu, mais l'instant d'après, je réalisai ce à quoi je m'étais engagé. Regrettant ma stupidité et craignant de rompre mes vœux de célibat, je dégringolai les escaliers jusqu'à la rue. Tout en dévalant la rue, je remarquai un temple sur le bas-côté et m'y arrêtai. Je voyais à l'intérieur l'image de la Mère divine. Je me mis à l'implorer : « Ô Mère, pardonne ma stupidité ! » Tandis que je pleurais, l'image de la Mère divine disparut soudain, et à la place se tenait la Mère divine en chair et en os, bien vivante. Elle quitta le temple, me prit par la main et me ramena à la chambre que je venais de fuir. Me montrant des photos obscènes aux murs, Elle me dit : « Mon enfant, cette jeune fille n'est pas pure, contrairement à ce que tu pensais. C'est une fille très légère. » Elle prit à nouveau ma main et me ramena au temple. M'abandonnant à l'entrée, elle recula lentement, sans cesser de me regarder avec amour, puis soudain, elle s'évanouit. À Sa place se tenait de nouveau l'image de pierre. Des profondeurs du temple montaient les accords d'un chant : « Victoire à la Mère, Victoire à la Mère divine ».

Je m'éveillai en sursaut, mais le chant persistait. Au bout de quelques secondes, je me rendis compte qu'il provenait d'une radio dans un coin de la salle. À ce moment précis, Ratnamji m'appela : « Neal ! ». Sa voix était la même que celle de la Mère divine quand elle m'avait parlé. Je me levai et racontai le rêve à Ratnamji. Il sourit et me dit :

« Tu me vois comme la Mère divine venue t'apporter l'évolution spirituelle. Moi aussi, je te vois comme la Mère divine venue réconforter ce pauvre corps. Il y a de multiples façons de voir les gens. Par exemple, tu pourrais me considérer comme un homme malade qui a besoin d'aide. Ou tu pourrais me voir comme quelqu'un qui est en position de recevoir tes services. Ou encore comme un dévot, un saint ou même un sage à qui tu offrirais tes services. Mais la plus haute et la meilleure façon de voir les choses serait de considérer que Dieu réside dans le corps de la personne que tu sers, et d'offrir tes services en t'estimant très chanceux de pouvoir Le servir. À terme, ton ego s'affaiblira, tandis que la Conscience de Dieu s'éveillera. Ne crois pas que je dise ceci dans mon intérêt. Si tu n'étais pas là, Dieu enverrait quelqu'un d'autre pour s'occuper de moi. Je ne compte sur personne, uniquement sur Lui. »

Après deux mois d'hôpital, l'état de Ratnamji s'était nettement amélioré. Il n'y avait plus trace d'infection au niveau de ses poumons. On le laissa sortir en lui conseillant de ne pas se fatiguer et de continuer à prendre ses médicaments pendant plusieurs jours.

Peu après, Swamiji nous fit dire qu'un festival religieux se tiendrait dans un lieu saint nommé Bhadrachalam. Il consisterait en une semaine ininterrompue de chant du Nom divin, vingt-quatre heures sur vingt-quatre. Il demandait à Ratnamji de l'y rejoindre au plus tôt.

Nous arrivâmes à Bhadrachalam le lendemain, et retrouvâmes Swamiji en compagnie de centaines de fidèles. Sa santé était bien meilleure, même s'il avait encore des crises de temps à autre. Au cours de ce festival, c'est à peine si j'ai vu Ratnamji dormir, de jour comme de nuit. Il était presque toujours en train de chanter avec les fidèles, de discuter de questions spirituelles, ou de suivre Swamiji ici ou là. L'atmosphère sacrée de Bhadrachalam avait sur tous deux un effet particulièrement grisant.

Ce temple ne doit son existence qu'aux efforts isolés d'un saint nommé Ramdas, qui vécut il y a environ deux siècles. Sri Rama lui apparut en rêve et lui demanda de bâtir un temple pour abriter Son image, qui se dressait au sommet d'une colline, offerte à tous les vents. À l'époque, Ramdas était fonctionnaire d'État, chargé de percevoir les impôts et de les envoyer chaque année à l'empereur. Au lieu de remettre cet argent, il l'employa à la construction du temple, sans en informer son souverain. Quelques années plus tard, on découvrit l'affaire. Ramdas fut enchaîné. On lui fit parcourir ainsi cinq à six cent kilomètres, jusqu'à un donjon où il demeura une semaine sans eau ni nourriture. Là, il composa des chants vraiment pathétiques où, s'adressant à Sri Rama, il Lui demande pourquoi il en est réduit à souffrir autant, alors qu'il n'a fait qu'exécuter Ses ordres. Il était sur le point de se suicider, quand l'empereur fut réveillé une nuit par deux hommes se prétendant les serviteurs de Ramdas. Ils lui remirent un sac de pièces d'or, d'un montant égal à la somme que Ramdas avait détournée, et demandèrent sa libération. Ramdas fut libéré. Lorsqu'on examina de plus près les pièces, on s'aperçut qu'elles étaient à l'effigie de Sri Rama d'un côté et d'Hanuman de l'autre. Des lettres indéchiffrables y étaient gravées. Comprenant que c'était le Seigneur Lui-même qu'il avait vu, l'empereur renvoya Ramdas à Bhadrachalam en grande pompe. Chaque année il fit parvenir au temple un important don en or pour célébrer un festival. J'ai vu l'une des pièces que Sri Rama donna à l'empereur. Au fil des ans, elles ont presque toutes disparu, mais il en reste deux. J'ai vu aussi le trésor du temple, qui comprend plusieurs couronnes incrustées de pierres précieuses, ainsi que divers ornements offerts par l'empereur au fil des ans aussi longtemps qu'il vécut.

L'histoire veut que Ramdas fît un second rêve, dans lequel Sri Rama lui expliqua que, parce que dans sa vie précédente il avait gardé pendant une semaine un perroquet en cage, il avait dû lui-même connaître la prison dans cette vie. Quant à l'empereur, il avait été dans une vie antérieure un roi très pieux. Il avait voulu célébrer un culte particulier au Seigneur Shiva, en déversant sur son image, au temple, le contenu de mille pots d'eau qu'il allait puiser lui-même à la rivière. Au millième pot, fatigué et irrité, il avait jeté l'eau sur l'image, au lieu de la verser doucement. À cause de cela, il dut subir une autre naissance, mais en raison de sa grande dévotion, il reçut dans cette vie la Vision de Dieu sous forme personnifiée. À en juger par l'atmosphère sanctifiée qui règne à Bhadrachalam, l'histoire est certainement vraie. Swamiji et Ratnamji connurent une Béatitude divine ininterrompue pendant toute la semaine.

Malheureusement, à cause de l'effort, Ratnamji fit une rechute de tuberculose qui commença par une forte poussée de fièvre. Nous prîmes le premier train pour Arunachala, dès la fin du festival. Très vite, son état se détériora. La maladie avait gagné le cerveau, provoquant un abominable mal de tête. Le pire est que le médicament précédent restait sans effet.

Ne sachant plus que faire, j'allai sur la tombe de Ramana le prier de m'éclairer. Suite à cela, je me dis qu'il me fallait retrouver le médecin européen qui m'avait jadis déconseillé de fréquenter Ratnamji. Me voyant, il me demanda pourquoi on ne voyait plus Ratnamji ces temps-ci. Je lui expliquai la situation. Il m'accompagna aussitôt à la maison et examina Ratnamji. Puis il me remit un puissant antalgique, et écrivit sur-le-champ à un autre ashram où il avait vu un stock d'une drogue étrangère susceptible d'enrayer la maladie. En quelques jours, le médicament arriva et l'état de Ratnamji s'améliora rapidement.

Le médecin l'avertit qu'il ferait sûrement une nouvelle rechute, plus difficile à maîtriser cette fois, s'il ne prenait pas trois mois de repos forcé au lit. Le fait est qu'il était devenu résistant aux médicaments utilisés précédemment. Ratnamji était prêt à se plier aux ordres du médecin, mais il semble que la Volonté divine en ait décidé autrement. Peu après survint un événement qui impliqua pour Ratnamji un surcroît de travail et une nouvelle rechute. Apparemment, les souffrances de Ratnamji semblaient devoir durer toujours.

Un matin, il me dit en souriant :

« Swamiji m'a écrit. Il souhaite venir ici faire cent huit fois le tour d'Arunachala à pied, en signe d'adoration. À raison d'un tour par jour en moyenne, cela lui prendra au moins cent jours. Tu sais que cela représente une distance de treize kilomètres, et sa santé n'est pas fameuse. Il faudra que je l'accompagne. On dirait que Dieu a d'autres projets pour moi que le repos forcé. »

J'avais le cœur lourd en apprenant ceci. Bien sûr, je me réjouissais de la venue de Swamiji, mais cela signifiait plus d'efforts et la rechute à coup sûr pour Ratnamji. Lui ne voyait en tout cela que la douce volonté de Ramana pour l'amener, de cette douloureuse façon, au-delà de l'identification à l'enveloppe corporelle.

Swamiji arriva bientôt, accompagné de deux fidèles qui devaient s'occuper de lui. Je m'efforçai de lui faire bonne figure, mais je crois que mon expression mi-figue mi-raisin le laissa perplexe. En réalité j'avais l'impression que le messager de la mort venait d'arriver. Que pouvais-je faire ? Ratnamji, bien sûr, s'entendait mieux que moi aux démonstrations de joie, ou peut-être n'avait-il aucune arrière-pensée. Il semblait sincèrement heureux de voir Swamiji. Ils passèrent la journée à discuter, mais Ratnamji se garda bien de mentionner les propos du médecin concernant le repos. Il ne voulait pas gâcher le séjour de Swamiji.

Le lendemain, Swamiji commença sa circumambulation de la montagne. Ratnamji l'accompagnait en s'appuyant sur mon épaule. Au retour, il était épuisé. Quand je voulus voir s'il avait de la fièvre, je constatai avec surprise que sa température était normale. Peut-être, me dis-je, Dieu le protégera-t-il.

Le lendemain, son pas était encore plus lent, et par contrecoup, Swamiji dut ralentir le sien. De retour à la maison, je constatai, désolé, que Ratnamji faisait une forte fièvre. C'était la rechute, conformément aux prédictions du médecin. Il m'interdit d'en rien dire à Swamiji.

Le jour suivant, Swamiji vint trouver Ratnamji et le pria de ne plus l'accompagner car cela représentait un trop gros effort, qui d'ailleurs l'obligeait à adopter lui aussi un pas très lent. Dieu merci ! Mais à quoi bon maintenant ? Le mal était fait. J'allai trouver le docteur, mais par principe il refusa de venir examiner Ratnamji : il avait prescrit une certaine discipline, que nous n'avions pas observée. La même chose risquait de se reproduire à l'avenir. À quoi bon gaspiller son temps et son énergie ? Je ne pouvais le blâmer et m'en fus, ne sachant que faire. Le médecin avait suggéré que j'essaie de me procurer les médicaments par une autre personne. Nous connaissions deux personnes aux États-Unis, l'une d'entre elles étant ma mère. Je décidai de lui écrire.

L'un des dévots qui accompagnaient Swamiji était un érudit hors pair en Sanscrit. Ratnamji m'avoua que, comme il était incapable de rester assis longtemps, il avait beaucoup de difficultés à lire. Son livre favori était la Srimad Bhagavatam, l'histoire de Shri Krishna en sanscrit. Elle est composée de quelques dix-huit mille vers et sa lecture demande dix jours pleins. Ratnamji se dit que si l'on pouvait obtenir de l'érudit qu'il lise l'œuvre à haute voix, je pourrais l'enregistrer pour qu'il l'écoute ensuite à loisir.

Swamiji trouvait lui aussi l'idée très bonne. Quand ma mère était venue pour l'inauguration de ma maison, elle avait amené un magnéto-cassettes très coûteux, de fabrication étrangère, et me l'avait laissé. Nous décidâmes de commencer les enregistrements sur l'heure. Soit avant, soit après la séance quotidienne de lecture, Swamiji faisait son tour d'Arunachala comme d'habitude. Après deux jours d'enregistrement, quelque chose se mit à clocher au niveau du magnéto-cassettes. Les pistes se chevauchaient. J'en parlai à Ratnamji et Swamiji.

« Peux-tu le faire réparer ? » demanda Ratnamji.

« J'en doute. C'est un appareil si cher. Où pourrions-nous le porter ? Les gens risqueraient de le détruire au lieu de le réparer. »

« Il vient d'Amérique, n'est-ce pas ? Alors, ne peut-on le faire réparer là-bas ? »

« Ça oui, j'en suis sûr, mais je t'en prie, ne me demande pas d'y aller. S'il n'y a pas d'autre moyen, bien sûr, je ferai ce que tu me diras. »

« Je sais que tu ne veux plus jamais retourner aux États-Unis. Ce serait mal de ma part de te le demander. Tu connais la situation, à toi de décider. » conclut Ratnamji.

Ce soir-là, avant de me coucher, je priai Ramana de m'indiquer la conduite à tenir. À peine endormi, je fis un rêve d'une grande netteté. Ma mère se tenait devant moi, et Ratnamji et Swamiji étaient à mes côtés. Tous deux me montraient du doigt ses pieds. Comprenant ce qu'ils voulaient, j'allai me prosterner aux pieds de ma mère. À peine les avais-je touché que je m'éveillai. Réveillant Ratnamji, je lui racontai le rêve. Il ne dit rien. Je déclarai qu'à mon avis, Ramana m'avait fait signe que je devais aller aux États-Unis. Mais où trouver l'argent ? Ratnamji me dit de retourner dormir, on aviserait au matin. Le lendemain matin, lorsque Swamiji entra, Ratnamji lui raconta mon rêve.

« Vous savez », nous dit Swamiji, « il y a ici des fidèles qui souhaitent que j'organise un festival comme celui que nous avons fait à Bhadrachalam. En fait, ils m'ont déjà remis de l'argent pour les premiers préparatifs. Prends cet argent, va en Amérique, et reviens au plus vite. Nous nous occuperons de Ratnamji jusqu'à ton retour, mais ne te retarde pas. »

Je pris congé d'eux le matin même, après le petit déjeuner, et filai à Madras. Il se trouvait comme par hasard une place libre sur le vol de nuit pour New York. Je n'avais même pas le temps d'informer ma mère de mon arrivée. Que se passerait-il si elle était absente ? Espérant que tout irait bien, je pris mon billet et m'embarquai cette nuit-là. Vingt-quatre heures plus tard j'étais à New York. J'avais l'impression de vivre un rêve. L'Amérique et l'Inde sont deux mondes à part, cela faisait six ou sept ans que j'avais quitté les États-Unis, et j'avais mené pendant ces années la vie d'un moine hindou traditionnel. Je n'avais même pas changé de vêtements pour la circonstance et voyageais en dhoti, un châle me couvrant les épaules. Pas même de chaussures ! Je me sentais pareil à un bébé tombé hors du confort et de la chaleur du nid dans une rue bordée de gratte-ciel ! Je me dis que je ferais mieux d'appeler ma mère à Chicago pour m'assurer qu'elle était bien là.

« Allô, Maman ? »

« Qui est à l'appareil ? » demanda-t-elle

« Mais... Moi, bien sûr. »

« Neal ! Mais où es-tu ? On t'entend si distinctement ! Que se passe-t-il ? »

« Je suis à New York, à l'aéroport. J'attends la correspondance pour Chicago. Peux-tu venir me chercher à l'aéroport ? Je t'expliquerai plus tard. »

J'étais sur liste d'attente pour le vol de Chicago, mais obtins la dernière place disponible. Ma mère m'attendait à l'aéroport, folle de joie de me revoir, mais très anxieuse de savoir si j'étais malade. Je lui expliquai tout et lui dis que je devais rentrer au plus vite, si possible dès le lendemain. L'idée de me voir repartir si vite ne l'enchanta guère, mais elle accepta de faire le nécessaire. Le jour même nous allâmes porter le magnéto-cassette à réparer, mais comme on était vendredi, il ne serait prêt que le lundi, si bien que je demandai à ma mère de me réserver un retour pour le mardi. Je crois qu'elle était dans un état de choc voisin du mien, sans quoi jamais elle n'aurait accepté aussi facilement. Je lui dis que j'avais en Inde un ami très pauvre qui avait besoin, pour soigner sa tuberculose, d'un médicament coûteux et introuvable en Inde. Je lui demandai de me le procurer, sans lui dire que l'ami en question n'était autre que Ratnamji, car elle se serait affolée à l'idée d'une possible contagion. Après avoir contacté le médecin de famille, nous apprîmes qu'il faudrait plusieurs jours pour obtenir le médicament. Maman accepta de nous l'expédier par avion dès qu'elle l'aurait.

Le mardi suivant, j'étais à bord d'un avion pour l'Inde, laissant ma mère en larmes à l'aéroport. Tout s'était déroulé comme en rêve, pour elle comme pour moi. Vingt-quatre heures plus tard j'étais de retour à Madras, six jours seulement après mon départ.

En arrivant à la maison, je me prosternai devant Swamiji et Ratnamji. Ils me sourirent et me questionnèrent sur mon voyage. Je pensais qu'ils seraient très heureux de me revoir, mais ils ne manifestaient que leur égalité d'humeur coutumière. Les enregistrements reprirent et furent achevés en une semaine.

Un jour, je me dis que je n'avais plus assez de temps pour étudier ou méditer. En fait, parce que je devais servir Ratnamji qui était alité, je n'avais pratiquement plus une minute à moi. Quand je parvenais à ne pas penser à moi-même, j'éprouvais un avant-goût de cette Félicité qu'apporte une existence débarrassée de l'ego. Mais à d'autres moments, je me disais que je devrais vivre seul quelque part et consacrer du temps à la discipline spirituelle. Travaillé par ces pensées, je me mis à servir Ratnamji sans conviction. Swamiji ne tarda pas à le remarquer, et un jour, il me prit à part :

« Mon enfant », me demanda-t-il, « pourquoi vaques-tu à tes devoirs avec si peu d'entrain ? Serait-ce que tu voudrais partir et pratiquer la méditation par toi-même ? Il fut un temps où moi aussi j'ai pensé de la sorte. Tu pourras toujours trouver tout le temps nécessaire à ces activités, mais vivre avec un véritable sage et avoir la grâce d'accéder à une relation intime avec lui est extrêmement rare. Il y a des gens qui courent le monde à la recherche d'un authentique saint et qui n'en trouvent pas. Nous sommes tous deux, Ratnamji et moi, malades, et nous ne resterons peut-être plus longtemps en ce monde. Ne crois pas que nous soyons dépendants de toi et de tes services, mais c'est à toi de décider ce que tu dois faire. Où est ton devoir ? Si tu veux partir pratiquer la méditation intensive, nous n'y voyons aucune objection, mais si tu décides de rester, il faut mettre tout ton cœur et tout ton esprit à ton travail. Alors seulement tu pourras tirer profit du fait de servir des saints. C'est à toi de décider. »

Je savais déjà que Swamiji disait vrai. Je l'assurai que dorénavant je rendrais entière justice à la voie que je m'étais choisie : le service des sages. Si la méditation solitaire m'était nécessaire, je la pratiquerai lorsqu'ils ne seraient plus de ce monde.

Après avoir accompli son vœu de faire cent huit fois le tour d'Arunachala, Swamiji organisa comme prévu le festival religieux. Près de cinq cents personnes venues des quatre coins de l'Inde assistèrent aux cérémonies, qui durèrent une semaine. Après quoi, Swamiji décida de partir vers le Nord, et fit don à Ratnamji d'un peu d'argent pour acheter des médicaments. Au cours des derniers jours, Ratnamji avait beaucoup souffert, avec une fièvre à 38°5, sans jamais en rien dire à Swamiji. À présent que celui-ci s'en allait, nous projetions de partir nous aussi, pour aller trouver un bon médecin et faire soigner Ratnamji. Au lendemain du départ de Swamiji, nous fîmes nos préparatifs, avec l'intention de partir dès le lendemain. J'avais rangé l'argent dans un placard de ma maison, où dormait la sœur de Ratnamji, tandis que lui et moi dormions chez lui. Tout à coup, à une heure du matin, Ratnamji m'appela :

« Neal, lève-toi et cours à l'autre maison. Je sens qu'un vol est en train d'y être commis. Dépêche-toi ! »

J'arrivai à la maison pour trouver la porte verrouillée de l'extérieur. J'ouvris. Seshamma dormait à poings fermés, mais l'argent avait disparu. Les voleurs s'étaient introduits par la cheminée, après avoir enlevé la dalle de ciment qui l'obstruait. Leur larcin accompli, ils avaient quitté les lieux silencieusement en verrouillant la porte derrière eux.

Au matin, on appela la police, qui fit venir de Madras un chien policier. Le chien nous mena au frère de notre jardinier, un homme travaillant dans une maison voisine. On l'arrêta, mais quelqu'un usa de son influence pour le faire relâcher et l'affaire s'arrêta là. Complètement dépouillés, il nous fallut attendre que des amis nous envoient assez d'argent pour le voyage et les honoraires du médecin.

À quelques jours de là, je fis un rêve dans lequel je voyais des gens tirer à hue et à dia le corps sans vie de Swamiji. Je rapportai ceci à Ratnamji, qui se contenta de hocher la tête, sans faire le moindre commentaire. Peu après, nous apprîmes que Swamiji était mort subitement d'une crise cardiaque, à Hyderabad. En fait, sa dépouille fit l'objet d'une lutte acharnée, qui ne cessa qu'à la découverte d'une lettre, écrite des années plus tôt, dans laquelle il demandait à ce que son corps soit immergé dans la rivière Krishna, dans le Sud de l'Inde.

Nous ralliâmes au plus vite les rives de la Krishna, pour constater que les rites funéraires n'avaient pas encore débuté. Ratnamji prit la situation en mains, et pendant quinze jours s'assura que tous les rites prescrits étaient accomplis à la perfection. Cela demanda de sa part une supervision constante, dont l'effort ne fit qu'aggraver un peu plus son état de santé. On aurait dit une lumière ardente dans un corps brisé. Il était déterminé à faire ce qu'il estimait être son devoir, fût-ce au prix de sa vie, et il faut dire que le Seigneur ne manquait pas de lui en fournir l'occasion !

Je poussai un long soupir de soulagement lorsque les cérémonies s'achevèrent. Nous pouvions enfin aller consulter ! Le docteur prescrivit diverses plantes et des sels minéraux à prendre dans du miel ou du beurre. Il nous dit qu'à son avis, Ratnamji ne souffrait pas de tuberculose mais d'un genre de bronchite chronique. Il conseilla à Ratnamji de rentrer chez lui et de prendre ses médicaments pendant quelques mois.

Avant de rentrer à Arunachala, des amis allèrent consulter un astrologue pour connaître l'avenir de Ratnamji. L'astrologue leur affirma que Ratnamji ne vivrait pas plus de neuf mois. En apprenant ceci, Ratnamji décida de faire un testament, par lequel il me léguait ses seuls biens, sa maison et sa bibliothèque. Il pensait que j'en userais comme lui-même l'aurait fait.

De retour à Tiruvannamalai, Ratmanji s'attela à la tâche de mettre en ordre sa bibliothèque de près de deux mille livres rares. Il avait mis plus de trente-cinq ans à les accumuler. Où qu'il aille, au cours de ses voyages, pour peu qu'il ait un peu d'argent, il achetait un livre. À présent, il avait le sentiment qu'il lui fallait les ranger en bon ordre, afin que je n'ai pas par la suite à me battre pour les classer. Il lut aussi la Garuda Purana, un ouvrage ancien qui traite des derniers rites aux âmes des morts et du voyage postmortem vers le prochain plan d'existence. Il prit des notes, qu'il traduisit en anglais et me donna à étudier afin que je sois capable de superviser les derniers rites qui lui seraient rendus, comme lui-même l'avait fait pour Swamiji. Pour finir, il établit même une

Pèlerinage

liste de personnes à avertir de son décès. En vérité, il ne me laissa guère qu'un blanc à remplir pour la date de sa mort !

« Pourquoi fais-tu tout cela ? » lui demandai-je un jour. « Je me débrouillerai bien. Je ne peux supporter de te voir t'occuper de ces choses-là. Qui sait ? Peut-être que tu vas guérir et vivre encore cinquante ou soixante ans ! »

« Même si je vis encore cent ans, il faudra bien un jour quitter ce corps. À ce moment-là, seras-tu capable de penser à tous ces détails ? Ce n'est qu'une répétition, pour que tu ne t'en fasses pas le moment venu et que tout se déroule comme il faut. Tu sais, tout le monde célèbre le mariage de ses enfants, ou la naissance d'un bébé, ou ce genre d'événements. Étant célibataire à vie, ce sera ma seule cérémonie. Qu'elle soit grandiose. Mon corps sera une offrande au dieu de la mort. Ce sera, si l'on peut dire, la dernière oblation », répartit Ratnamji en riant.

Pendant les six ou sept mois suivants, Ratnamji continua à prendre son traitement de plantes, sans s'en trouver mieux ni plus mal. Sa sœur Seshamma l'invita dans son village pour participer à une cérémonie spéciale qu'elle et son mari commanditaient. Ils souhaitaient sa présence et sa supervision. Nous fixâmes une date de voyage et fîmes les préparatifs nécessaires. Il me demanda d'aller à l'ashram récupérer des livres qu'un ami lui avait empruntés quelques mois plus tôt. L'ami en question était un vieux monsieur doté d'un sixième sens pour prédire l'avenir. Il me demanda où nous allions et quand nous serions de retour. Je lui exposai notre programme.

« Dis à Ratnamji de tout terminer avant le 21 février », me dit-il. « Quelque chose pourrait se produire vers cette date-là. Aussi, j'ai la sensation que tu devras contracter un emprunt d'un an au bénéfice d'une personne chère. »

Un emprunt ? Je ne voyais pas du tout de quoi il voulait parler. Je retournai auprès de Ratnamji et lui transmis le message.

À son arrivée au village de Seshamma, Ratnamji s'attela aux préparatifs de la cérémonie. Ce devait être une très grande célébration, avec de nombreuses heures de culte, une distribution de présents et des repas offerts aux invités. Les préparatifs demandèrent environ trois semaines. Ratnamji exigeait que l'on n'utilise que les meilleurs produits, et renvoyait tout ce qui n'était pas à la hauteur. Peu à peu, sa santé s'améliorait. La fièvre et les expectorations avaient disparu. Le docteur qui avait prescrit les plantes avait peut-être vu juste, après tout.

Enfin, le jour de la puja arriva. Elle débuta à six heures du matin pour se terminer à minuit, soit dix-huit heures au total ! Ratnamji fut présent tout le temps et supervisa les moindres détails. Il ne se leva même pas pour aller aux toilettes, et ne prit ni boisson ni nourriture avant la fin de la cérémonie. Je redoutais ce qui risquait d'arriver à son corps, mais il était tout à fait sur un autre plan, insoucieux de la vie et de la mort. Sa personne dégageait un éclat visible qui attirait même les petits enfants. C'était tellement criant que tous les villageois le questionnèrent sur la nature de cet éclat divin.

« Je ne m'en étais pas rendu compte » répondit-il avec simplicité. « Peut-être est-ce une manifestation de la grâce de mon guru. »

En fait, c'était la lumière de sa Réalisation, qu'il ne pouvait dissimuler.

Un jour, environ deux semaines après la fin de cette cérémonie spéciale, Ratnamji m'appela auprès de lui.

« Je me sens beaucoup mieux à présent » me dit-il. « D'ici quelques jours nous pourrons rentrer à Arunachala. Malgré tout, je sens que je vais quitter mon corps ce mois-ci, ou alors dans six mois. » Au moment même où il disait cela, sa jambe gauche se mit à trembler de façon incontrôlable. Je la saisis à deux mains. L'autre jambe se mit à trembler aussi, mais je parvins à l'attraper également. En levant les yeux vers son visage, je vis que ses bras tremblaient aussi, et qu'il semblait en train de plonger dans ce qui était apparemment une crise d'épilepsie. Je me précipitai à la cuisine pour appeler son neveu à l'aide. Le temps de revenir à son chevet, nous le trouvâmes inconscient. Au bout de vingt minutes, il reprit conscience, mais avant d'avoir pu dire un mot, une nouvelle crise survint et il perdit à nouveau connaissance. Ceci se répéta toutes les vingt minutes. On envoya chercher le docteur, qui arriva promptement et essaya d'administrer un médicament, mais il était difficile de le faire avaler à Ratnamji. Après la troisième ou quatrième crise, il prononça quelques mots : « Telle est ta bonté, ô mon Dieu ! »

Ce furent ses dernières paroles. Les crises continuèrent à se succéder toutes les vingt minutes. Petit à petit, son corps s'affaiblissait, et la sévérité des crises allait s'atténuant du fait de sa faiblesse physique. Je plaçai un certain nombre de personnes autour de son lit pour chanter le Nom divin. Étrangement, je ne ressentais pas la moindre appréhension ou inquiétude. J'avais l'impression que toute la scène qui se déroulait devant moi n'était qu'une pièce de théâtre, et que je devais simplement y tenir mon rôle. Finalement, à deux heures et demie du matin, le 18 février, Ratnamji rendit son dernier soupir. Il ouvrit les yeux, sourit, et s'éteignit. Il n'était plus. Dans ses yeux, cet air de paix et de Béatitude intérieure me donnèrent à penser qu'il était en samadhi. On sortit son corps de la maison pour l'exposer dans un hangar du jardin, où tous ceux qui lui voulaient du bien purent venir lui présenter leurs derniers hommages.

On continua à chanter le Nom divin toute la nuit, et encore le lendemain jusqu'au soir, où le corps fut lavé puis porté à l'aire de crémation, aux abords du village. J'étais présent, pour m'assurer que tout se déroulait comme il se doit, ainsi qu'il l'avait souhaité. Des centaines de personnes accoururent des villages voisins pour voir la dépouille d'un grand saint avant qu'elle ne soit offerte aux flammes. Lorsque le bûcher funéraire fut allumé, chacun rentra chez soi. Je demeurai seul avec un ami sur les lieux de crémation, à proximité du bûcher en flammes, pour surveiller qu'aucun chien n'essaie de manger le corps ou ne dérange le bûcher.

Je ressentais un mélange de joie et de peine à la fois. Enfin, après une vie entière d'effort spirituel, Ratnamji était libéré de la prison douloureuse de son corps. Son âme était retournée à son guru, Ramana. En même temps, je restais seul. Il avait été tout pour moi au cours des huit dernières années. Il m'avait tout appris de la vie spirituelle. Maintenant, il était parti. Mais l'était-il vraiment ? Je sentais clairement sa présence en moi, en tant que lumière de la conscience. Au cours des jours suivants, je vécus un curieux sentiment d'identification à lui. Sans savoir si les autres le percevaient ou non, j'avais l'impression que les expressions de mon visage devenaient les siennes, jusqu'à ma façon de parler, et même de penser. C'était comme si mon corps et ma personnalité n'étaient que l'ombre des siennes. Bien que séparé de lui physiquement, je connaissais une paix intérieure profonde. Je suppose que cela surprit tout le monde. Parce que j'avais été comme son fils pendant huit ans, les gens pensaient que je serais inconsolable à son décès. Ils furent surpris de voir que j'étais, à tout prendre, plus heureux. N'était-ce pas par sa Grâce ? Je le pensais.

Selon les Écritures hindoues, après la mort, l'âme ne passe pas tout de suite dans l'autre monde. Elle a besoin d'une sorte de corps intermédiaire pour faire le voyage. D'habitude, au moment de la crémation, on place une petite pierre sur le cadavre. Lorsque le feu est éteint, on récupère cette pierre ainsi que des fragments d'os. Pendant dix jours, de la nourriture est préparée et offerte au défunt, accompagnée des mantras appropriés, en utilisant la pierre comme médium. On pense que chaque jour, avec chaque offrande de nourriture, une partie du corps nécessaire au voyage dans le royaume subtil se forme. Par exemple, l'offrande du premier jour sert à constituer les pieds, celle du deuxième jour les mollets, et ainsi de suite. L'offrande est appelée «pinda», et le corps formé de l'essence subtile de cette nourriture est le pinda sariram, «sariram» signifiant corps. Le dixième jour, l'âme prend conscience de ce qui l'entoure et de la présence du pinda sariram. Elle se rend à l'endroit où sont assemblés pour les derniers rites tous ses amis et regarde qui est venu. Après quoi, elle entame son voyage vers l'autre monde.

On fit toutes ces cérémonies pour Ratnamji. Le dixième jour, la pierre ayant rempli son rôle, on la jeta dans la rivière voisine. Il se trouve que c'était la rivière même où l'on avait immergé le corps de Swamiji neuf mois plus tôt. Ce jour-là, c'était Sivaratri, une fête annuelle que l'on célèbre dans l'Inde entière. À cette occasion, les gens jeûnent et restent éveillés toute la nuit à prier Dieu jusqu'au point de l'aube. Mais, épuisé par les cérémonies et d'humeur peu gaie, j'allai me coucher vers onze heures du soir. Immédiatement, Ratnamji m'apparut en rêve. Il me sourit et tendit la main. Dans sa paume reposait la pierre. Il la jeta alors dans la rivière et me dit :

«Allons viens, ce soir c'est Sivaratri. Nous devons prier le Seigneur.»

Puis il s'assit, et me priant de m'asseoir à ses côtés, il commença la puja.

Je me réveillai en sursaut, absolument convaincu que ce que je venais de voir n'était pas un simple rêve. Ratnamji avait voulu me montrer qu'il était encore bien vivant et à mes côtés, bien que sous une forme subtile invisible à mes yeux. J'étais extrêmement heureux et pus à peine dormir du reste de la nuit.

Chapitre 5

Seul, en apparence

Après la clôture des cérémonies funéraires, je rassemblai les quelques affaires de Ratnamji et rentrai à Arunachala. Après tout, j'étais venu à Arunachala huit ans plus tôt pour vivre près de la tombe de Ramana et essayer d'atteindre la Réalisation de ma Véritable Nature. J'estimais avoir été guidé au cours de ces huit années par Ramana sous la forme de Ratnamji. Maintenant il allait falloir mettre en pratique tout ce que j'avais appris. Les fondations étaient creusées, restait à ériger la construction.

Pendant le retour en train, je fis un autre rêve merveilleux. J'étais arrivé à l'ashram et trouvais une grande foule assemblée au pied de la colline. En m'approchant, je vis que le corps de Ramana était étendu là, immobile. Il venait juste de mourir. Tout le monde pleurait. Je m'approchai du corps et me mis à sangloter : « Oh, Ramana, je suis venu de si loin pour te voir, et voilà que tu es parti avant que j'aie pu t'atteindre ! » C'est alors que Ramana ouvrit les yeux et me sourit. Il me pria de m'asseoir, plaça ses pieds dans mon giron, et me demanda de lui masser les jambes.

« Ils disent que je suis mort. Est-ce que je te parais mort, à toi ? » me demanda-t-il.

Sur ce, je m'éveillai et réfléchis, interpellé par la netteté de ce rêve. Certainement, Ramana était avec moi. J'en acquis l'intime conviction.

Nos maisons semblaient vides et inanimées sans Ratnamji.

Comment serai-je capable d'habiter sa maison sans lui ? Je le sentais présent en moi, mais il ne faisait aucun doute qu'il était physiquement absent. La Félicité que j'avais ressentie de façon continue en sa compagnie avait disparu. Je décidai d'aller trouver l'astrologue, à l'ashram. Il me fit bon accueil et me demanda des nouvelles de Ratnamji. Je lui racontai tout. Je lui dis aussi que ses prédictions s'étaient avérées exactes : non seulement il avait eu raison de dire que Ratnamji devait terminer son travail avant le 21 février, mais aussi, j'avais dû demander un prêt à ma mère pour pouvoir célébrer les cérémonies mensuelles qui ont lieu pendant un an après le décès de la personne. Je lui dis combien j'étais surpris de l'acuité de ses prédictions.

« Me diras-tu ce que me réserve l'avenir, maintenant que Ratnamji n'est plus ? » lui demandai-je.

« Ta santé va progressivement se détériorer », annonça-t-il. « Au bout de quatre ans, il n'est pas impossible que tu meures. Sinon, tu iras chez ta mère et poursuivras ta vie spirituelle. En même temps, tu t'occuperas de collecter des fonds. »

Mourir ? Retourner aux États-Unis ? Collecter des fonds ? Cela paraissait trop affreux pour être vrai ! Le remerciant, je rentrai chez moi. Je me mis à broyer du noir. Je savais que les propos de cet homme ne pouvaient être faux, et je me sentais très triste et agité. Je n'avais personne à qui parler. Pendant dix jours, je ressassai inlassablement le sujet, incapable de méditer ou même de lire quoi que ce soit. Ceci aurait sans doute continué, si je n'avais fait un rêve : Ratnamji se tenait dans la maison et me regardait avec colère.

« Pourquoi te comportes-tu ainsi ? » me dit-il. « Tout est entre les mains de Ramana. Tu lui as remis ta vie, oui ou non ? Tu dois faire ton devoir et méditer sur Dieu jour et nuit. Ce qu'il adviendra de toi est l'affaire de Ramana. Ne t'inquiète pas. »

Sur ces entrefaites, je m'éveillai. Pas la moindre trace de

somnolence, et je me sentais soulagé d'un grand poids. À partir de ce moment, l'inquiétude au sujet de l'avenir cessa de me tarauder.

Au cours de l'année suivante, je décidai d'aller à Hyderabad pour prendre part aux cérémonies mensuelles à accomplir pour l'âme de Ratnamji. Une fois, après avoir achevé mon repas, je m'étais allongé pour me reposer, dans la maison de l'homme qui avait célébré les rites. Je me mis à rêver que Ratnamji et Ramana se tenaient côte à côte et me regardaient. Désignant Ratnamji, Ramana me dit : « En le servant, c'est moi que tu sers. »

Bien que je désigne ces expériences sous le terme de « rêves », il doit être clair qu'elles n'avaient pas du tout le côté flou des rêves. Elles étaient presque aussi nettes qu'en état de veille, mais avec leur spécificité propre : je sentais que je n'étais ni vraiment éveillé, ni en train de rêver. Elles me laissèrent l'impression profonde que j'étais veillé et guidé par ces deux grands hommes.

Environ six mois après la mort de Ratnamji, ma mère décida de venir en Inde avec ma sœur et mon beau-frère. Nous fîmes un voyage d'une dizaine de jours au Cachemire, l'une des plus pittoresques régions de l'Inde. De là, nous prîmes l'avion pour l'Est et séjournâmes à Darjeeling, station de montagne célèbre pour ses plantations de thé, d'où l'on a une vue imprenable sur l'Éverest et le Kanchenjunga. Tandis que nous abordions les montagnes, venant des plaines, je commençai à me sentir euphorique, sans raison apparente. En fait, je me mis à rire aux éclats. Personne ne comprenait ce qu'il y avait de si drôle, moi pas davantage. Mais j'eus le sentiment qu'un grand nombre de saints hommes devaient vivre dans cette région, et que leur seule présence me rendait béat.

Cette nuit-là, lorsque je me couchai, Ratnamji m'apparut. Il me regardait comme s'il attendait de moi que je dise quelque chose. Je me hasardai à lui demander : « Ratnamji, quand tu es mort, que t'est-il arrivé à ce moment précis ? » J'avais remarqué qu'il avait l'air en samadhi, en union parfaite avec Dieu.

Il répondit :

« J'ai senti une force qui montait en moi et me submergeait. Je m'y suis abandonné et ai été absorbé dans Cela. »

Après quoi, il me tourna le dos, s'en alla dans le ciel, et disparut progressivement.

Lorsque s'acheva cette année de cérémonies mensuelles pour le repos de l'âme de Ratnamji, je décidai de passer l'année suivante à Arunachala. Je priai mes amis de ne pas venir me voir. Je voulais passer cette année en retraite complète, à méditer et étudier, à essayer d'assimiler le vécu des neuf dernières années. Je commençais à avoir de graves doutes sur ce que devait être ma principale pratique spirituelle. Selon Ramana, il n'y a, essentiellement, que deux voies : la Voie de la Dévotion, caractérisée par l'incessante répétition du Nom divin ou d'un mantra, et la Voie de la Connaissance caractérisée par l'incessante auto-interrogation sur l'essence de « Je ». Ratnamji m'avait conseillé la voie de la dévotion pendant les six premières années que nous avions passées ensemble. Puis un jour il m'avait appelé pour me dire que je devais pratiquer de plus en plus l'auto-interrogation, car c'était le seul moyen de purifier suffisamment mon mental pour le rendre immobile et apte à s'absorber dans la Réalité. Il me fit passer plusieurs heures par jour dans une chambre, à méditer sur mon Moi le plus profond. À présent, je ne savais plus quelle devait être ma pratique. J'avais le sentiment que la Voie de la Connaissance éveillait en moi de façon subtile une sorte de vanité. Bien que trouvant en moi-même un reflet de la Vérité, j'étais encore très loin d'accepter que cette Vérité soit mon Moi Véritable. Être l'humble dévot de Dieu ou d'un guru me paraissait une voie plus sage, mais en même temps il ne fallait pas négliger les paroles de Ratnamji.

Je passai plusieurs jours à hésiter entre les deux voies. Puis une nuit, je fis un autre rêve très significatif. Le Shankaracharya de Kanchipuram, un sage réalisé pour qui j'avais le plus grand respect, m'apparut, assis devant moi. Il me dit :

« Puisse-je entrer en Toi. Puisse-je entrer en Toi. » Tu dois répéter ceci tous les jours pendant neuf heures. » Je le priai de répéter ce vers en sanscrit.

« Ça suffit ! » me dit-il, un peu fâché, et je me réveillai.

À partir du lendemain, j'essayai de répéter ce vers pendant neuf heures. Je me sentais très mal à l'aise à répéter ces mots, aussi je me mis à répéter plutôt mon propre mantra tout en concentrant mon esprit sur ces mots. Déjà, mon corps s'affaiblissait de jour en jour, et il m'était impossible de rester assis aussi longtemps. Je parvins néanmoins à pratiquer cette répétition cinq heures par jour. À la fin de chaque journée, j'en sentais très nettement l'effet, sous forme d'un approfondissement de ma paix intérieure. Je continuai ainsi deux ou trois mois.

Puis un jour, l'Acharya m'apparut à nouveau en rêve. Il était assis devant moi, comme dans le rêve précédent.

« Le mental seul est important » me dit-il. Puis il m'offrit du sucre candi, enveloppé dans une feuille de bananier. Il en prit un morceau, le fourra dans sa bouche, puis se leva et s'en alla. Dès le lendemain, je n'éprouvais plus le moindre goût pour la répétition du mantra. Par contre, la recherche du Soi me venait tout naturellement, si bien que j'adoptai très sérieusement cette pratique. Je compris enfin ce qu'il avait voulu dire par « seul le mental est important » : peu importe la voie suivie, seule compte la pureté d'esprit qu'elle permet d'atteindre. Il faut garder l'œil sur cela et rien d'autre. Les différentes pratiques ne sont que des moyens, et non la fin.

Lorsque deux ans se furent écoulés et que vint le temps de célébrer la seconde cérémonie annuelle pour Ratnamji, ses dévots d'Hyderabad exprimèrent le vœu qu'elle se déroule à Bénarès, ou Kasi. À cette époque, je me sentais déjà trop faible pour voyager.

Je souffrais de douleurs intenses dans le bas du dos et dans l'abdomen. J'avais mal tout le long de la colonne vertébrale, et les migraines étaient fréquentes. Je me faisais soigner à l'hôpital gouvernemental de la ville, mais sans noter la moindre amélioration. En apprenant leur proposition, je me dis : « Eh bien, Ratnamji négligeait son corps au profit des programmes religieux. En tant que son fils, ne devrais-je pas en faire autant ? »

Dans cet état d'esprit, je me mis en route pour Hyderabad. Peu après mon arrivée, nous repartîmes à huit vers Kasi, que nous atteignîmes deux jours plus tard. J'étais très heureux de me retrouver à Kasi après dix ans d'absence, mais c'est à peine si je pouvais marcher ou me tenir assis. Je ne pouvais que rester allongé dans un coin tout le temps. La veille de la cérémonie, je fis un rêve merveilleux. Je me trouvais au pied d'une butte. J'y grimpai et découvris un petit chalet. Ratnamji était assis à l'intérieur. Il resplendissait d'un éclat céleste, et même la maison se trouvait illuminée par sa présence.

« Ah, tu es venu de si loin juste pour participer à cette cérémonie ? Tu souffres beaucoup, n'est-ce pas ? Je suis heureux de constater ta dévotion. Tiens, prend ceci et mange. » Tout en disant ces mots, il me tendit un petit gâteau, et je m'éveillai en larmes. Il voyait réellement tout ce qui se passait, et lisait dans mon cœur, tout comme au temps où il était vivant dans son corps physique.

Non sans difficulté, je retournai à Arunachala. L'astrologue avait dit que je risquais de mourir dans les quatre ans, et cela faisait déjà deux ans. Il y avait deux choses que je désirais ardemment accomplir avant de quitter ce monde. L'une était de faire le tour d'Arunachala cent-huit fois, l'autre un pèlerinage à pied à tous les sanctuaires importants de l'Himalaya. J'étais trop faible pour faire l'une ou l'autre, mais je décidai d'essayer néanmoins. Après tout, dans le pire des cas, mon corps mourrait avant l'heure. Qu'il meure au moins en accomplissant un acte sacré, pensais-je.

Tout doucement, je me rendis à la tombe de Ramana et restai là à lui demander mentalement de me donner la force d'accomplir mon vœu. Je sentis un sursaut d'énergie et parvins ce jour-là à parcourir les treize kilomètres du tour d'Arunachala. Je décidai de me reposer un jour sur deux. Chaque fois que je me traînais jusqu'à l'ashram, je me sentais si faible qu'il me paraissait impossible de faire ne serait-ce que quelques pas de plus. Cependant, après avoir passé un moment devant le Samadhi de Ramana, je trouvais toujours assez de force pour faire le tour de la colline. Ceci se poursuivit jusqu'à ce que j'aie accompli mes cent huit circumambulations.

Le moment était venu d'essayer de mener à bien mon second vœu. Je pris le train pour Hyderabad, puis pour Kasi. J'avais dans l'idée de rester quelques jours à Kasi, puis d'entamer ma marche vers l'Himalaya. Je comptais que le voyage me prendrait six mois en marchant sans me presser. Malheureusement, je tombai si malade à Kasi que je dus me rendre à l'évidence : je devais abandonner mes aspirations. Jetant l'éponge, je rebroussai chemin et repris le train pour Hyderabad. Là, je me fis admettre dans un hôpital de soins par des méthodes naturelles. J'avais foi en l'idée que si quelqu'un pouvait diagnostiquer et soigner mon mal, ce serait sans doute ceux qui utilisaient des médecines dans la ligne de la naturopathie, de l'homéopathie, ou de l'ayurvéda (traitement par les plantes).

Je passai deux mois à hôpital. Son atmosphère était celle d'un ashram, avec cours de yoga, chants dévotionnels et régimes diététiques divers. Malgré tout, je continuais à m'affaiblir, et décidai finalement de chercher autre chose. J'allai voir un homéopathe de grand renom, qui à l'époque soignait le Président indien. Il me soigna gratuitement pendant deux-trois mois, mais il n'y eut pas d'amélioration. Que faire ? Un dévot de mes amis me suggéra alors d'aller en Amérique me faire soigner, dans l'intérêt de ma vie spirituelle. Il ne pensait pas que cela pourrait me nuire spirituellement, contrairement à ce que j'avais toujours craint. Il me dit que, si même là-bas ma santé ne s'améliorait pas, je n'aurais qu'à rentrer.

Seul quelqu'un qui a vécu plusieurs années en Inde peut comprendre ma peur et mon aversion à l'idée de retourner vivre aux États-Unis. À vivre en Inde, il très facile de discipliner son existence et de consacrer son temps à la méditation, à l'étude, et aux autres pratiques spirituelles. Il y a très peu de distractions. La culture elle-même induit ce mode de vie.

Tel n'est pas le cas en Amérique. Avec l'idéal américain de confort et de jouissance, où que l'on se tourne on est confronté à de multiples occasions d'oublier son but spirituel et de se perdre dans les plaisirs. Il n'est pas dans la nature humaine de rechercher la paix de l'esprit en renonçant au monde extérieur, et de se tourner vers l'intérieur pour chercher la Réalité. Les gens cherchent plutôt le bonheur à l'extérieur, dans les objets du monde. Dans cette quête extérieure de la paix, tous sans exception se heurtent à une déception, à un degré ou un autre. Certains se tournent alors vers l'alternative de la quête intérieure. Ayant entendu dire qu'il existe un bonheur plus grand, plus élevé que ce que peut offrir le monde, beaucoup adoptent une vie consacrée à l'accomplissement de la Réalisation spirituelle et de l'infinie Béatitude qui en résulte. Mais cette vieille tendance à vouloir rechercher le bonheur à l'extérieur relève inlassablement la tête. C'est pourquoi une atmosphère propice est indispensable à celui qui entreprend de parcourir le fil du rasoir qu'est la voie de la Réalisation du Soi.

On raconte en Inde une petite histoire qui illustre comment les tendances matérialistes s'opposent à ce que l'esprit se tourne vers l'intérieur pour trouver la Lumière. Il était une fois un chat qui en avait assez de chasser les souris pour gagner sa vie. Il se dit qu'en apprenant à lire, il trouverait un meilleur emploi. Une nuit qu'il était en train d'étudier l'alphabet à la lueur d'une chandelle, une souris passa. Aussitôt, jetant à bas son livre et soufflant la chandelle, le chat sauta sur la souris ! Qu'était devenu son désir d'apprendre à lire ?

Me sentant tout à fait semblable au chat de l'histoire, j'étais convaincu que si je passais un certain temps en Amérique, je recommencerais à courir après une vie sensuelle et perdrais peu à peu la lumière intérieure que j'avais acquise au prix d'un dur combat.

Je résolus de tenter l'essai pendant six mois, téléphonai à ma mère pour lui annoncer mon arrivée prochaine, et pris mon billet. De retour à Arunachala, j'allai me recueillir sur la tombe de Ramana et le priai de me guider et de m'accorder un prompt retour. Puis, de Madras, je pris un vol pour NewYork via Bombay. Ma mère vint à ma rencontre à New York et de là, elle me conduisit à sa nouvelle maison, à Santa Fé, où elle avait récemment déménagé. Pendant tout ce temps, je gardai l'attitude soumise d'un enfant à la charge de sa mère. J'avais décidé d'obéir strictement à ma mère comme à une représentante de Dieu pendant six mois. Ce serait une autre manière de m'abandonner à Sa Volonté.

Je passai les six mois suivants à courir d'un médecin à l'autre. D'abord, bien sûr, j'essayai le système allopathique. Le docteur était tout disposé à reconnaître que je souffrais et que j'étais très faible, mais il ne trouvait pas la cause. Pas de diagnostic, pas de traitement. Ensuite vint le traitement par les plantes, puis l'homéopathie associée à un régime spécial. Ce fut ensuite le tour de l'acupuncture, et même de l'hypnose. Rien ne semblait y faire. Finalement, ma mère pensa que je devais aller consulter un psychiatre. Je ne pus m'empêcher de sourire à l'idée. « Très bien », me dis-je, « si c'est ta volonté, Ramana, j'irai voir un psychiatre. »

« Vous souvenez-vous de votre père ? » me demanda le psychiatre.

« Bien sûr, chaque minute de ma vie je pense à mon Père », répondis-je.

« Vraiment ? Comme c'est intéressant ! Pourquoi devriez-vous penser à votre père si souvent ? Vous avez dû vivre une expérience très traumatisante avec lui », me dit-il.

« En effet, traumatisante est le mot. Il a mis en moi le désir de Le voir et de ne plus faire qu'Un avec Lui. Depuis ce jour, j'essaie de penser à Lui en permanence et de Le voir en toute chose. »

« Qu'entendez-vous au juste par « père » ? » me demanda-t-il.

« Vous et moi et tous les autres, nous n'avons qu'un seul Père, et c'est Dieu. Nous sommes tous Ses enfants. Vous êtes libre de ne pas croire à Son existence, cela vous regarde. Quant à moi, je ne peux pas La nier. Je sens nettement Sa Présence en moi. Appelez cela comme vous voudrez, hallucination mentale ou autre. Pour ma part, je dirais que sentir le Réel à l'intérieur de soi est tout à fait normal, et que ne ressentir que pensées et agitation mentale, comme c'est le cas de la plupart des gens, est une sorte de maladie. Mon corps est peut-être malade, mais je me sens parfaitement heureux et serein. »

« Peut-être êtes-vous en paix, c'est sans doute très bien pour vous, mais j'ai ici beaucoup de patients qui viennent me voir avec de graves problèmes mentaux, et la foi en Dieu n'est pas une solution pour eux. Ils demandent : « S'il y a un Dieu, pourquoi tant de souffrance ? » Non seulement je n'ai pas de réponse à leur fournir, mais je me pose moi-même la question. »

« Docteur, » lui dis-je, « vous avez été élevé dans une société dominée par le Christianisme et le Judaïsme. Il est très difficile de démontrer à un rationaliste l'existence de Dieu ou l'intérêt de s'abandonner à Sa volonté en utilisant les doctrines ou la philosophie de ces religions. Ce ne serait qu'une question de foi ou de croyance aveugle. Et de nos jours les gens pèsent longuement les choses avant de les accepter pour vraies. Mais si vous exploriez l'aspect philosophique des religions orientales, vous découvririez qu'elles se basent sur les conclusions logiques d'expériences rigoureuses. Les conclusions auxquelles sont parvenu les sages indiens sont le fruit d'une vie de pratique spirituelle qui les a conduit à vivre certaines expériences. Quiconque suit les voies qu'ils ont tracées connaîtra les expériences que des milliers d'autres ont faites avant eux. Leur philosophie de la vie est parfaitement logique et en accord avec les données actuelles de la science.

« Par exemple, la conception hindoue la plus élevée de Dieu n'est pas celle d'un Être siégeant au paradis et régnant sur la Création comme un dictateur. Non, le Dieu suprême est l'essence même de l'individu, et l'on peut en faire l'expérience directe en contrôlant son mental, en le rendant subtil et paisible. Le reflet du soleil ne se voit pas bien à la surface d'un lac agité par les vagues. Notre mental est semblable à un lac, qui, s'il s'apaise, réfléchira la Présence divine. Si l'on perd de vue le joyau qui est en nous, on court partout sans répit à la recherche du bonheur, incapable de rester tranquille une minute. Lorsque nous jouissons d'une chose, le mental se calme un bref moment, et c'est ce calme que nous appelons bonheur. En bonne logique, il en découle qu'en maîtrisant les turbulences du mental et en le rendant calme de lui-même, sans avoir recours à la jouissance, le bonheur devient un état permanent.

« En Orient, la religion n'est pas une simple question de foi. C'est plutôt la science de la maîtrise du mental aux fins d'atteindre à l'expérience directe de la Réalité, qui est la source même du mental. On peut qualifier de mauvaises toutes les actions qui nous détournent de ce Centre intérieur. Dieu est ce qui nous rapproche du Centre. La physique énonce que toute action génère une réaction d'intensité égale et de direction opposée. Ceci s'applique à tous les aspects de la vie, physiques aussi bien que mentaux. On récolte ce que l'on a semé. Si nous faisons du mal, physiquement ou mentalement, à d'autres, il nous faudra un jour souffrir de la même manière. Ceci est vrai aussi pour les bonnes actions. Le résultat ne sera peut-être pas immédiat, mais il viendra... sauf erreur de la science.

« Ceci, bien sûr, implique la croyance en une existence précédente et en une existence future, sans cela pourquoi souffririons-nous pour une action que nous ne nous rappelons pas avoir commise, ou pourquoi connaîtrions-nous la joie sans l'avoir méritée ? Il y a des gens qui mènent une vie de méchanceté et s'en tirent indemnes. D'autres passent leur temps à faire le bien et souffrent pourtant toute leur vie. Ce que l'on vit dans cette vie est dans une large mesure déterminé par nos actions dans une existence antérieure. Personne ne vient au monde avec un casier vierge. Ce que nous faisons aujourd'hui nous reviendra demain ou dans une vie future. Nous forgeons notre propre destinée et ne pouvons blâmer Dieu de nos souffrances. Solder les comptes est la Loi de la Nature. C'est à nous d'apprendre à connaître ces lois et à vivre en harmonie avec elles, afin de transcender la souffrance et d'atteindre le bonheur et la paix éternels.

« Si nous gardons présent à l'esprit que, lorsque nous récoltons les fruits de nos actions sous forme d'expériences agréables ou douloureuses, nous ne faisons que liquider un passif, notre mental restera en paix, sans souffrance et sans excitation. Un tel esprit serein percevra clairement la lumière extrêmement subtile qui est la source même du mental et de ses occasionnels instants de bonheur, et pourra pénétrer en elle. C'est là l'essence de la Béatitude. Une telle personne sera alors appelée sage et deviendra un phare et une source d'inspiration pour l'humanité plongée dans l'ignorance.

« Bien que vous soyez sans doute capable d'apaiser vos patients et de résoudre certains de leurs problèmes, d'autres problèmes surgiront immanquablement. Vous devez comprendre que le mental lui-même peut être maîtrisé et libéré de toutes les pensées, y compris celles qui créent les problèmes. Alors seulement pourrez-vous conseiller efficacement les gens de manière à ce que les problèmes cessent de surgir, tout au moins au niveau mental.

« Je ne sais pas si vous avez suivi tout ce que je viens de dire. Cela doit vous paraître une bien étrange façon de voir les choses. »

Le psychiatre avait en effet compris ce dont je parlais, car il avait un peu étudié la philosophie hindoue. Lui aussi s'était dit que s'attaquer au mental, plutôt qu'à chacun de ses innombrables problèmes, semblait être un moyen plus logique de trouver la paix. Mais comme il n'avait jamais été formé à le faire, il était incapable de conseiller qui que soit dans ce domaine. En partant, je lui offris un exemplaire d'un ouvrage intitulé « Qui Suis-je ? », qui contient l'enseignement de Ramana sous forme très concise. Un autre jour, il m'invita à déjeuner, et nous eûmes une longue conversation sur les questions spirituelles. Ce que voyant, ma mère finit par conclure que la psychiatrie ne pouvait rien pour moi, et n'insista plus pour que je poursuive ces entrevues. Je lui dis également qu'en ce qui me concernait, il ne me paraissait pas indispensable de dépenser cinquante dollars par jour juste pour que j'apporte un peu de paix intérieure au psychiatre !

Cela faisait déjà cinq mois que j'étais aux États-Unis. La date du départ approchait. La seule chose qui me retenait de prendre l'avion, c'est que j'avais fait une demande de visa longue durée pour l'Inde et que la réponse tardait à venir. Pendant ce temps, une situation très ennuyeuse se développait sur un autre front. Depuis trois ou quatre mois, une jeune fille de mon âge venait régulièrement me rendre visite. Si un jour elle ne pouvait venir, elle téléphonait au moins pour savoir comment j'allais. Au début, je pensais qu'elle s'intéressait aux questions spirituelles et que, pour cette raison, elle recherchait ma compagnie. Je ne parlais que de spiritualité avec elle. Au bout d'un moment, je remarquai que, de temps en temps, elle avait envers moi des gestes que l'on aurait pu qualifier d'amoureux. J'écartai cette idée comme le produit de mon imagination impure, ou encore comme une bizarrerie de la nature féminine.

Je commençai à éprouver un certain plaisir subtil à sa compagnie, et parfois je me demandais d'où me venait cette conviction que la voie de l'abstinence totale de tout plaisir humain était vraiment ma voie. J'étais surpris de nourrir de telles idées. Je savais que, même si je succombais à la tentation, ce ne serait qu'un moment, car j'avais déjà vécu la vie du monde et n'avais plus d'illusions sur le sujet. Malgré tout, une chute serait une chute, et me ferait perdre du temps et de l'énergie. Considérant ces dispositions d'esprit, je décidai de rentrer en Inde à la première occasion.

Je n'eus pas longtemps à attendre. Mon visa arriva quelques jours plus tard, et je pris immédiatement mon billet d'avion. Ma mère, bien sûr, ne voulait pas que je parte, mais je demeurai inflexible. Le jour du départ arriva. La jeune fille vint me dire au revoir à la maison. Me prenant à part, elle me dit : « Neal, faut-il vraiment que tu partes ? Je t'aime vraiment beaucoup. »

« Moi aussi je t'aime beaucoup », répondis-je, « mais seulement comme un frère aime une sœur. De plus, il m'est impossible d'aimer une personne plus qu'une autre. La même étincelle nous anime tous, et c'est à cette chose que je voue mon amour. Bien qu'il y ait des machines de toutes sortes, le courant électrique qui les fait marcher est le même. Cette Chose qui fait que nos corps sont vivants et séduisants est la même pour tous ; qu'Elle nous quitte et il ne reste qu'un cadavre. Nous ne devrions aimer que Cela », répliquai-je, soulagé d'être sur le départ pour l'Inde.

Rentrer chez soi ! Je pensais ne jamais te revoir, ô Inde, ma Mère bien-aimée. Bien que pauvre en biens matériels, tu recèles la richesse des austérités spirituelles de tes milliers d'enfants qui, au cours des âges, ont atteint la Félicité infinie de la Réalisation de Dieu.

Ô Mère, fais que je ne te quitte plus jamais !

L'Inde m'était chère avant que je parte. Maintenant, après mon retour, elle l'était doublement. Je retournai directement à Arunachala et tâchai de retrouver mon état mental habituel. Je constatais que ces six petits mois passés en Amérique avaient effectivement altéré mon détachement, comme je le redoutais. Au lieu d'éprouver un constant délice à méditer sur la Lumière intérieure, le besoin de jouir d'objets extérieurs, et l'agitation qui va de pair, avaient envahi un coin de mon esprit. Je me demandais si je retrouverais un jour mon état antérieur. Cependant, je passais autant de temps que possible près de la tombe de Ramana, et cet état se rétablit rapidement.

L'effet subtil insidieux de la vie dans le monde me devint parfaitement clair. La tendance à regarder vers l'extérieur grignote lentement la richesse intérieure chèrement acquise par une vie d'intense méditation. Quand il y a une fuite dans un récipient, si petite soit-elle, on constate très vite que toute l'eau a disparu, et nul ne sait où elle est passée.

Ma santé continuait à se dégrader de jour en jour. C'est à peine si je pouvais faire cent mètres tellement j'étais faible, et je ne pouvais pas rester assis plus de quelques minutes. Mes douleurs dans le dos s'intensifièrent, et même manger devint douloureux. J'avais l'impression d'avoir un ulcère quelque part aux environs du duodénum. Sur le conseil d'un homéopathe local, je me mis à manger uniquement de la mie de pain et du lait. Mais même cela était douloureux. Je me demandais combien de jours mon corps pourrait survivre de la sorte. La mort aurait été préférable, mais cela ne dépendait pas de moi. J'avais remis ma vie entre les mains de Ramana, et devais accepter les conditions dans lesquelles il me plaçait. Je prenais des médicaments, mais lui seul décidait s'il y aurait ou non amélioration.

C'est dans ces circonstances critiques que je tombai sur un livre intitulé « Je suis Cela », qui regroupe des conversations avec Nisargadatta Maharaj, un Être Réalisé vivant à Bombay. Ses enseignements me parurent identiques à ceux de Ramana, et comme je n'avais pas pu voir Ramana de son vivant, je nourrissais un intense désir de rencontrer quelqu'un comme lui. Mais aller à Bombay paraissait hors de question, si bien que j'écrivis à Maharaj en expliquant mon état mental et spirituel et demandai sa bénédiction.

Dès le lendemain, ma lettre à peine postée, une Française vint me rendre visite. Elle avait récemment lu le même livre et avait décidé d'aller voir Maharaj à Bombay. Je lui fis part de mon désir d'y aller... et de mon incapacité.

« Vous pourriez prendre l'avion pour Bombay », me dit-elle. « Si vous voulez, je vous aiderai. »

Je me dis qu'elle était une envoyée du Ciel, et acceptai avec empressement sa proposition.

Elle avait lu de nombreux ouvrages sur la philosophie non-dualiste, qui soutient qu'il n'y a qu'une seule Réalité, le monde étant une manifestation de Cela, et que notre Véritable Nature n'est autre que Cela. Il est pratiquement impossible d'en prendre pleinement conscience sans une dévotion exclusive à Dieu ou à un guru, et sans une purification complète du corps, de la parole, du mental, et des actes. Ananda, —ainsi s'appelait cette jeune femme—, considérait, comme la plupart des pseudo-non-dualistes, que seule importe la conviction superficielle que l'on est Cela. Sous prétexte d'être cette Vérité suprême, ces gens se complaisent dans toutes sortes d'agissements indisciplinés, irresponsables, voire immoraux. Dans le taxi, en route pour Madras, elle me questionna :

« Pourquoi cette discipline, ces règles ? Même la dévotion à Dieu est superflue. Tout cela n'est bon que pour les faibles d'esprit. Il suffit de penser en permanence : « Je suis Cela, je suis Cela », et un jour tu finiras par réaliser la Vérité. »

« Je crois qu'un point important de la philosophie non-dualiste t'a échappé, » objectai-je. « Tous les écrits et tous les maîtres de cette école de pensée insistent sur le fait qu'avant même d'en aborder l'étude, il faut avoir certaines qualifications. Jamais un enfant de maternelle ne pourra comprendre un ouvrage universitaire. Il pourrait même en détourner le sens. De la même façon, avant d'entreprendre l'étude ou la pratique de la non-dualité, le mental doit avoir été suffisamment apaisé pour permettre au Réel de s'y refléter. En se cramponnant à ce reflet, on retourne à l'Origine. Si le reflet n'est pas visible, sur quoi fixera-t-on son mental pour dire que l'on est la Vérité ? Sur ses pensées, sur ses sentiments, sur son corps ? On fait déjà bien assez de mal à ce pauvre petit corps périssable. Si nous nous mettons à penser que nous sommes le Suprême, que n'hésiterons-nous pas à faire ? Qu'est-ce qu'un démon ou un dictateur, si ce n'est quelqu'un qui croit que sa petite personne est l'égale de Dieu, voire supérieure ? Il n'y a pas la moindre trace de mal dans le Suprême. Qui n'a pas abandonné ses qualités négatives telles que la convoitise, la colère, et l'avarice, ne peut prétendre avoir réalisé la Vérité. Il serait plus prudent de se considérer comme l'enfant d'un Être réalisé ou de Dieu. Et pour tirer bénéfice de ce statut, il faut s'efforcer d'imiter Son comportement. C'est à cette seule condition que notre mental cessera d'être agité par les passions et deviendra progressivement pur. Alors seulement la Vérité s'y reflétera ; mais pas avant. »

« Tu es vraiment un faible. Tu verras, quand nous serons chez Maharaj. Il te dira de jeter par-dessus bord ce fatras de sentimentalisme à la guimauve », répliqua-t-elle, passablement irritée. J'avais déjà rencontré beaucoup de gens comme elle, et savais qu'il ne servait à rien de discuter, si bien que je me tus.

À notre arrivée à Bombay, un ami nous emmena à l'appartement de Maharaj. Dans sa jeunesse, Maharaj avait fait de la contrebande de cigarettes. Un jour, un de ses amis l'emmena voir un célèbre saint homme, de passage à Bombay. Celui-ci initia Maharaj à un mantra et lui dit de purifier son mental en faisant table rase de toutes les pensées, et en s'accrochant au sentiment intérieur d'être, c'est-à-dire « Je suis ». Il s'adonna à cette pratique intensément pendant trois ans, et après nombre d'expériences mystiques, vit son esprit rejoindre la Réalité transcendante. Il demeura à Bombay, faisant du commerce et instruisant ceux qui venaient à lui. Il avait à présent plus de quatre-vingts ans, et vivait avec son fils dans un trois-pièces. Il avait aussi aménagé une soupente dans le séjour et s'y tenait la plupart du temps. C'est là qu'il nous reçut.

« Entrez, entrez. Vous venez d'Arunachala, n'est-ce pas ? Votre lettre est arrivée hier. Goûtez-vous la paix auprès de Ramana ? », s'enquit-il jovialement, tout en me faisant signe de prendre place à ses côtés. Immédiatement je ressentis à être proche de lui une immense paix, signe infaillible que c'était une grande âme.

« Comprends-tu ce que je veux dire par paix ? » demanda-t-il. « Quand on jette un beignet dans l'huile bouillante, ça fait sortir plein de bulles, jusqu'à ce que toute l'humidité du beignet ait disparu. Ça fait aussi beaucoup de bruit, pas vrai ? Finalement, tout se tait, et le beignet est prêt. L'état de silence mental qui s'instaure au prix d'une vie de méditation s'appelle la paix. La méditation est comme l'huile bouillante : elle fait sortir tout ce qu'il y a dans le mental. Alors seulement on connaît la paix. »

Pour une explication imagée et vivante de la vie spirituelle, c'en était une !

« Maharaj, je vous ai écrit au sujet des pratiques spirituelles auxquelles je me suis adonné jusqu'à présent. Ayez la bonté de m'indiquer ce qu'il me reste à faire », lui demandai-je.

« Mon enfant », me dit-il, « tu as fait plus qu'assez. Ce sera bien suffisant si tu continues à répéter le Nom divin jusqu'à ta fin. La dévotion au guru est ta voie. Elle doit devenir parfaite et ininterrompue par les pensées. Quoi qu'il t'arrive, tu dois l'accepter comme Sa très gracieuse volonté pour ton bien. Tu peux à peine te tenir assis, n'est-ce pas ? C'est sans importance. Il y a des gens dont le corps devient malade comme cela lorsqu'ils pratiquent sincèrement la méditation ou d'autres techniques spirituelles. Cela dépend de la constitution physique de chacun. N'abandonne pas tes pratiques, mais persiste jusqu'à ce que tu atteignes le but, ou que ton corps meure. »

Se tournant vers Ananda, il lui demanda :
« Quelle sorte d'exercice spirituel pratiquez-vous ? »
« Je me contente de penser en permanence que je suis l'Être suprême », répondit-elle avec un rien de suffisance.

« Vraiment ? N'avez-vous jamais entendu parler de Mira Baï ? C'est l'une des plus grandes saintes que l'Inde ait jamais connue. Dès sa plus tendre enfance, elle avait senti que le Seigneur Krishna était tout pour elle, et elle passait l'essentiel de ses jours et de ses nuits à le prier et à chanter Ses louanges. Finalement, elle reçut Sa vision mystique et son esprit se fondit en Lui. Après quoi, elle chanta la gloire et la béatitude de l'état de Réalisation. À la fin de sa vie, elle pénétra dans un temple dédié à Krishna et disparut dans le saint des saints. Vous devriez marcher sur ses pas, si vous souhaitez atteindre le but », dit Maharaj en souriant.

Ananda pâlit. D'une pichenette, Maharaj venait de pulvériser sa montagne de non-dualité ! Elle restait sans voix.

« Il est vrai que je parle de non-dualité à certaines des personnes qui viennent me voir », poursuivit Maharaj, « mais ce n'est pas pour vous, et vous ne devriez pas tenir compte de ce que je dis à d'autres. Ce livre qui rapporte mes conversations ne doit pas être pris comme le dernier mot de mes enseignements. Je n'ai fait qu'apporter des réponses aux questions de certaines personnes. Ces réponses s'adressaient à ces gens, pas à tout le monde. On ne peut instruire que sur une base individuelle. Il est impossible de prescrire le même remède pour tous.

« De nos jours, les gens sont pleins de vanité intellectuelle. Ils n'accordent pas foi aux antiques pratiques traditionnelles menant à la Connaissance du Soi. Ils veulent qu'on leur apporte tout sur un plateau. La voie de la Connaissance les satisfait intellectuellement, et pour cette raison, ils peuvent être tentés de la pratiquer. Ils découvrent alors que cette voie requiert plus de concentration qu'ils n'en peuvent fournir, et devenant progressivement plus humbles, ils se tournent vers des pratiques plus faciles comme la répétition d'un mantra ou l'adoration d'une forme. Peu à peu, la foi en une Puissance les dépassant se fera jour en eux, et le goût de la dévotion naîtra dans leur cœur. Alors ils pourront atteindre la pureté d'esprit et la concentration. Les vaniteux doivent faire un très long détour. C'est pourquoi je te dis que la dévotion est très bonne pour toi », conclut Maharaj.

C'était l'heure de déjeuner et nous quittâmes Maharaj. En nous séparant, il me demanda si je comptais rester quelques jours à Bombay.

« Je ne sais pas », répondis-je, « je n'ai pas de projets. »

« Très bien », dit-il. « Dans ce cas, revenez ici ce soir après quatre heures. »

Le soir, j'étais à nouveau dans la chambre de Maharaj. Il me demanda de m'asseoir près de lui. Je le connaissais depuis à peine quelques heures, mais je me sentais comme son propre enfant, comme s'il était mon père ou ma mère.

Un Européen arriva et déposa un gros billet devant Maharaj.

« S'il vous plaît, reprenez ceci », s'exclama-t-il. « Votre argent ne m'intéresse pas. Mon fils est là, il me nourrit et subvient à mes besoins. Quand vous aurez atteint une certaine paix intérieure, on aura amplement le temps pour ce genre de choses. Allez, reprenez votre argent, reprenez-le ! »

Au prix de grandes difficultés, je restai assis à observer tout ce qui se passait, jusqu'à sept heures du soir. J'étais parfaitement satisfait et en paix, et je pensais que Maharaj ne pourrait rien m'apporter de plus qu'il ne m'ait déjà dit. J'envisageais de rentrer à Arunachala le lendemain. Je le lui mentionnai et demandai sa bénédiction.

« Si c'est ce que tu veux, tu peux partir. Sais-tu ce que sera ma bénédiction ? Jusqu'à ce que tu quittes ton corps, puisses-tu t'abandonner complètement à ton guru et avoir une parfaite dévotion envers lui. » Maharaj me regardait avec compassion. Sa bonté m'émut aux larmes, mais je parvins à me contrôler. Malgré tout, quelques larmes roulèrent sur mes joues. Il sourit et me tendit un morceau de fruit. Puis il se leva, et, prenant une paire d'énormes cymbales, se mit à chanter des chants dévotionnels à la louange de son guru. Je me prosternai devant lui, et retournai à ma chambre me reposer.

Je n'avais pas vu Ananda depuis le matin. Sans doute évitait-elle de se montrer, l'humiliation ayant été trop grande. Dès lors je me débattis seul et parvins à regagner par moi-même Arunachala, laissant derrière moi une Ananda plus triste, mais plus sage.

Chapitre 6

Vers la plénitude

Au cours des mois suivants à Arunachala, je cessai tout effort en vue d'améliorer ma santé. Maharaj m'avait dit que la cause du mal était de nature spirituelle. J'avais déjà entendu ce genre de choses avant. Ramana avait un jour expliqué que, alors que chez la plupart des gens la force vitale s'écoule vers l'extérieur par le biais des sens, l'aspirant spirituel, lui, essaie de la retourner vers l'intérieur et de lui faire rejoindre sa source, qui est le Suprême en nous. Ceci met à l'épreuve le système nerveux, un peu comme le débordement d'un cours d'eau contenu par un barrage. Cette contrainte peut se manifester de diverses façons, par des maux de tête, des douleurs corporelles, des troubles digestifs ou cardiaques, ou d'autres symptômes encore. Le seul remède est de poursuivre sa pratique spirituelle.

Le fait d'abandonner cette incessante quête de traitement engendra une grande paix intérieure. Je restai la plupart du temps au lit, à répéter mon mantra ainsi que me l'avait conseillé Maharaj, attendant de voir ce qu'apporterait l'avenir. Que ce soit la vie ou la mort, mon sort était entre les mains de Ramana.

Une nuit, je fis un rêve très frappant, le dernier de mes rêves de Ramana. Je me trouvais à l'ashram, près de l'hôpital. Une foule de dévots tournaient en rond, attendant je ne sais quoi. Je demandai ce qui se passait. On me dit que Ramana avait été hospitalisé, et qu'il se pourrait qu'il sorte d'un moment à l'autre. Un homme vint à moi et me tendit un comprimé pour améliorer ma santé. « Non merci », lui dis-je, « j'ai déjà essayé tous les médicaments possibles et imaginables et rien ne marche. » À cet instant précis, la porte de l'hopital s'ouvrit ; Ramana sortit et s'assit par terre dans la cour de l'hopital. J'allai me prosterner devant lui, et tandis que je m'inclinais, il mit sa main sur ma tête et me la passa le long de la colonne vertébrale jusqu'au milieu du dos. Je me redressai et vis son visage resplendissant. Il me sourit et dit : « Crois-tu que je ne sache pas combien tu souffres ? Ne t'inquiète pas. » Je me relevai, pensant que d'autres souhaitaient l'approcher aussi, et me réveillai à cet instant. Je ne le soupçonnais pas à l'époque, mais les circonstances allaient rapidement prendre un tour imprévu.

À quelques jours de là, on frappa à ma porte :
« Puis-je entrer ? », s'enquit une voix de jeune homme.
« Oui, entrez donc », répondis-je
« Peut-être pourriez-vous m'aider. Je viens du Kérala. Une dame de là-bas m'a envoyé ici, à Tiruvannamalai, en m'enjoignant de faire vœu de silence pendant quarante-et-un jours. Elle m'a aussi recommandé d'éviter strictement la compagnie des femmes pendant mon séjour. J'ai voulu loger sur la colline, dans une grotte. Mais le moine qui y habite s'entretenait surtout avec les gens de la ville des relations extra-conjugales des uns et des autres. Je me suis sauvé, et je suis à la recherche d'un gîte où je pourrais accomplir mon vœu. Connaîtriez-vous un tel endroit ? »

Je l'examinai attentivement. Il ressemblait un peu à Ratnamji tel que je l'aurais imaginé au même âge. Il devait avoir à peu près vingt-cinq ans. Il paraissait sérieux dans son désir de méditation.

« Il y a une autre maison à côté de celle-ci », lui dis-je. « Elle appartenait à mon guide spirituel, qui n'est plus. Vous pouvez l'utiliser. »

Tout en disant cela, j'eus soudain l'impression que j'allais éclater en sanglots, sans raison apparente. Effectivement, mes yeux s'emplirent de larmes et un élan d'amour monta dans mon cœur. Je restai sans voix quelques instants. Je me demandais qui était la dame qui avait envoyé ce jeune homme. Ce devait être une grande sainte. De façon incompréhensible, le pouvoir de sa grâce m'avait touché au moment où je donnais refuge à son enfant. Cela peut paraître irrationnel, mais c'est la conclusion à laquelle j'aboutis sur le moment. Elle s'avéra par la suite parfaitement exacte.

Après l'avoir installé dans la maison, je lui offris à manger. Voyant qu'il n'avait pas de montre, je lui en donnai une, pour qu'il puisse savoir l'heure afin de respecter son emploi du temps. En allant chercher cette montre, mes yeux tombèrent sur un chapelet que je n'utilisais pas, et je me dis qu'il pourrait lui être utile. Je le lui donnai aussi.

Visiblement ému, il me dit :

« Quand j'ai quitté Amma, je lui ai demandé une montre et un chapelet. Elle m'a rabroué, en disant que je ne devrais demander que ce qu'il y de plus haut : Dieu. Elle m'a également dit que j'obtiendrais tout le nécessaire à mes pratiques sans avoir à le demander. Et voilà que vous m'avez justement donné ces choses. »

« Qui est Amma ? » m'enquis-je, un peu curieux.

« Il y a au Kérala, à cinquante kilomètres environ au nord de Quilon, un petit village de pêcheurs. Il est situé sur une île, bordée à l'Ouest par la mer d'Arabie, et à l'Est par une lagune formant un réseau de canaux. Amma est la fille d'un des villageois. Depuis cinq ou six ans, elle guérit par son pouvoir spirituel des gens atteints de maladies incurables telles que cancer, paralysie ou lèpre. Les gens viennent la trouver avec toutes sortes de problèmes de la vie ordinaire, et elle les résout par ses bénédictions. Trois soirs par semaine, elle consacre la nuit entière à recevoir tout ce monde. Dans ces moments-là, elle révèle son identité avec le Seigneur Krishna et la Mère divine.

« Que voulez-vous dire par là ? » l'interrompis-je. « Est-ce qu'elle devient possédée par une quelconque Puissance divine ? »

« Eh bien », expliqua-t-il, « je suppose que tout dépend de ce que vous voulez croire. Pour moi, elle est la Mère divine Elle-même. Mais les villageois croient que Krishna entre en elle et qu'elle est possédée par Lui la première moitié de la nuit, et qu'ensuite Devi, la Mère divine, se manifeste le restant de la nuit. Avant et après, c'est selon eux une personne complètement différente, et elle ne se rappelle rien de ce qu'elle dit dans ces moments. »

Au fil des ans, j'avais vu beaucoup de personnes de ce genre au cours de mes voyages avec Swamiji et Ratnamji. Ce sont, sans l'ombre d'un doute, des relais de l'Énergie divine, mais, comme leur esprit n'a pas atteint une pureté parfaite, on ne peut prendre leurs dires pour parole d'évangile. On dirait que leur conscience normale se trouve un moment suspendue, et ils ne se souviennent plus après coup de ce qu'ils ont dit ou fait. Cependant, ils retirent un certain bénéfice de ce contact avec le Divin, sous forme d'un don d'intuition plus ou moins développé. J'avais pour ma part vécu avec de véritables sages. Pourquoi aurais-je souhaité rencontrer une telle personne ? Bon, peut-être pourrait-elle m'aider à recouvrer un semblant de santé, pour que je n'aie pas à rester au lit toute la journée ? Pensant de la sorte, j'exposai au jeune homme ma condition et lui demandai si Amma pouvait quelque chose pour moi.

« Je lui écrirai », dit-il, « et j'espère obtenir une réponse, mais je ne pourrai vous mener à elle qu'après avoir accompli mon vœu de quarante-et-un jours. » Il poursuivit en me racontant certains des cas qu'elle avait guéris. L'un d'eux était un lépreux, couvert de suppurations de la tête aux pieds. L'homme était plus mort que vif. En fait, tous ses frères avaient déjà péri du même mal. Ses yeux, ses oreilles et son nez étaient à peine visibles, tant étaient avancés les ravages de la maladie. La puanteur qui se dégageait de son corps était telle qu'il devait laisser son bol de mendiant à cinquante mètres de lui, afin que ceux qui le prenaient en pitié puissent y déposer un peu de nourriture. Un jour, quelqu'un lui dit qu'il y avait dans un village voisin une femme qui manifestait un Pouvoir divin et qu'elle lui viendrait en aide.

N'ayant rien à perdre, le lépreux s'y rendit, mais il hésitait à s'approcher de la foule. Amma, assise dans le temple en tant que Devi, le repéra au loin, et se levant d'un bond, le héla : « Ô mon fils, n'aie pas peur, je viens ». Courant alors à lui, elle le serra sur son cœur pour le réconforter, et lui adressa des paroles rassurantes. Il tremblait comme une feuille morte, redoutant ce qui pourrait arriver à Amma, ou d'ailleurs à lui-même. Elle le lava à grande eau, tandis qu'il se tenait là, debout, tout habillé, et pour finir elle passa sur tout son corps des poignées et des poignées de cendres sacrées. Elle lui recommanda de revenir chaque semaine, les trois soirs où elle était dans le temple. Puis elle alla se changer, ses vêtements ayant été souillés par le pus, et passa le reste de la nuit à s'occuper des autres visiteurs.

Le lépreux revint régulièrement pendant six semaines. Chaque fois, elle le traitait de la même manière. Après la sixième semaine, ses plaies cessèrent de suppurer et commencèrent à cicatriser. À l'heure actuelle, il est complètement guéri, bien que sa peau garde les stigmates de la maladie. Qu'Amma découvre la moindre petite fissure sur sa peau, aussitôt elle la lèche, et le jour suivant la fissure est refermée.

Quarante-et-un jours plus tard, j'étais dans le train pour le Kérala, à huit cent kilomètres d'Arunachala vers le sud-ouest, avec mon nouvel ami Chandru. Le paysage était enchanteur. Le Kérala est considéré comme le jardin de l'Inde. Où que porte le regard, la végétation abonde. On trouve cocotiers et bananiers dans tous les jardins. L'endroit où vit Amma, en particulier, est une dense forêt de cocotiers s'étendant à perte de vue en toutes directions. C'est un peu un paradis sur Terre, très différent du climat chaud et sec de Tiruvannamalai. À la descente du train, nous achetâmes des fruits et autres nourritures à offrir à Amma. Nous prîmes un taxi pour parcourir les derniers quinze kilomètres jusqu'à son village. Par bonheur, Chandru m'accompagnait, sans quoi je n'aurais jamais pu faire le voyage. J'étais si faible que je pouvais à peine esquisser quelques pas.

Comme Chandru n'avait pas vu Amma depuis deux mois, je pensais qu'il aimerait passer un moment avec elle en tête à tête. Je m'assis sur la véranda d'une maison voisine et dit à Chandru de revenir me chercher après avoir passé avec Amma autant de temps qu'il le souhaiterait. Cependant, à ma surprise, il revint au bout de quelques minutes à peine, précédé d'une jeune femme vêtue d'une jupe et d'une chemise blanches, un châle blanc sur la tête. Je n'avais vu qu'une petite photo d'Amma, remontant plusieurs années en arrière, et ne la reconnus pas. Néanmoins, je me levai. Chandru me dit : « Voici Amma » et je me prosternai devant elle. Elle me tendit les bras, pour que je mette mes mains dans les siennes, mais j'eus un mouvement d'hésitation. Depuis douze ans, je n'avais ni touché une femme ni permis qu'une femme ne me touche. Cela faisait partie de la discipline d'un moine ayant fait vœu de célibat. Que faire à présent ? Je regardais désespérément autour de moi et mon regard tomba sur les fruits que j'avais apportés pour elle. Je les lui mis entre les mains, soulagé d'avoir trouvé réponse à mon problème. Mon soulagement, hélas, fut de courte durée : elle passa les fruits à Chandru, et, à nouveau, me tendit les mains. Me disant qu'il s'agissait d'une sainte plutôt que d'une femme ordinaire, et sans cesser de répéter le Nom divin, je mis mes mains dans les siennes. Elle me conduisit au petit temple où elle passait le plus clair de son temps. Il faisait à peine neuf mètres carrés, et ne contenait qu'une sorte de siège ou de tabouret en son centre. Les murs étaient couverts d'images de dieux hindous et de saints. Il ne semblait pas y avoir d'image centrale particulière pour l'adoration. Amma prit de la poudre de vermillon et me fit un point entre les sourcils, là où les yogis situent le troisième œil ou œil de l'intuition. Pendant tout ce temps, sa main vibrait, ou tremblait. Je ressentais une sorte d'ivresse, mais ne pus rester debout plus de quelques minutes. On me conduisit alors à un abri couvert d'un toit de chaume, près du temple, où Chandru et Amma s'assirent pour discuter. Je m'allongeai et me mis à l'observer attentivement. Elle dépassait à peine les un mètre cinquante, avec de tout petits pieds et de tout petites mains, la peau sombre, et pas plus de vingt-six ou vingt-sept ans. Je ne percevais aucun éclat particulier, aucune lumière comme en irradie généralement le visage des grands saints. En fait, son visage semblait plutôt refléter une grande affection pour Chandru, comme si elle était sa mère.

Après être resté étendu là pendant quelques heures, je dis à Chandru :

« Vois-tu, cela fait longtemps que tu parles. Il est déjà midi passé. Ne penses-tu pas qu'Amma a peut-être faim ? Ce matin, dans le temple, quand elle a posé son doigt entre mes sourcils, je l'ai sentie trembler comme quelqu'un qui défaille de faim. Elle se sent peut-être très faible. Pourquoi ne lui prépares-tu pas quelque chose à manger ? »

Chandru traduisit ce que je venais de dire, et tous deux éclatèrent de rire.

« Ce tremblement ne provient pas d'une quelconque faiblesse », répliqua Chandru. « Il est constamment présent. Il est dû à la Force qui vibre en elle en permanence. Regarde bien ses mains. Elles tremblent toujours légèrement comme cela. Cela n'a rien à voir avec la maladie ou la faiblesse. »

Nous nous rendîmes ensuite dans une maison attenante au temple. On me dit que c'était là que vivaient les parents d'Amma et leurs autres enfants. Elle-même préférait apparemment vivre seule, dans le temple ou dehors sur le sable. On me raconta que, même durant la saison des pluies, on la retrouvait assise ou endormie sous la pluie, tout à fait oublieuse de son corps. Amma vint s'asseoir derrière moi et posa sa main à l'endroit exact où la colonne vertébrale me faisait le plus souffrir.

« Mon enfant », me dit-elle, « tout le monde doit endurer les effets de ses actions passées. C'est à cause des mauvaises actions de ta vie précédente que tu souffres à présent. Mais en définitive, tout cela est pour ton bien. Je ne crois pas qu'aucun médecin puisse découvrir la cause de cette maladie. Elle t'est envoyée par la volonté de Dieu pour te faire progresser dans la vie spirituelle. Mère commettrait une erreur en te l'enlevant. Si tu acceptes gaiement cette maladie comme venant de Dieu, et que tu L'implores en gardant ton mental fixé sur Lui, tu n'auras pas besoin de renaître. Par contre, si Mère te libère de ce mal, tu devras sans aucun doute renaître et souffrir encore plus que maintenant. »

Puis Chandru demanda de l'eau chaude, me prépara du lait à partir de lait en poudre et me donna du pain.

« Depuis combien de temps t'alimentes-tu ainsi ? » me demanda Amma.

« Environ trois mois », répondis-je. « Quoi que je mange, cela me cause d'intenses douleurs abdominales. Même ainsi, cela me fait mal, mais il faut bien manger quelque chose, n'est-ce pas ? »

On m'installa dans une pièce de la maison, sur un lit de corde. Épuisé, je m'endormis, et ne me réveillai qu'au milieu de la nuit, pour trouver Chandru et Amma en conversation dans la pièce. À nouveau, il m'apporta quelque chose à manger, et à nouveau je m'endormis. Quand je me levai le lendemain, à quatre heures du matin, ils étaient encore en train de discuter.

« Ne dort-elle donc jamais ? », me demandai-je. J'appris plus tard qu'en fait, elle ne dormait que deux ou trois heures, de jour ou de nuit, comme c'était le plus commode.

Ce matin-là, Chandru et Amma vinrent s'asseoir auprès de moi et entamèrent la conversation :

« En quoi consiste ta pratique spirituelle ? », demanda Amma.

« Je répète le Nom divin, et je pratique également la recherche du Soi. Pensez-vous qu'il soit nécessaire d'être initié à un mantra ? Y a-t-il la moindre différence entre le fait de répéter le Nom divin et celui de répéter un mantra conféré par un guru ? »

« En répétant le Nom de Dieu, on peut sans aucun doute atteindre la réalisation de Dieu, mais l'initiation par un guru donne au disciple une grande foi pour persévérer dans sa pratique, car il sait qu'il a derrière lui la puissance de son guru », répondit Amma. « Cela fait longtemps que tu chemines sur la Voie de la Connaissance, et tu n'as toujours pas atteint le but que tu t'étais fixé. Pourquoi n'essaies-tu pas d'implorer, par de vraies larmes, Dieu, ou ton guru Ramana ? Peut-être réussirais-tu de la sorte. »

« Comment peut-on pleurer sans raison ? », lui demandai-je.

« Il faut bien que quelque chose provoque les larmes, non ? »

« Ta maladie n'est-elle pas une raison suffisante ? Tu peux à peine bouger et dois rester allongé tout le temps. Tu ne peux même pas manger. Tu devrais prendre une photo de ton guru, et, la gardant près de toi, l'implorer de se révéler à toi et de te délivrer de tes tourments. Tu n'as qu'à essayer. Ce n'est pas aussi difficile que tu le penses. Je dois aller chez un parent à l'autre bout de l'île, et serai de retour dans deux ou trois heures. »

Sur ce, elle se leva et partit.

Quatre heures plus tard, elle n'était toujours pas rentrée. Je désirais manger, et demandai à Chandru l'habituel lait avec du pain. Au moment où j'allais enfourner ma cuillerée, je fondis en larmes. « Qu'est-ce donc ? », me dis-je en reposant la cuillère. Mes pleurs se tarirent. À nouveau, je portai la cuillère à ma bouche : les larmes se remirent à couler. Je refis trois ou quatre tentatives, mais

Le temple d'origine pour le darshan et la maison d'Amma - 1979

chaque fois le phénomène se reproduisait. Chandru m'observait d'un air soucieux :

« Ton estomac te fait-il si mal ? », me demanda-t-il.

« Non », répondis-je, « je ne sais pas ce qui se passe. Tout à coup, l'image d'Amma a traversé mon esprit, et je me suis mis à pleurer comme un bébé. J'ai ressenti un immense désir de la revoir, et une grande impatience. Peut-être a-t-elle fait quelque chose pour que je me sente ainsi. »

« Je vais aller m'asseoir au soleil et répéter mon mantra », dit Chandru. « Peut-être que cela la fera revenir plus vite ». Il sortit. Je me levai et passai dans la pièce voisine. Une photo d'Amma y était accrochée. Dès que mes yeux se posèrent sur elle, je fondis en larmes. J'avais l'impression de voir Dieu sur cette photo. J'en tremblais jusqu'au tréfonds de mon être, et mon esprit était rivé à la photo. Je retournai m'asseoir sur le lit.

Juste à ce moment, la mère d'Amma entra en trombe :

« Amma arrive », me dit-elle. « Nous étions de l'autre côté de l'eau et ne parvenions pas à trouver un bateau pour nous faire traverser. Amma s'est mise à crier : « Chandru attend sous le soleil, et Neal pleure après moi. Si vous ne trouvez pas rapidement une embarcation, je traverse à la nage ! ». Je ne sais comment, nous avons peu après trouvé une barque ». Tout en parlant, elle regardait avec étonnement mon visage baigné de larmes. Amma entra sur ces entrefaites.

« Tu pleures ? » s'enquit-elle innocemment, comme si elle n'était au courant de rien.

Je ne pouvais relever la tête pour la regarder. Elle m'avait rendu humble, et je me sentais insignifiant devant elle. Mon cœur et mon esprit n'étaient que jouets entre ses mains. Chandru arriva et lui conta tout ce qui s'était passé en son absence. Je n'avais pas envie de parler et restai assis à attendre.

« Aujourd'hui, il y a darshan. Beaucoup de gens vont venir

pour voir Krishna et la Mère divine. Les chants vont commencer incessamment. Chandru, tu montreras à Neal où s'asseoir quand débutera le Bhava. » Ayant donné ces instructions, Amma quitta la pièce. Le darshan est cette audience qu'Amma accordait aux gens trois nuits par semaine, et Bhava est le terme par lequel elle désigne la transformation qu'elle manifeste en ces occasions.

Les chants se poursuivirent une heure, puis Amma se leva et entra dans le temple. Chandru me demanda de prendre place sur la véranda du temple afin de voir clairement ce qui s'y déroulait. Amma entonna alors un chant adressé à Krishna. À peu près à la moitié du chant, son corps fut pris de tremblements. J'eus la sensation qu'une invisible vague de puissance déferlait du temple et me balayait de la tête aux pieds. Mes cheveux se dressèrent sur la tête, et je me sentis empli de béatitude. Tout le poids qui s'était accumulé sur mon cœur du fait de ma longue maladie s'évanouit instantanément. Chandru vint me chercher pour me conduire au temple.

Amma était debout dans un coin. Elle était habillée en Krishna, avec une petite couronne où était même fichée une plume de paon. Ce n'était pas un simple déguisement. Son visage rayonnait d'une splendeur divine et on avait l'impression d'être réellement en présence du Seigneur Krishna Lui-même. Chandru me poussa vers elle. Elle m'enlaça affectueusement et passa sa main le long de ma colonne douloureuse. Tout son corps vibrait à un rythme stupéfiant. Elle me regarda alors droit dans les yeux. Ces yeux... Où les avais-je déjà vu ? Ratnamji avait les mêmes quand il s'absorbait en Dieu. Ramana avait ces yeux en permanence. C'étaient les yeux d'un être uni au Suprême, emplis de Paix et dansant, aurait-on dit, dans la Béatitude intérieure. Elle m'étreignit à nouveau avec affection, et j'éclatai en sanglots.

Si Dieu avait jamais existé sur Terre, c'était en la personne d'Amma. J'avais enfin rencontré le trésor des trésors. Elle me fit signe de rester debout près d'elle. De là, j'observai comment elle recevait chaque personne qui venait à elle. Elle les étreignait avec amour et leur appliquait un doigt entre les sourcils pendant quelques instants. Puis elle leur donnait un morceau de banane et leur faisait boire un peu d'eau bénite, tout en leur prodiguant des paroles de réconfort. Si elles souffraient d'une quelconque maladie, elle touchait la partie malade. Les petits enfants étaient autorisés à entrer les premiers dans le temple. Ils venaient surtout pour la banane ! Son expression de béatitude intérieure et de paix immuable ne variait jamais, pas même passagèrement. Elle restait là, cinq ou six heures d'affilée, jusqu'à ce que la dernière personne ait reçu son Darshan. Il n'y avait nulle hâte. Elle manifestait la même patience et la même attention envers tous, hommes et femmes, enfants et vieillards, riches et pauvres. Là se trouvait la véritable équanimité. Elle était parfaitement consciente de tout ce qui se passait autour d'elle, et elle n'avait rien de commun avec les personnes que j'avais vues être possédées par la Grâce divine. C'était une Âme réalisée, établie dans l'équanimité parfaite. Quel miracle qu'elle puisse dissimuler ce qu'elle était, ou qui elle était, à un point tel que nul ne pouvait le comprendre ! J'étais émerveillé. Dans ce petit village de pêcheurs vivait un tel être incognito. J'avais entendu dire que de telles personnes existent, qui cachent leur identité de sages parfaits. J'en voyais à présent une de mes propres yeux. J'étais venu pour raisons de santé, mais maintenant j'avais honte de mon égoïsme, et décidai de prendre refuge en cette grande Âme pour qu'elle m'indique la voie de la Réalisation de Dieu.

À contrecœur, ô combien, je quittai le temple et allai m'allonger dans la maison. La douleur et la faiblesse aidant, je ne pouvais tout simplement plus rester là, assis ou debout, bien que j'eusse voulu y demeurer toujours. À la fin du Krishna Bhava, Amma entra dans ma chambre avec quelques dévots et s'assit à même le sol. Aussitôt, je me levai de mon lit et m'allongeai par terre. Je me sentais trop humble pour être plus haut qu'elle.

« Comment as-tu trouvé Krishna ? », me demanda-t-elle.

« Je crois que vous nous trompez en faisant semblant de ne rien savoir, alors qu'en fait vous savez tout », répondis-je.

Elle rit :

« En vérité, je ne sais rien du tout », affirma-t-elle. « Je ne suis qu'une folle ». Une folle, vraiment !

Au bout d'une heure, Amma retourna dans le temple. Cette fois, elle entonna un chant à Devi, la Mère divine. À nouveau, son corps se mit à trembler et quelques minutes plus tard, elle se tenait là sous la forme de Kali, l'aspect terrible de la Mère divine. Bien qu'étant la grâce et la compassion mêmes, la Mère divine revêt un aspect terrible pour inspirer la crainte aux hommes, afin qu'ils cherchent à s'amender. Un bon parent doit être gentil et aimant, mais simultanément il ne doit pas hésiter à punir ou à discipliner l'enfant qui se fourvoie dans une voie erronée. Si l'enfant n'a pas la crainte et le respect de ses parents, il n'hésitera pas à faire à sa guise, bien ou mal. Les anciens n'ont jamais pensé, comme les psychologues modernes, qu'il faut laisser pousser les enfants comme des herbes folles, à leur fantaisie. La vie a un sens et un but, et pour l'atteindre, il faut développer pendant l'enfance un sens aigu du bien et du mal. C'est aux parents qu'il incombe d'inculquer ces valeurs à leurs enfants. Le sens moral ne vient pas naturellement à l'animal humain, il doit être enseigné et acquis.

L'aspect terrible d'Amma, tenant d'une main une épée et de l'autre un trident, poussait les gens venus lui demander des faveurs à garder l'esprit pur, au moins pendant qu'ils se trouvaient en sa présence. Ainsi, un dévot venu du monde extérieur, qui ne consacrait pas même une minute par vingt-quatre heures à se concentrer en Dieu, pouvait garder une concentration intense pendant deux heures en demeurant auprès d'elle. Au fil de la

Amma 1979

soirée, au fur et à mesure que les aspirants spirituels se pressaient plus nombreux vers elle, l'aspect terrible d'Amma pendant le Devi Bhava se transformait graduellement, jusqu'à devenir parfaitement calme et serein. Elle cessa même de porter l'épée et le trident. À la place, ses mains ne tenaient plus que des fleurs.

Je pénétrai dans le temple. On me fit signe de m'asseoir près d'Amma. Elle prit ma tête sur ses genoux et massa mon dos. J'avais vraiment l'impression d'être dans le giron de la Mère divine. Son apparence et sa personnalité étaient totalement différentes de celles de Krishna ou d'Amma. Je me demandais comment ces personnalités distinctes pouvaient coexister en une seule et même personne. De toute évidence, elle était parfaitement consciente de ce qui se passait, à tout moment. La personne restait la même, mais la personnalité et l'apparence changeaient. Je résolus de la questionner plus tard sur ce point.

Je restai là aussi longtemps que je le pus, puis allai m'allonger dans la maison. Le darshan se termina à quatre heures du matin, heure à laquelle elle me fit appeler au temple, après avoir retrouvé son aspect habituel. J'avais apporté avec moi un petit lecteur de cassettes, comme me l'avait suggéré Chandru, afin de faire écouter à Amma quelques chants de Swamiji. Elle me pria de les passer. En les écoutant, elle avait les yeux fermés, et des larmes ruisselaient sur ses joues. Elle était manifestement en extase. Était-ce bien la même personne en qui je voyais, à peine quelques heures plus tôt, Dieu Lui-même ? Je demeurai avec elle encore un moment, puis retournai me coucher. Mais le sommeil me fuyait. Un fort courant de Béatitude traversait mon corps, rendant tout sommeil impossible. En fait, au cours des trois jours suivants, c'est à peine si je dormis.

Le lendemain matin, Amma vint voir comment je me portais. Je décidai d'en profiter pour lever mes doutes.

« Pourriez-vous me dire ce que vous ressentez au moment du Bhava ? », lui demandai-je.

« Quand je chante pour Krishna, ou pour Devi, je vois cet aspect particulier du Suprême. M'abandonnant complètement à Cela, je sens que je me fonds en Lui ou Elle, et deviens parfaitement identifiée à Eux. » Tout en disant ceci, elle formait un v avec ses doigts, et, les rapprochant, me montrait que de deux, ils ne faisaient plus qu'un.

« Pourquoi prétendez-vous que vous ne savez rien de ce qui se passe au cours du Bhava ? », demandai-je encore. « Vous êtes manifestement tout à fait consciente. Je sais par Chandru que vous avez beaucoup souffert à cause de votre famille ou de villageois ignorants qui pensaient que vous étiez folle. Ne pouviez-vous leur révéler la vérité ? »

« J'ai entrepris la mission que Dieu m'a confiée. Je veux que les gens adorent Dieu, pas moi. Ils sont persuadés que Dieu descend en moi trois nuits par semaine, et portés par cette foi, ils viennent ici et trouvent une solution à leurs problèmes. Par ailleurs, la plupart de ces gens ne connaissent même pas l'abc de la vie spirituelle. Même si je leur disais la vérité, qui comprendrait ? Et par-dessus tout, pour quelqu'un qui voit Dieu en tout, y a-t-il le moindre sentiment d'être différent ou que les autres sont différents ? Quelqu'un qui se sent spécial, et pense que les autres nagent dans l'ignorance, a encore une longue route devant lui avant d'atteindre la Réalisation de Dieu. »

À grand peine, je glanai quelques bribes de l'histoire d'Amma. Naturellement humble, elle avait beaucoup de réticences à parler d'elle-même. Il fallait vraiment l'en prier, et même ainsi, elle se lassait vite et partait sans achever le récit en cours.

Le germe de la dévotion se manifesta en son cœur dès son plus jeune âge. Krishna était tout pour elle, et elle commença dès l'âge de cinq ans à composer des chants à son intention. Elle gardait toujours dans son jupon une image de Krishna, et la sortait souvent pour Lui parler. Quand elle eut huit ou neuf ans, sa mère tomba malade, et la responsabilité du ménage lui échut. Elle fut forcée d'arrêter sa scolarité, mais fréquenta néanmoins une école paroissiale pour apprendre à coudre. Sa mère et son frère, partisans d'une stricte discipline, n'hésitaient pas à la battre ou à la rouer de coups de pieds s'ils trouvaient à redire à sa conduite. Son frère, en particulier, fut pour elle une source de terribles souffrances, car il s'opposait à sa dévotion et la maltraitait lorsqu'elle chantait à haute voix le Nom divin.

De trois heures du matin à onze heures du soir, elle s'affairait à balayer la cour, nourrir les vaches, faire la cuisine et la vaisselle, laver les vêtements de toute la famille, et bien d'autres tâches encore. Comme si cela ne suffisait pas, on l'envoyait chez des parents pour aider aussi à leur ménage. Pendant tout ce temps, elle répétait le Nom divin à voix basse, attendant le jour où elle verrait son Seigneur, Sri Krishna. Elle avait coutume de donner tout ce qui lui tombait sous la main aux pauvres ou aux affamés qui passaient par chez ses parents, et se retrouvait dans de beaux draps lorsqu'on la surprenait. Un jour, elle fut ligotée à un arbre et battue jusqu'au sang pour avoir donné à une famille de miséreux le bracelet d'or de sa mère.

Adolescente, elle commença à avoir fréquemment des visions de Krishna, et se sentait identifiée à Lui. Elle s'enfermait dans la pièce contenant le petit autel familial, chantant et dansant, en pleine extase de Conscience de Dieu, ou restait plongée des heures entières dans une profonde méditation, oubliant totalement ce qui l'entourait. On la trouvait parfois assise, inconsciente, dans la salle de bains, le visage ruisselant de larmes, murmurant «Krishna, Krishna». Sa mère ne parvenait qu'avec peine à la rappeler à la conscience de ce monde. Finalement, son état de réalisation intérieure devint manifeste pour le monde extérieur.

Un jour, tandis qu'elle coupait de l'herbe pour les vaches, elle surprit, provenant d'une maison voisine, un discours sur le Seigneur Krishna. Incapable de se contrôler, elle accourut sur les lieux et se tint là, transfigurée en Krishna Lui-même. Les villageois ne comprenaient pas très bien ce qui était arrivé à la petite. Beaucoup pensaient qu'elle était possédée par Krishna, d'autres estimaient simplement qu'elle était victime d'une sorte de crise. Personne, bien sûr, ne réalisait qu'elle était une avec Lui. Des foules commencèrent à s'assembler, et il lui fut demandé d'accomplir un miracle, pour prouver qu'elle était bien Krishna. Au début, elle refusa, les exhortant à voir le véritable miracle, la présence de Dieu en eux-mêmes. Mais par la suite, elle accéda à leur requête. On pria un homme d'apporter un petit pichet d'eau et de tremper son doigt dedans. Miracle ! L'eau se changea en un pouding sucré appelé panchamritam, qu'on distribua dans toute l'assemblée. De ce petit pichet, près de mille villageois eurent leur content de panchamritam, et le pot était encore plein. À partir de là, beaucoup crurent que Krishna était effectivement venu bénir leur village.

Mais ceci ne fut en aucun cas une bénédiction pour Amma. Convaincus qu'elle n'était qu'une simulatrice salissant le nom de la famille, nombre de villageois, et même des parents proches, s'efforcèrent de la faire disparaître. Ils empoisonnèrent sa nourriture et tentèrent même de la poignarder. Cependant, toutes leurs tentatives échouèrent et en fait, peu après, ils essuyèrent eux-mêmes divers revers de fortune.

Six mois s'écoulèrent de la sorte, puis Amma se mit à nourrir le désir de voir la Mère divine, tout comme auparavant elle s'était languie de la vision de Krishna. Espérant s'attirer la faveur de Devi par la méditation et la pratique d'austérités, elle passait tout son temps à méditer sur Sa forme. Parfois, submergée par sa frustration et sa soif d'obtenir une vision, elle pleurait, comme un enfant pleure après sa mère. On la retrouvait souvent étendue sur le sable, le visage barbouillé de larmes, les cheveux, les oreilles et les yeux pleins de boue. Elle ne songeait pas à se protéger des éléments, et restait assise ou allongée sous le soleil de midi comme sous l'averse. En résultat de l'intensité de son attente et de la fixation de ses pensées sur Devi, elle commença à percevoir l'univers entier sous Ses traits. Elle enlaçait les arbres, embrassait la terre, ou éclatait en sanglots sous la caresse de la brise, qu'elle sentait pleine de la Présence de la Mère. Mais en dépit de toute son ardeur et de ses austérités, elle ne parvenait pas à obtenir la vision de la forme personnifiée de la Mère divine, objet de ses aspirations.

Enfin, un jour, la Mère divine apparut à Amma sous une forme vivante, et lui parla. Elle lui affirma qu'elle avait pris naissance pour le bien du monde et qu'elle aurait à enseigner aux gens à se fondre dans leur Soi véritable. Souriant avec grâce, la Mère se transforma en une lumière resplendissante qui s'absorba en Amma. D'après les propres paroles d'Amma : « À partir de ce moment, toute vision objective disparut, et j'en vins à voir toute chose comme étant mon propre Soi. » Dès lors, en plus du Krishna Bhava commença également le Devi Bhava. Mais les ennuis d'Amma n'étaient pas pour autant terminés.

Peut-être par jalousie, parce qu'elle attirait de grandes foules, ou simplement pour le plaisir de fomenter des troubles, nombre de personnes continuaient à la harceler. Certains informèrent la police et tentèrent de la faire arrêter pour atteinte à l'ordre public, mais lorsque les policiers la virent, baignée de lumière et de béatitude, ils se prosternèrent et quittèrent les lieux. Un assassin engagé pour la tuer durant le darshan entra dans le temple en dissimulant un couteau sous ses vêtements. Mère le gratifia d'un sourire bienveillant qui l'emplit de remords pour ses intentions coupables. Tombant à ses pieds, il implora son pardon et s'en retourna un autre homme. À l'époque où je vins à elle, les choses s'étaient quelque peu calmées, mais un certain nombre de villageois lui restaient hostiles.

Un jour son père, en ayant plus qu'assez des problèmes et des foules qu'attiraient ses États divins, s'approcha de sa fille durant le Devi Bhava, et considérant qu'elle était possédée par Devi, il supplia :

« Je veux que Tu me rendes ma fille telle qu'elle était avant Ta venue. Je t'en prie, va-t'en ! »

« Si je m'en vais », répliqua-t-Elle, « ta fille ne sera plus qu'un cadavre ». Passant outre ces paroles, le père exigea qu'on lui rende sa fille. Aussitôt, Amma tomba raide morte. Pendant huit heures, son corps ne manifesta plus le moindre signe de vie. Un grand tohu-bohu s'ensuivit, et l'on accusa le père d'avoir causé sa mort prématurée. On alluma des lampes autour du corps, et les prières montèrent vers Dieu pour qu'Il lui rende vie. Prenant conscience de son erreur et s'en repentant amèrement, le père d'Amma s'effondra sur le sol devant le temple et se mit à sangloter, en criant : « Pardonne-moi, ô Mère divine ! Je ne suis qu'un pauvre ignorant. Je ne dirai plus jamais cela. Je t'en prie, ramène ma fille à la vie ». Tout doucement, de faibles mouvements devinrent perceptibles dans le corps d'Amma. Enfin, elle retrouva son état physique normal. À partir de ce jour, ses parents cessèrent de lui imposer des restrictions, et elle put faire à peu près ce qu'elle voulait.

Amma avait deux sœurs encore célibataires, qui s'occupaient du ménage tout en poursuivant leur scolarité. Un certain nombre de jeunes gens, attirés par l'affection maternelle que leur manifestait Amma et par son discours spirituel, auraient souhaité s'attarder auprès d'elle après le darshan. Mais son père ne le tolérait pas. Il redoutait que leurs intentions ne soient pas tout à fait pures et que des problèmes s'ensuivent par rapport à ses autres filles. Dès que le darshan se terminait, il faisait la chasse à ces jeunes garçons.

Chandru était l'un d'eux, et l'attitude du père le blessait. Un jour, il en appela à Amma : « Si ton père continue à se comporter de la sorte, comment cet endroit deviendra-t-il jamais un ashram, ou un lieu de refuge pour les aspirants spirituels sincères ? Il est méchant avec toi et avec ceux qui veulent rester à tes côtés. De plus, il n'y a personne ici pour s'occuper de toi. Tu n'as même pas une couverture pour te couvrir ni de nourriture correcte à manger. Je ne peux plus supporter de voir les choses continuer ainsi. »

Pour le consoler, Amma lui sourit et lui dit : « Mon fils, ne t'inquiète pas. Va à Arunachala et fais vœu de silence pendant quarante-et-un jours. Tout s'arrangera après ton retour. À Arunachala, tu rencontreras les personnes qui s'occuperont de moi et du futur ashram. Tu rencontreras aussi certains de mes enfants originaires de pays autres que l'Inde. Tu verras. Le jour viendra où mon père t'accueillera comme son propre fils, avec amour et affection. »

Chandru s'était donc rendu à Arunachala, et nous nous étions peu après rencontrés.

J'en étais à mon troisième jour avec Amma. Toute la journée j'avais humé un parfum divin. Je pensais que c'était peut-être celui de l'encens utilisé au temple, mais je ne pus en trouver. Je demandai à Amma où je pourrais me procurer de cet encens. Elle éclata de rire et me dit : « Un tel parfum est introuvable en magasin. Il existe en chacun de nous, mais seuls les yogis savent le faire ressortir. »

J'avais entendu dire qu'en certaines occasions, Ramana avait béni des fidèles par le pouvoir de son regard. C'était comme si des rayons de lumière subtile émanaient de ses yeux et, lorsque son regard se posait sur quelqu'un, cette personne obtenait diverses expériences spirituelles. Je demandai à Amma si elle était capable et si elle accepterait d'en faire autant. « Je suis une petite fille folle. Je ne peux rien faire », répondit-elle en riant.

Ce soir-là, il y avait darshan. Je restai présent dans le temple aussi longtemps que je le pus pendant les deux Bhavas. Je sentais que l'atmosphère du temple était chargée de paix spirituelle et la méditation venait sans effort. J'allai m'allonger derrière le temple. Je n'avais pas envie de rentrer à la maison et voulais être aussi près d'Amma que possible. Le darshan touchait à sa fin, et Chandru vint me chercher. Il dit que Devi me demandait de me rendre devant le temple. Je fis le tour du temple et me tins là, face à elle. M'apercevant, elle vint à moi d'un pas vif et m'enlaça affectueusement. Puis, se penchant en avant, elle me murmura à l'oreille : « Mon fils, ne t'inquiète pas, tu vas aller mieux. » Après quoi, elle recula lentement vers le temple. Elle se tenait dans l'encadrement de la porte du temple et me regardait. Et tandis qu'elle me regardait, je remarquai que son visage devenait de plus en plus brillant. Progressivement, cette radiance s'étendit au point d'envelopper tout son corps, puis le temple, puis les environs. Je ne voyais plus rien que cette Lumière brillante et cependant apaisante. Soudain, la clarté se contracta en un seul point de la taille d'une tête d'épingle, si radieuse qu'elle me fit cligner des yeux. L'instant d'après, elle avait disparu, et à nouveau, je voyais Amma me sourire. On referma les portes du temple et le darshan s'acheva.

J'avais le sentiment très net qu'Amma était entrée en moi. Mon esprit était empli de sa pensée, et je ressentais distinctement sa présence à l'intérieur. J'avais l'impression d'avoir eu un bref aperçu de sa nature réelle, la Lumière divine. J'étais stupéfait de sa capacité à cacher son identité de grande Âme et à se faire passer pour quelconque, voire parfois pour folle. C'était vraiment une personnalité unique.

Certes, il y a bien des sages qui, au bout de quarante ou cinquante ans d'intense méditation, atteignent la Réalisation du Soi, mais là, c'était différent. Depuis l'âge de seize ou dix-sept ans, elle était établie dans cet État suprême, et s'en servait d'une manière unique pour le bien de l'homme du commun, sans révéler

son identité et sans se préoccuper des mauvais traitements qui pleuvaient sur elle. Elle ne perdait jamais patience, et manifestait le même amour à tous ceux qui venaient à elle, même ceux qui venaient pour lui faire du mal.

Parlant de ces derniers, elle dit un jour : « Leurs conceptions erronées les poussaient à parler et à agir de la sorte. Ils ne pouvaient concevoir le but et la signification de la vie spirituelle. Dans ce cas, pourquoi leur en vouloir ? Regardez ces roses magnifiques. Quel parfum délicat ! Mais que leur donnons-nous pour les faire pousser ? Du fumier ! Quelle distance entre le fumier malodorant et la fleur splendide ! De même, les obstacles sont les engrais qui assurent notre croissance spirituelle. Il est dans la nature de l'ignorant de susciter des troubles. Nous devons prier Dieu de leur pardonner et de les ramener dans le droit chemin. »

Le lendemain matin, Amma vint me trouver et me demanda si j'avais goûté le darshan de la veille. Je lui parlai de mon expérience.

« Tu as beaucoup de chance. J'ai eu l'impression que ma Lumière intérieure s'extériorisait par mes yeux et allait se fondre en toi. Je me demandais si tu avais ressenti quelque chose. »

La célébration du centenaire de la naissance de Ramana devait débuter dans trois jours. Ce serait une cérémonie grandiose. Bien que désireux de rester avec Amma, je souhaitais aussi assister à la cérémonie. Lisant en moi, Amma me recommanda de retourner à Arunachala pour suivre les célébrations. Elle enjoignit à Chandru de m'accompagner et de m'aider aussi longtemps que j'en ressentirais le besoin. Elle estimait que, puisqu'il ne pouvait pas demeurer auprès d'elle, il devrait au moins s'attacher la compagnie d'un aspirant spirituel déjà engagé dans cette voie. De plus, j'avais besoin de quelqu'un pour s'occuper de moi. Je demandai à Amma si je pourrais ensuite revenir et m'installer définitivement auprès d'elle, car tel était mon ardent désir.

« Si mon père n'y voit pas d'objection, tu peux », répondit-elle.

J'abordai son père et lui demandai permission de rester. Il accepta, mais me dit qu'il serait bon que je construise ma propre hutte. Puisque c'était l'unique condition, je lui dis que je serais de retour très vite. Mais par la suite Amma m'apprit que j'étais sous l'influence de certaine force négative, en partie responsable de ma maladie et me recommanda, pour contrecarrer cette force, de rester quarante-et-un jours à Arunachala, en célébrant un rituel particulier, dont elle m'expliqua tous les détails.

Puis Amma appela son père et lui demanda de nous faire une démonstration de danse. Jeune homme, il avait appris la danse traditionnelle du Kérala, le kathakali. Il commença à se mouvoir dans toute la pièce. L'homme dans la force de l'âge se métamorphosa : il avait à présent les jambes arquées et une bedaine grosse comme un dirigeable ! Amma se tordait de rire. Plus nous riions, plus il dansait vite, rebondissant en tous sens comme un gros ballon. Enfin il s'arrêta, complètement hors d'haleine.

Comme je prenais congé d'elle, Amma m'ôta le chapelet de graines de rudraksha qui pendait à mon cou. « Il me plaît », dit-elle. Je lui promis de faire enfiler les graines sur un fil d'argent et de les lui rapporter à mon retour. M'étreignant maternellement, elle me dit : « Ne t'en fais pas. Je suis toujours avec toi. » Puis elle m'accompagna à l'embarcadère et se tint debout au même endroit jusqu'à ce que nous ayons atteint l'autre rive de la lagune.

Un taxi nous attendait pour nous conduire chez Chandru, à quelques soixante-cinq kilomètres de là. À peine installé dans le taxi, je fondis en larmes au souvenir de la tendresse qu'Amma m'avait manifestée. Une dizaine de kilomètres défilèrent ainsi avant que je ne parvienne à me maîtriser. Chandru me regardait, perplexe, mais ces crises de larmes n'étaient plus pour lui une nouveauté, et il s'abstint de me questionner. Une Paix indescriptible envahit mon esprit, je ne pouvais penser à rien d'autre qu'à Amma. Chandru se mit à m'entretenir de choses et d'autres, mais j'étais incapable de lui répondre. Mon cerveau refusait de penser. Bien que toujours malade et très faible, je ne me souciais plus guère de mon corps. Elle avait dit qu'il irait mieux et je pensais donc qu'il en serait ainsi.

Lorsque nous arrivâmes chez Chandru, je me sentis de l'appétit pour la première fois depuis des mois. Je demandai à sa mère de me préparer du riz et des légumes, que je mangeai sans ressentir la moindre douleur abdominale. À partir de ce jour, je fus capable d'avaler une nourriture normale. Grâce à quoi, je repris progressivement des forces et pus me déplacer tout seul, et même accomplir quelques menus travaux. La faiblesse et les douleurs dans le dos persistaient, mais sans commune mesure avec ce qu'elles étaient avant que je vienne voir Amma.

Le lendemain, nous prîmes le train pour Tiruvannamalai. Après environ une demi-heure de trajet, je me mis à sentir le même parfum divin que j'avais déjà senti en présence d'Amma. Fouillant dans mes affaires, je découvris que l'odeur provenait du chapelet qu'elle avait pris dans ses mains. Cette odeur était aussi forte que si l'on avait versé dessus un flacon de parfum. Je mis le chapelet dans un sac en plastique et le rangeai. Quelques minutes plus tard, le même parfum me frappa. Je sentis que j'allais me mettre à pleurer. Soudain l'odeur changea : ce fut celle des fleurs de jasmin, puis des citrons frais, puis celle de l'encens ordinaire et enfin celle du manioc cuit. Toutes choses que l'on trouvait toujours à proximité d'Amma. À l'époque où nous l'avions vue, elle mangeait du manioc plutôt que du riz comme aliment de base.

J'appelai Chandru et lui demandai s'il sentait ces divers effluves. Il ne sentait rien. Je lui demandai alors de garder son nez proche du mien et de voir s'il sentait quelque chose. Les autres passagers devaient vraiment se demander ce que nous faisions ! Pourtant, Chandru ne sentait toujours rien, alors que les odeurs emplissaient mes narines comme si l'on avait placé ces divers produits juste sous mon nez. Ce doit être le jeu d'Amma, me dis-je. Chandru se rassit. Mais au bout de deux minutes, il s'écria : « Ça y est, je le sens ! Je le sens ! » Au cours des seize heures du voyage, ces odeurs se firent sentir par intermittence, de pair avec une sensation de la présence d'Amma. C'est sans aucun doute une idée étrange de penser qu'une personne puisse être présente bien qu'invisible. Pourtant c'était bel et bien notre impression, et elle reçut par la suite confirmation d'Amma elle-même.

Nous passâmes les quarante-et-un jours suivants à Tiruvannamalai. Les festivités du centenaire de la naissance de Ramana, menées à une échelle impressionnante, furent effectivement grandioses. J'étais heureux de pouvoir y assister. Mais bien que debout près de la tombe de Ramana, mes pensées étaient avec Amma. Je me sentais comme quelqu'un qui, bien que se cramponnant à son arbre, est balayé par une tornade. Pendant onze ans, le centre et le support de ma vie avaient été Ramana. Même mon association avec Ratnamji et Swamiji semblait avoir été amenée et guidée par Ramana. De cette tombe émanait pour moi une présence vivante qui avait été le secours et la consolation de mon esprit souvent troublé. En fait, même la lumière subtile ou le courant de conscience qui s'était fait jour dans mon esprit étaient d'une manière ou d'une autre liés à la présence de Ramana.

À présent, bien que me tenant devant lui, la présence intérieure que je ressentais était celle d'Amma. Était-ce l'effet de cette nuit où sa lumière était entrée en moi, la veille de mon départ ? Cela ne faisait aucun doute, et je ne m'en plaignais pas. La compagnie et la supervision d'une Âme réalisée vivant dans un corps sont toujours préférables à celles d'une Âme réalisée ayant quitté l'enveloppe physique. Je me consolais en pensant que le Père m'envoyait à la Mère après m'avoir en partie élevé.

Le rituel qu'Amma m'avait recommandé de faire exigeait que je me trouve devant un temple, n'importe lequel, avant deux heures du matin. Là, priant Dieu de me délivrer de l'influence négative qui m'affectait, je devais passer un brandon enflammé au-dessus et autour de ma tête. Je le fis tout au long des quarante-et-un jours. Pendant ce temps, Chandru s'efforçait de son mieux de pourvoir à mes besoins. Ce fut une rude épreuve pour lui. Ratnamji m'avait formé de façon si stricte que toute action devait être accomplie d'une manière spécifique. Pas même une boîte d'allumettes ne devait être disposée au hasard. Je tenais à ce que Chandru fasse de même. Il dut, bien sûr, se battre tout au long de ces quarante-et-un jours, mais plus tard il reconnut que cela l'avait bien préparé aux quatre années qu'il dut passer loin d'Amma, à étudier le Védanta à Bombay.

C'est à cette époque que je fis la connaissance de Gayatri. Originaire d'Australie, elle était venue à Arunachala au pied levé, comme portée par les circonstances. Elle y vivait depuis près d'un an, cuisinant pour des dévots locaux et menant une vie extrêmement austère. Elle n'avait pas un sou vaillant et oertains jours, pour manger, elle arrachait des feuilles aux arbres. De quelque mystérieuse façon, un peu d'argent ou de nourriture lui parvenaient de temps à autre, ce qui lui permettait de continuer à vivre de la sorte. Elle avait entendu parler d'Amma par Chandru, au détour d'une conversation, et nourrissait le désir intense de la rencontrer. En fait, elle souhaitait se rapprocher d'Amma au point de devenir son assistante personnelle, pour pouvoir la servir.

Gayatri avait un esprit d'une rare innocence. Elle était incapable de la moindre mauvaise pensée envers qui que ce soit, même fugitivement, quel que soit le tort qu'on ait pu lui faire. De surcroît, elle souhaitait vivre retirée du monde, et s'en remettait à Dieu pour prendre soin d'elle et lui montrer la voie de la Réalisation. Un jour, pendant qu'elle méditait, elle vit un éclair de lumière, et perçut Amma comme une forme vivante à l'intérieur d'elle-même. Le cri de «Mère, Mère, Mère» monta spontanément en elle, puis tout disparut dans un profond silence. Dès lors, elle devint extrêmement impatiente de rencontrer Amma. Quand elle apprit que nous devions bientôt y retourner, elle nous demanda de l'emmener. Chandru me jeta un regard et dit : « Je pense que cette jeune femme pourrait s'occuper d'Amma. Emmenons-la. » Après avoir pris des dispositions pour le gardiennage des maisons de Tiruvannamalai, nous partîmes tous trois, ignorant qu'une vie nouvelle s'ouvrirait devant nous.

« Mère est dans son bain. Elle va venir bientôt ». C'était l'un des garçons qui venaient voir Amma les jours où il n'y avait pas de darshan. Nous l'avions trouvé en train de méditer devant le temple. Nous nous assîmes pour attendre Mère. Elle arriva au bout de quelques minutes, courant comme une petite fille et nous accueillit avec des rires. Nous nous prosternâmes à ses pieds et lui présentâmes Gayatri. Après l'avoir attentivement examinée, elle s'assit avec nous. Chandru lui raconta notre étrange expérience du train.

« Quand tu es parti d'ici, tu étais très malade », dit-elle en me regardant. « Je pensais à toi, et c'est pourquoi tu as senti ma présence. »

« Mère », lui demandai-je, « suffit-il donc que tu penses à quelqu'un pour qu'il sente ta présence comme si tu étais là ? Comment est-ce possible ? »

« Mon fils, cela demande de la concentration, et n'est possible qu'à cette condition. D'abord, je me dis : « Untel est actuellement à tel endroit. Mais cet endroit, et tous les endroits du monde, sont à l'intérieur de moi. » Pensant de la sorte, mon esprit se porte vers cette personne. Si son mental est un tant soit peu pur, il sentira sûrement quelque chose. Si tu me demandes pourquoi je me tourne vers cette personne en particulier, je ne peux le dire. Cela me prend comme ça, c'est tout ». Sur ce, elle se mit à rire. Des enfants jouaient non loin. Elle se leva et commença à les

poursuivre, jouant à chat avec eux. Elle courait et piaillait autant qu'eux. Mis à part sa taille, on aurait cru qu'elle avait six ou sept ans. Au bout d'un quart d'heure environ, elle nous rejoignit, essoufflée.

« On devrait passer plus de temps chaque jour avec de jeunes enfants », dit-elle. « Leur innocence finirait par déteindre sur nous et nous serions heureux comme des enfants. En fait, il est dans notre véritable nature d'être un innocent petit enfant de Dieu, mais nous laissons des choses telles que la convoitise, la colère ou l'avarice recouvrir tout cela. On lit dans les yeux d'une personne qui a réalisé Dieu la même innocence que dans le regard d'un enfant. »

Mère, car c'est ainsi que nous l'appelions, demanda à Gayatri de s'asseoir près d'elle et de méditer. Au bout de quelques minutes, elle appuya un doigt entre les sourcils de Gayatri et la fixa intensément. Ce faisant, elle semblait avoir un but bien précis. Après avoir gardé le doigt comme cela quelques minutes, elle sourit tout à coup. Quoi qu'elle ait voulu faire, elle y était apparemment parvenue. Gayatri ouvrit lentement les yeux. Elle était très timide et pleine d'hésitation devant Mère.

« Ma fille, ne sois pas si timide. Pour progresser dans la vie spirituelle, une fille doit abandonner sa timidité. Si elle souhaite réussir, la femme doit développer certaines qualités masculines, comme le détachement et le courage. En général, les femmes ne sont pas intéressées à renoncer au monde pour atteindre Dieu. Sinon, qui poursuivrait la création ? Mais si d'aventure leur intérêt est éveillé, elles peuvent faire des progrès encore plus rapides que les hommes. »

On décida que je logerais dans la maison, Mère et Gayatri dormant dans le temple, et Chandru n'importe où il pourrait se garer de la pluie et du froid. Cette nuit-là, Mère fit coucher Gayatri à côté d'elle, et s'endormit les jambes posées sur celles de

Gayatri. Son innocence enfantine, jointe à son affection maternelle et à ses conseils, avaient touché le cœur de Gayatri et l'avaient immédiatement liée à Amma. Dès le deuxième jour, elle était décidée à ne plus jamais retourner à Arunachala. En ce temps-là, à part quand elle méditait, Mère passait tout son temps avec nous, nous nourrissant de sa main, plaisantant, ou chantant et racontant d'intéressantes anecdotes. On ne s'ennuyait jamais avec elle, et au fil des jours, nous prenions conscience que seule Mère existait dans nos pensées.

Le darshan commençait à six heures du soir pour se terminer vers six-sept heures du matin. Même après, Mère s'asseyait devant le temple pour discuter avec les dévots de passage jusque vers dix-onze heures. Nous n'arrivions pas à comprendre comment elle pouvait supporter de telles contraintes jour après jour. Les trois nuits de darshan, nous n'avions aucune envie de dormir. Comment aurions-nous pu dormir à notre aise, quand Mère restait debout toute la nuit pour venir en aide aux autres ? Au début, les autochtones ne parvenaient pas à concevoir que deux étrangers souhaitent rester vivre dans un petit village de pêcheurs avec une « folle » comme Amma. Mais rapidement ils nous virent comme deux des leurs, qui ressentaient simplement envers Mère une puissante attraction, comme eux-mêmes. Mère nous interdisait de révéler sa véritable nature aux visiteurs ou aux villageois. Elle estimait qu'il ne fallait pas perturber leur foi, car c'était par cette foi qu'ils résolvaient leurs problèmes.

« Tout viendra en temps et en heure, mes enfants. Qui vous a amenés ici ? Celui-là même qui pourvoira tout le nécessaire, quand ce sera nécessaire. Contentons-nous de faire notre travail sans en désirer les fruits. Mère n'a pas besoin de publicité. Ceux qui ont le cœur pur et la soif de Dieu viendront à sa recherche et la comprendront. »

Elle continuait à jouer le double jeu : Dieu pendant le

darshan ; jeune fille un peu folle, mais au demeurant charmante, le reste du temps.

Peu de temps après notre installation définitive auprès de Mère, on construisit une hutte qui allait devenir le premier bâtiment de l'ashram. Il s'agissait d'une unique pièce, assez vaste pour qu'on puisse en utiliser la moitié comme cuisine, et le reste comme pièce à vivre et à dormir. D'un côté s'étaient installées Mère et Gayatri, tandis que Balu et moi occupions l'autre côté. Balu était l'un de ces jeunes gens assez heureux pour avoir obtenu du père d'Amma la permission de vivre sur place. Gayatri s'occupait de la cuisine. Bien que construite en palmes de cocotiers, la hutte suffisait à nous protéger des éléments. Malheureusement, comme c'était le seul abri possible, les nuits de darshan, les visiteurs s'y entassaient comme des sardines, nous laissant à peine la place de nous allonger.

Nous passions le plus clair de notre temps à nous adapter au flot incessant de gens entrant et sortant de la hutte à toute heure du jour et de la nuit. Empêcher les gens de déranger Mère lorsqu'elle s'était enfin endormie devint un travail à part entière. Ils accouraient dès qu'ils en trouvaient le temps, sans jamais prendre en considération le fait qu'elle n'avait peut-être pas dormi depuis deux ou trois jours. Combien de fois j'ai dû m'étendre en travers de sa porte pour que personne n'entre, afin que Mère puisse bénéficier de quelques heures de repos. La voir dormir en paix devint ma plus grande joie. Le monde est plein de louanges pour qui manifeste de temps à autre effacement et don de soi. Mère était l'incarnation même de l'abnégation. Elle était prête à donner sa vie pour soulager l'individu le plus insignifiant de ses souffrances. Pour ce faire, elle sacrifiait le sommeil, la nourriture et tout ce qu'elle pouvait appeler sien. Un exemple suffit à illustrer ce point.

Une nuit, le darshan se termina un peu plus tôt que d'habitude, vers quatre heures du matin. On était en saison des pluies, si bien qu'il y avait peu de monde. Après le darshan, Mère s'assit devant le temple et discuta avec quelques dévots jusque vers cinq heures, cinq heures et demie. Après bien des remontrances de notre part, elle accepta enfin de se retirer dans la hutte pour se reposer. À peine étions-nous couchés et les lumières éteintes que nous entendîmes appeler à la porte. C'était une dame qui avait manqué son autobus pour venir ici. Elle avait marché toute la nuit, parcourant une grande distance pour venir voir Mère pendant le darshan. Trouvant le darshan terminé, elle souhaitait au moins voir Amma avant de s'en retourner. Mais nous n'avions aucune envie de lui ouvrir.

« Ouvrez ! » exigea Mère. « Je ne suis pas ici pour me prélasser. Si je peux alléger les souffrances d'autrui, au moins un petit peu, cela me suffit. Mon bonheur est le bonheur des autres. Vous rendez-vous compte au prix de quelles difficultés cette femme est parvenue jusqu'ici, juste pour se décharger sur moi du fardeau de ses peines ? Parmi les gens qui viennent ici, certains sont si pauvres qu'il leur faut économiser le moindre sou pendant des jours et des jours pour pouvoir se payer le voyage en bus. Avant que vous ne veniez vivre ici, j'étais libre de rencontrer quiconque arrivait, quelle que soit l'heure. À l'avenir aussi, il faudra me le permettre, sinon je retournerai dormir dehors comme avant. Ai-je besoin de cette couverture ou de cet oreiller ? Je n'avais rien, avant, et même maintenant, je n'ai besoin de rien. Je n'utilise ces choses que pour vous faire plaisir. » Sur ce, elle se leva, parla avec la femme, et ne retourna dormir qu'après l'avoir réconfortée.

Mère, après m'avoir lié à elle par son comportement affectueux, commença lentement et de façon subtile à m'instruire. Elle ne me donnait jamais de longues explications, se contentant de quelques mots ou suggérant un petit changement dans ma manière de penser ou d'agir. À peine trois ou quatre jours après mon arrivée, elle remarqua que le temple n'avait pas été nettoyé, alors qu'il était déjà sept heures du matin. Elle m'appela. Comme j'étais encore très faible et mon corps perclus de douleurs, je passais le plus clair de mon temps couché. Étant elle-même complètement détachée de son corps, et voulant que j'accède à son niveau, bien que ce soit parfaitement impossible, elle m'enjoignit de nettoyer le temple, et s'attela elle-même à la tâche. Je dus me battre et serrer les dents, mais je parvins tout de même à le faire. Mère semblait toujours trouver quelque travail dont elle ne pouvait charger que moi ! Ce n'est pas que je ne voulais pas travailler, mais l'effort physique était synonyme de souffrance, et c'est cela que je désirais éviter. Tout en sachant que c'était un obstacle à mon progrès spirituel, je rechignais toujours à endurer la douleur.

Il est dit que, tout comme il y a trois types de docteurs, il y a aussi trois types de gurus. Le premier docteur fait ses recommandations au patient et s'en va, sans se soucier de savoir si le patient a pris ses médicaments. Il ressemble au guru qui prodigue ses conseils mais ne se préoccupe pas de vérifier s'ils sont suivis et si les disciples progressent. Le second type de docteur prescrit un remède et admoneste le patient pour qu'il le prenne. Il est pareil au guru qui, déjà plus sincère, fait preuve d'une grande patience envers le disciple, et prend toutes les peines du monde pour lui expliquer les choses et l'exhorter à suivre les conseils donnés. Enfin, il y a le docteur qui n'hésite pas à grimper sur la poitrine du patient pour lui administrer de force le médicament, sachant pertinemment que sans cela, il ne le prendra pas. C'est le meilleur docteur. Amma était comme ce dernier docteur. Sachant que je ne rejetterai pas l'attachement à mon corps, elle fit en sorte que j'y sois forcé. Même pendant le darshan, chaque fois que j'étais sur le point de me lever pour partir, elle me faisait rasseoir et trouvait quelque bonne raison pour m'obliger à rester.

« Je suis Shakti (la Puissance) Elle-même », disait-elle. « Ne te donnerai-je pas la force de rester assis là ? Parce que tu t'inquiètes de comment tu te sentiras demain, tu veux te lever et partir aujourd'hui. » À ma grande surprise, bien qu'agité, perclus de douleurs et faible, je découvris que j'étais capable de rester assis à ses côtés jusqu'à la fin du darshan. En fait, c'était ces jours-là que je méditais le mieux.

Un jour, pendant la saison des pluies, je pris froid et fis une petite poussée de fièvre. Lorsque la fièvre disparut, je me mis à tousser. Cette toux devint si forte et persistante que je commençais à me dire que j'avais attrapé quelque chose aux poumons. Cela persista près d'un mois. La nuit, je restais assis dehors, à l'écart de la hutte pour ne pas déranger le sommeil de Mère et des autres, et je passais des heures à tousser. Finalement je décidai d'aller voir un docteur, qui me donna des médicaments en me disant de les prendre pendant une semaine.

De retour à l'ashram, je mis les médicaments entre les mains de Mère et lui demandai de les bénir. C'est l'habitude pour les gens qui veulent prendre des remèdes tout en ayant foi que, par la Grâce d'Amma, ils iront infailliblement mieux. Elle ferma les yeux un moment, puis me rendit les médicaments. Elle avait fait un vœu, ou sankalpa, par la puissance duquel je pouvais être certain de guérir. Il est dit que la volonté d'un Être illuminé est parfaite et peut accomplir n'importe quoi, même ce qui paraît impossible. S'Il en prend la ferme résolution, le vœu se réalisera en dépit de tous les obstacles. Je pris donc les médicaments pendant un jour ou deux, mais ne constatais pas la moindre amélioration. J'avais très mal dans la poitrine en respirant et étais anxieux de trouver un soulagement. Je résolus d'aller voir un autre docteur, et en revins avec d'autres médicaments. À nouveau, je les remis à Amma, qui ferma les yeux puis me les rendit. Je pris les médicaments pendant quelques jours, mais n'en éprouvais aucun soulagement. Quelque chose clochait-il dans le pouvoir de sankalpa d'Amma ? Ce jour-là, elle se rendit dans un village voisin pour rendre visite à un dévot qui l'avait invitée. Sentant que j'allais devenir un fardeau pour les autres, j'en profitai pour me faire admettre dans un hôpital privé, avec l'idée d'y rester jusqu'à ce que ma santé s'améliore. Je savais qu'Amma, maternelle comme elle l'était, n'aurait pas accepté de me laisser partir à l'hôpital. Je profitai donc de son absence pour m'y rendre avec son père, à une quinzaine de kilomètres de l'ashram.

J'y séjournai trois jours, et toujours pas d'amélioration en vue. On me donna quantités d'antibiotiques, mais sans résultat. Entre-temps, Mère avait appris ma fuite, mais n'avait rien dit. Dans le courant de ma troisième nuit d'hôpital, je perçus soudain très intensément sa présence. Pris de sanglots incontrôlables, je n'avais plus qu'une idée : aller la retrouver. Mais comment faire ? J'avais pris l'engagement de ne pas quitter l'hôpital avant d'être guéri. Le lendemain matin, le docteur vint me voir et me donna des cachets, en me disant que je souffrais peut-être d'une forme d'allergie et non d'une infection. À ce moment précis, Amma entra, accompagnée d'une quinzaine de personnes.

« Mon enfant, la nuit dernière je me suis mise à penser intensément à toi. Éprouvant une grande compassion pour tes souffrances, j'ai composé ce chant à la Mère divine : »

Iswari Jagadiswari

Ô Déesse, Déesse de l'univers,
Toi qui protèges,
Toi qui donnes la grâce et le salut éternel,
Délivre-moi de ma douleur.

J'ai vu les plaisirs de ce monde
Et cette vie pleine d'afflictions.
Je t'en prie, ne me fais pas souffrir
Comme le papillon de nuit qui vole dans la flamme.

Devant moi, le nœud coulant du désir,
Et derrière, le nœud coulant de la mort.
Ô Mère, n'est-il pas pitoyable
De jouer à les nouer ensemble ?

En ne me montrant pas la mauvaise voie,
Ô toi l'Éternelle, répands sur moi ta grâce
Ô Mère qui détruis toutes les misères,
Soulage-moi du fardeau de mes peines.

Ce qu'on voit aujourd'hui, demain ne sera plus.
Ô Toi, pure Conscience, tout cela est Ton jeu.
Seul ce qui « est » perdure,
Tout ce qui peut être détruit n'est qu'éphémère.

Ô Mère de l'univers, je Te prie à mains jointes
Afin d'atteindre le but de la naissance humaine.
Ô Déesse de l'univers, présente en toute forme,
Je me prosterne à Tes pieds.

Amma dit alors :

« J'ai décidé de venir te chercher ici aujourd'hui. Tu dois revenir à l'ashram. Ne t'inquiète pas. Bientôt, tu te sentiras mieux. »

« Mère », lui demandai-je, « pourquoi les médicaments que tu avais bénis n'ont-ils pas fait effet ? »

« Quand j'ai fait ce vœu, j'ai pensé : « Que son état s'améliore par la prise de ces médicaments ». Mais tu ne les a pris qu'un jour ou deux. N'aurais-tu pas dû te montrer patient, pour laisser au sankalpa le temps de faire effet ? Comme un enfant agité, tu as couru d'un médecin à l'autre. Même si je bénis les médicaments, tu dois les prendre pour que cela marche. »

Le médecin, bien sûr, accepta de me laisser partir, et nous retournâmes à l'ashram. C'était un soir de darshan. Ma toux était encore très forte. Au cours du Krishna Bhava, je me rendis auprès de Mère. Elle mit une main sur ma tête et l'autre sur mon cœur, et resta ainsi à me regarder en souriant pendant quelques instants. Elle me fit ensuite signe d'aller m'asseoir dans un coin du temple. Lorsque je regardai autour de moi, après m'être assis, je découvris avec stupeur que je discernais très distinctement une Lumière divine sur tous les visages que je regardais. Par ailleurs, mon corps me semblait de bois, non pas lourd, mais insensible. Je continuais à tousser, mais je m'en fichais éperdument. Je goûtais un profond détachement du plan physique, et l'ivresse de la Béatitude emplissait mon esprit.

Je me levai et quittai le temple. Le dîner était servi à heure fixe. Je m'aventurai dans la cuisine, mais ne pus avaler quoi que ce soit. Toute nourriture avait l'apparence et le goût du caoutchouc. Qui aurait faim en un tel moment ? Qui pourrait même penser à manger ? Je regagnai le temple et y demeurai une heure de plus. Au bout de trois heures dans cet état, je retrouvai progressivement mon état normal. Dans les deux jours, ma toux commença à diminuer, et très vite, elle disparut.

Chapitre 7

Avec la Mère divine

Amma est la Mère de tous ceux qui viennent à elle, hommes ou femmes, jeunes ou vieux. Elle les considère tous comme ses propres enfants, ce qui en retour les incite à voir en elle leur propre Mère. Ceci amena une grande révolution dans l'esprit de bien des gens qui venaient à elle. Ils se rendirent compte qu'elle n'attendait rien de personne, et qu'au lieu de cela, elle leur offrait sans compter son temps, sa nourriture, sa santé et même son repos. Elle le faisait pour tous, sans égard pour ce qu'ils étaient. Ils se dirent qu'il n'existait nulle part ailleurs un amour si désintéressé. Une mère peut se fâcher lorsqu'on lui désobéit ou qu'on lui manque de respect, mais Amma pardonnait même à ceux qui avaient essayé de la tuer, et les aimait comme s'ils avaient été de vilains petits enfants. Elle ne demandait jamais rien à personne, et acceptait tout un chacun tel qu'il était, propre, sale, ou quoi que ce soit.

En raison de cet amour si plein d'abnégation, nombre de gens développèrent envers Mère un attachement très solide. Beaucoup découvrirent qu'en dehors d'elle, ils ne trouvaient aucun sens à leur vie. Elle était toujours présente dans leurs pensées. Ils commencèrent à songer à se débarrasser de leurs vices, car cela n'était pas digne d'un de ses enfants, bien qu'elle ne leur eût jamais rien dit de tel. Certains même, en dépit de ses protestations qu'elle ne pouvait nourrir et subvenir aux besoins de personne, vinrent s'installer près d'elle, abandonnant foyer, travail, études. C'étaient pour la plupart de jeunes diplômés, qui trouvaient peu de perspectives de bonheur réel dans la vie du monde extérieur, comparé au merveilleux amour d'Amma, si pur et désintéressé.

En parlant à ces garçons, elle soulignait l'illusion qui consiste à rechercher le bonheur dans la vie du monde. Elle montrait comment quelques moments de plaisir se paient d'années de souffrance. Nous nous agitons à la recherche des plaisirs, et même lorsque nous avons assouvi nos désirs, d'autres surgissent interminablement. Les satisfactions répétées, loin de mener à la plénitude, ne nous conduisent qu'à l'ennui, et pour finir, au désespoir. Si le bonheur réel et durable ne réside pas dans une perpétuelle satisfaction des sens, où peut-il bien se cacher ?

Amma montrait à ces jeunes gens que l'énergie employée à des fins matérielles peut aussi bien être dirigée pour obtenir l'expérience de la Béatitude intérieure et de la Connaissance divine. Le plaisir profane dissipe notre énergie et est une mort lente, tandis que l'expérience spirituelle nous emplit d'énergie et nous emporte vers des sommets de Réalisation et de Béatitude subtiles inconnus de l'homme ordinaire. Amma disait :

« Le nectar repose au sommet de la tête, dans le lotus mystique aux mille pétales, mais l'homme est si occupé par les cinq sens en-dessous qu'il ne prend jamais la peine d'aller voir là-haut. »

Ayant elle-même réalisé la Vérité, ses paroles avaient plus de poids que tous les livres. Elle incarnait son enseignement. Toutefois, elle ne poussait personne à s'adonner à des pratiques spirituelles, se contentant de mettre les gens en contact avec ces idées.

Deux ans après mon arrivée, un groupe de cinq à six jeunes gens vinrent vivre auprès de Mère. Il n'y avait d'abri pour personne, si bien qu'ils dormaient à la belle étoile, sous un arbre ou devant le temple. Ils ne prêtaient aucune attention à leur nourriture ou à leurs vêtements, s'accommodant simplement de ce qui se présentait. Mère leur avait répété maintes fois qu'elle ne pouvait subvenir à leurs besoins, mais malgré tout, ils n'acceptaient pas de la quitter. Sa compagnie et ses paroles étaient tout ce qu'ils désiraient, et l'on ne pouvait qu'admirer leur esprit de renoncement. S'ils n'étaient pas consumés par le désir de la Réalisation, ils estimaient toutefois que la recherche du bonheur ne pouvait trouver de réponse dans la vie du monde extérieur. Les plaisirs du monde les laissaient indifférents, et ils trouvaient dans la présence de Mère leur unique source de paix et de bonheur.

Mis à part le fait qu'ils fermaient les yeux pour se recueillir quelques minutes, ou chantaient des chants dévotionnels pendant le darshan, on ne pouvait pas dire pour autant qu'ils étaient engagés dans la voie spirituelle. Bien que conscient de leur vécu et de leur relation avec Amma, je commençais à m'irriter de leur manque de sérieux dans la pratique spirituelle. Leur attitude avec Mère était celle d'enfants avec leur mère. L'enfant ne veut rien d'autre qu'être avec sa maman. À quoi bon s'efforcer de lui ressembler ? Le bonheur d'être en sa compagnie lui suffit.

J'avais quant à moi recherché la compagnie d'Amma pour aller plus loin dans la vie spirituelle et, la considérant comme mon guru et mon Guide, j'étais très peiné quand certains des garçons ne lui montraient pas le respect dû à une Âme réalisée. Elle me répéta maintes fois qu'ils ne la voyaient pas avec les mêmes yeux que moi, et que par conséquent je ne devais pas m'attendre à ce que leur comportement ressemble au mien. Leur manque total de discipline commença à m'irriter sérieusement, et j'en vins à me demander pourquoi je restais. La compagnie d'un saint est sans nul doute l'aide la plus puissante qui soit au progrès spirituel, mais l'atmosphère générale doit également y inciter.

J'avais souhaité et espéré une atmosphère d'ashram autour d'Amma, mais ne la trouvant pas, j'en rejetais le blâme sur ceux qui étaient venus s'installer auprès d'elle. Je me mis à voir leurs défauts et leur manque de spiritualité plutôt que leurs qualités et leur détachement de la vie matérielle. Mon mental devint excessivement agité, et j'envisageai de retourner à Arunachala. Peut-être m'étais-je trompé en venant m'installer ici pour toujours. Je ne pensais pas que les choses prendraient cette tournure. J'avais espéré que le jour viendrait où Mère serait reconnue et respectée en tant qu'Être réalisé, et qu'un ashram se formerait autour d'elle. J'étais déçu. Telles étaient alors mes pensées.

Alors que j'étais pratiquement décidé à partir, je fis un rêve, une nuit. Amma me regardait, tandis que dans le ciel, la pleine lune brillait à sa gauche et le soleil à sa droite. Elle me montra du doigt le soleil et dit :

« Vois-tu ce brillant rayon de soleil ? De la même manière que tu le voies, essaie de voir le rayon de Lumière divine dans les yeux de chacun ». En me réveillant, je me sentais heureux. Le lendemain, je questionnai Mère sur ce rêve.

« Oui », répondit-elle, « tu dois t'efforcer de voir cette Lumière en chaque personne. Si tu n'es pas capable de voir au-delà des défauts des autres, comment pourras-tu voir cette innocente Lumière ? Tu dois essayer de trouver cette innocence en chacun. »

Je constatai que le conseil était tout à fait approprié. En fait, si l'on pouvait l'appliquer pleinement, que resterait-il de la convoitise, la colère, la jalousie ou l'antipathie ? Amma voyait clairement en tous la Lumière divine, et pouvait donc donner ce conseil en connaissance de cause. Sa vie entière n'était-elle pas l'expression de cette expérience ? Elle ajouta qu'au début il faut s'entraîner à imaginer Dieu dans chaque personne un peu comme on répète pour un spectacle, mais qu'après cela vient spontanément. En suivant ses conseils, mon aversion envers les résidents et les visiteurs se dissipa, et j'accédai à un nouveau plan de paix intérieure, de moins en moins troublé par les circonstances qui m'entouraient. Je continuais à souhaiter que l'on témoigne à Mère tout le respect qui lui était dû, mais pour cela, il allait falloir attendre encore quelques années. Je devais laisser de côté mes idéaux et mes grands espoirs, et pénétrer plus profondément dans la subtile présence intérieure d'Amma. Rien d'autre ne devait compter.

Par la suite, de nouveaux arrivants vinrent s'installer auprès de Mère. Elle n'exigeait pas d'eux qu'ils méditent ou qu'ils adoptent une quelconque discipline quotidienne. La raison en était simple : ces personnes ne recherchaient pas la compagnie d'Amma par désir de réalisation spirituelle, mais simplement pour la paix et le bonheur qu'elles goûtaient en sa présence. Si Mère avait exigé d'elles un semblant de discipline, elles seraient immédiatement retournées à leurs foyers et à leurs activités dans le monde. Elle était dans une phase où elle se les attachait par son amour désintéressé. Le moment venu, elle commencerait à les façonner spirituellement.

Telle est la manière de procéder d'un véritable guru. Ce n'est ni sa philosophie ni ses idéaux qui, au cours des longues et pénibles années de pratique spirituelle à venir, maintiendront la relation de guru à disciple. Cette relation ne perdure que par la certitude du disciple que le guru éprouve pour lui un amour et une sollicitude infinis. Un véritable guru commence par s'attacher le disciple par l'amour. Puis, graduellement, il le guide dans l'apprentissage de la discipline, afin de lui révéler les mécanismes du mental, de surface ou cachés. Il le mène ainsi jusqu'au point le plus subtil, là où commence l'existence même du mental. Parvenant à la racine du mental, le disciple reconnaît dans la vérité qui brille en lui son véritable Soi, et comprend que le corps et le mental ne sont que des projections irréelles de ce Soi, de sa véritable nature. Pour la plupart des aspirants spirituels, ce processus est très long et peut même demander plus d'une vie. La voie de la Connaissance du Soi et du renoncement au mental trompeur est semée d'épreuves et de mésaventures. L'amour est le principal moteur de l'univers, et seul l'Amour peut nous pousser à persévérer jusqu'au bout, en dépit des embûches du chemin. Si au début, l'amour fait défaut, le disciple s'enfuira aux premières difficultés. Il est par conséquent du devoir du guru d'instiller dans le cœur du disciple, dès le début de la relation, un sentiment d'amour et de confiance, laissant de côté tout le reste.

La capacité à se montrer patient face à la douleur, physique ou mentale, est une qualité essentielle pour qui souhaite résider un jour dans le Soi. Là, rien ne peut altérer la Béatitude intérieure, pas même la douleur intense ni le profond chagrin. Il me semblait qu'Amma me donnait de multiples occasions de m'exercer, pour m'aider à atteindre cet état. Un incident survenu peu après acheva d'ailleurs de m'en convaincre.

Un jour, un dévot invita Mère à lui rendre visite, chez lui, à une quinzaine de kilomètres, et environ deux heures de chants dévotionnels avaient été prévues dans la soirée. À cette époque, nous n'étions que quatre à savoir jouer de l'harmonium, sorte d'orgue actionné à la main essentiel à l'accompagnement musical. L'un des joueurs, un jeune homme, était parti faire des courses et n'était pas encore rentré. J'avais souffert toute la journée d'une sévère migraine, et c'est à peine si je pouvais me tenir assis. Mère me fit appeler pour que je l'accompagne.

« Mère », dis-je plaintivement, « ma tête est sur le point d'éclater. Ne peux-tu demander à quelqu'un d'autre de t'accompagner pour jouer de l'harmonium ? »

« Comment ! » s'exclama-t-elle. « Ce n'est pas possible. Si tu ne viens pas, cela n'ira pas. Il faut que tu viennes. »

J'avais décidé de m'abandonner à mon guru, quoi qu'il arrive. C'était l'occasion ou jamais de m'y exercer. Je l'accompagnai donc et m'installai pour jouer. Les larmes coulaient de mes yeux, non de chagrin, mais à cause de la pression et de la douleur dans ma tête. Je fus forcé de détacher mon esprit de mon corps, et jouai sans me préoccuper des conséquences. Sur le moment, je me dis que la mort devait être ainsi. Il faut bien en supporter la douleur, impuissants que nous sommes à faire quoi que ce soit d'autre. Plus tard dans la soirée, lorsqu'on servit le repas, je ne pus rien avaler car j'avais vaguement la nausée. De retour à la maison, je pus enfin dormir. Le lendemain, comme Amma passait devant moi, elle fit remarquer à quelqu'un à côté de moi : « Tu vois comme je suis cruelle ! En dépit d'un atroce mal de tête, je l'ai forcé à jouer de l'harmonium. » En fait, elle estimait que c'était ce dont j'avais besoin pour atteindre un niveau spirituel plus élevé.

Il ne faudrait pas en conclure qu'Amma est cruelle envers ses enfants. En fait, c'est tout le contraire, mais elle n'hésite pas à faire ce qui est bon pour son disciple, que cela soit agréable ou douloureux.

Une autre fois, alors que j'avais un mal de tête similaire, Mère me fit appeler et commença à m'entretenir de quelque chose. Je lui dis qu'il m'était impossible de me concentrer sur ses paroles car j'avais trop mal. Elle me dit d'aller m'allonger. Je retournai à ma chambre, tandis qu'elle se rendait devant le temple pour les bhajans du soir. Au milieu du deuxième chant, elle s'arrêta de chanter. À ce moment précis, une lumière apaisante apparut dans mon champ mental, puis s'évanouit. Au bout de quelques instants elle revint, et aspira en elle toute ma douleur, pourrait-on dire. Puis elle disparut, et Mère reprit son chant. Me sentant plutôt bien, je me levai, allai au temple et assistai au reste des bhajans.

Il y eut d'autres occasions où Mère me soulagea d'une souffrance excessive. Un jour, durant le Krishna Bhava, je me rendis au temple et me tins dans un coin, à la regarder. Je ressentais des douleurs exceptionnellement fortes dans tout le corps. J'étais venu au temple avec l'idée de méditer. Mère se tourna vers moi et me fixa longuement. Je sentis toute la douleur de mon corps me quitter, comme aspirée. Je découvris qu'en sa présence, ma méditation devenait très vite profonde, s'écoulant comme le flot d'un cours d'eau. Ce que l'on ne pouvait pas toujours atteindre en plusieurs années de méditation solitaire, on l'atteignait facilement en la présence divine de Mère.

Au fil des jours, je réalisais peu à peu quel grand maître était Amma. Quel que soit le nombre de personnes qui venaient à elle, elle comprenait leur niveau spirituel, leurs problèmes, les mécanismes de leur mental, et le moyen de les élever spirituellement, ou, si nécessaire, matériellement. Elle savait exactement comment agir, à n'importe quel moment, quel que soit le nombre de gens présents. Ses actes ne semblaient demander aucune réflexion, mais couler de source, spontanément, toujours appropriés aux circonstances. Ce qui est un remède pour l'un peut être un poison pour l'autre, et elle maîtrisait parfaitement ce principe. En fait, ce qui servit un jour de remède à une personne peut en d'autres circonstances lui faire du mal.

Dans ma propre relation avec Mère, j'observai un changement progressif mais très net. Au début, lorsque je vins à elle, elle m'enveloppa de son affection maternelle, et me nourrit même de sa main. Elle passait presque tout son temps avec moi et une ou deux autres personnes qui vivaient là aussi. Me sentant très agité dès que je ne pouvais plus être auprès d'elle, même un court moment, je m'en ouvris à elle.

« Bientôt tu sentiras ma présence en toi en permanence », me rassura-t-elle, « et tu ne te préoccuperas plus de la présence extérieure. » Ses paroles s'avérèrent prophétiques.

Jour après jour, du fait de son enseignement et des situations particulières auxquelles j'étais confronté, je me tournais un peu plus vers l'intérieur. Je me mis à percevoir nettement sa présence subtile dans mon esprit. J'en vins à préférer rester seul, à méditer sur ce phénomène, plutôt qu'être assis en sa présence. Bien sûr, pendant les darshans, je ressentais un niveau de concentration particulièrement intense, et j'en faisais bon usage. Mais au fur et

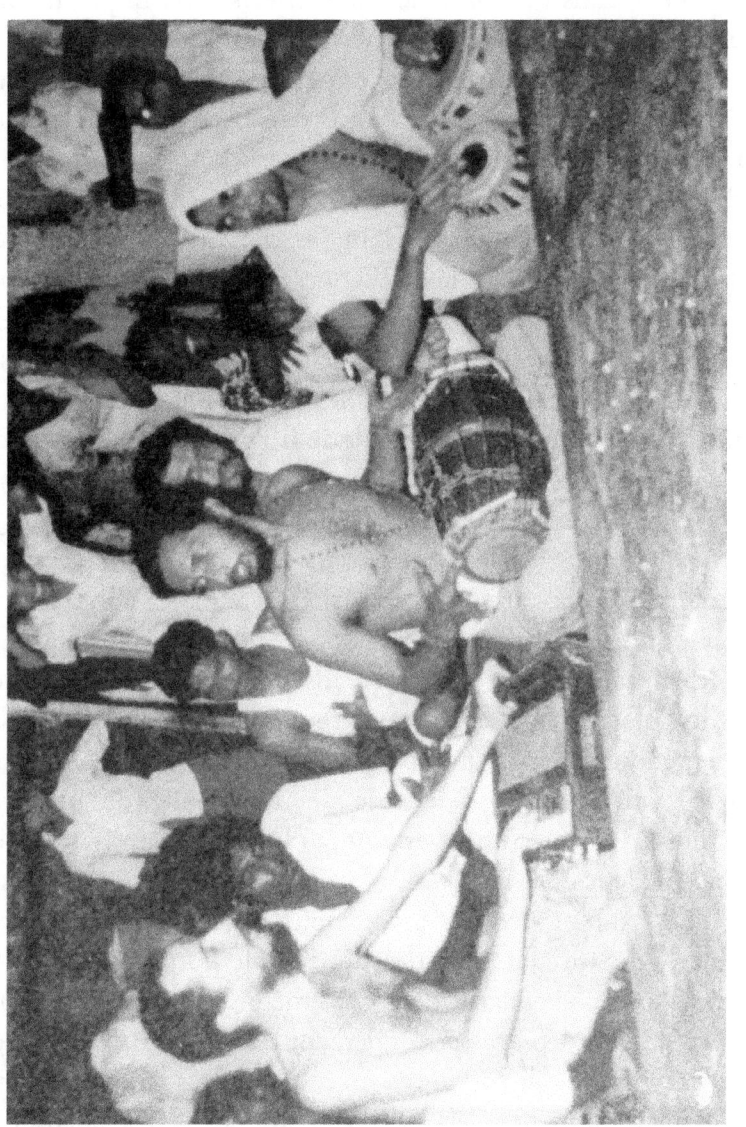

Les bhajans dans les premiers temps de l'ashram

à mesure que je m'enfonçais en moi-même, je notai un étrange changement dans l'attitude de Mère envers moi. Si par hasard je l'approchais, elle m'ignorait. Même quand je lui adressais la parole, elle se levait brusquement et partait. Au début, je ne pouvais comprendre ce changement d'attitude. C'est alors que survint un incident qui m'ouvrit les yeux.

Bien que méditant depuis des années, la Béatitude de la fusion avec Dieu semblait toujours très loin. Je savais qu'une Âme réalisée a le pouvoir de lever le voile de l'ignorance qui cache au disciple la Réalité. J'en avais parlé à Amma, et elle avait admis que cela pouvait se faire, mais seulement si le disciple était parfaitement mûr pour cela. Il fallait qu'il se soit déjà purifié par la pratique spirituelle, au point d'être semblable au fruit mûr prêt à tomber de l'arbre. Je résolus de demander à Mère pourquoi elle ne m'accordait pas cette grâce, puisque cela faisait si longtemps que j'essayais. Je n'avais pas conscience de la prétention de ma question, qui sous-entendait que j'avais atteint la maturité parfaite. Je l'abordai à un moment où elle était seule.

« Mère, tu as dit que les Êtres réalisés ont le pouvoir de libérer leurs disciples. Ne le feras-tu pour moi ? » lui demandai-je. « J'ai aussi entendu parler de nombreux cas où le guru accordait au disciple l'État suprême. » Sur ce, je me mis à débiter des histoires de grands saints qui avaient atteint la plus haute Réalisation par la Grâce de leur guru.

« Ils faisaient preuve envers leur guru d'une dévotion suprême », me dit-elle. « Quand un disciple porte à son Maître une dévotion aussi effacée, alors, sans même qu'il ait à le demander, l'idée de le débarrasser totalement de l'ignorance et de lui accorder l'état de Libération qui en résulte, surgit spontanément dans le mental du guru. Mais d'ici là, tant que le disciple n'a pas atteint ce degré de maturité, même s'il se traîne à mes pieds en menaçant de se suicider si je ne lui accorde pas la Réalisation, je ne peux le faire et ne le ferai pas. À l'instant où tu seras prêt, la pensée de te libérer jaillira dans mon mental, mais pas avant. »

« Mais alors, que dois-je faire d'ici là ? », demandai-je. « Simplement attendre ? »

« Si tu te contentes d'attendre, tu peux attendre longtemps, en vérité. Au lieu d'attendre, travaille ! », s'exclama-t-elle avec force.

« Ne peux-tu me suggérer quelque chose à faire pour obtenir cette grâce ? » insistai-je.

Mère ne répondit rien. J'attendis cinq minutes, et réitèrai ma question. Elle ne répondit toujours pas. Qu'aurait-elle pu dire ? Elle m'avait déjà répondu, et il n'y avait rien à ajouter. Pour finir, elle se leva et partit.

Quelques jours plus tard, j'allai à nouveau la trouver avec la même question. À nouveau, elle ne m'opposa que le silence. J'en vins peu à peu à comprendre que son silence signifiait que je devais moi-même me taire. En réalité, le fait même que la question se soit posée prouvait que ma confiance en elle et mon abandon n'étaient pas complets. Dans ce cas, où résidait la maturité parfaite ? En libérant mon mental de tout désir, j'en viendrais à réaliser par expérience directe que mon Moi le plus profond, occulté par les nuages de divers désirs subtils ou grossiers, est en fait la chose même que je cherchais. En demandant à Mère de me dévoiler la Vérité, je ne faisais que rendre le voile plus opaque et retarder le moment de la Réalisation. L'essence de toute pratique spirituelle semblait être de garder l'esprit concentré sur la Mère intérieure en empêchant toute autre pensée de germer. Je résolus dorénavant de poursuivre ce but de toutes mes forces. Mais en dépit de cette résolution, il m'arriva plusieurs fois de questionner Mère sur certains doutes superflus. En réponse à quoi, elle gardait le silence. Son silence m'indiquait que je devais maîtriser mon mental et le rendre parfaitement silencieux. Il n'y avait pas d'autre moyen.

Parce qu'un ressortissant étranger ne peut demeurer en Inde

plus de six mois s'il n'est pas rattaché à une institution pour motif d'études ou de travail, il devint indispensable de faire officiellement reconnaître l'ashram par le gouvernement. À la suite de quoi, Amma estima qu'il était temps pour les résidents de commencer à observer une certaine discipline. À cette fin, elle élabora un emploi du temps, que devaient suivre tous ceux qui désiraient vivre auprès d'elle. À cette époque son attitude commença à se transformer complètement, passant du rôle de mère à celui de guide spirituel. Tout en continuant à leur témoigner la même patience et la même attention maternelle, Mère commença à conseiller ouvertement à ses dévots tel ou tel type de pratique spirituelle. En fait, elle alla jusqu'à dire que ceux qui ne voudraient pas méditer ou observer une discipline spirituelle pouvaient rentrer chez eux par le premier bus. Ce fut un peu un choc pour ceux qui avaient jusque-là mené une existence insouciante, en pensant que cela durerait toujours.

Pour moi, ce fut avec un grand soulagement, et même une certaine surprise, que je vis Mère prendre les choses en mains pour faire de ses enfants des saints. Je me sentis davantage chez moi. L'atmosphère commença à changer, passant de celle d'une grande maison à celle d'un ashram, peuplé d'aspirants spirituels engagés dans une vie austère et dirigée vers un but. Mère me chargea de veiller globalement à la discipline de vie des résidents, car il ne lui était pas possible d'être tout le temps derrière tout le monde. Je devais lui rapporter toute infraction à l'emploi du temps quotidien.

Tandis que la vie de l'ashram subissait ces profondes transformations, à l'extérieur, les choses changeaient aussi. De plus en plus de monde commençait à reconnaître en Amma une sainte vivante ayant atteint l'État suprême. Son Amour universel si particulier, sa patience et son souci de tous devinrent célèbres. On l'invita dans tous les grands temples du Kérala, et partout on la reçut avec les honneurs. Par ailleurs, parmi les visiteurs de

Amma avec Neal

l'ashram, il y avait de plus en plus de gens réellement désireux de progresser spirituellement.

Les choses étaient enfin devenues telles que je les rêvais depuis si longtemps. Goûtant une grande paix intérieure, je me remémorai les paroles de Mère, telles qu'elle les chante dans un hymne décrivant le but de sa vie :

Tandis que je dansais sur le chemin de la Béatitude,
Attirances et répulsions disparurent à jamais...
Et, perdant conscience de moi-même,
Je me fondis dans la Mère suprême
En renonçant à tous les plaisirs de ce monde.

Innombrables sont les yogis nés en Inde
Qui ont suivi les grands principes de la sagesse divine
Telle que l'ont révélée les Sages anciens.
Combien de vérités n'ont-ils pas énoncées,
Capables de sauver l'humanité de la détresse.

La Mère divine m'a chargée d'inspirer aux gens
Le désir de Libération.
C'est pourquoi je proclame au monde entier
La Vérité sublime qu'Elle m'a révélée :
« Ô Homme, réalise le Soi ! »
« Ô Homme, réalise le Soi ! »

www.ingramcontent.com/pod-product-compliance
Lightning Source LLC
LaVergne TN
LVHW051547080426
835510LV00020B/2887